SONHADOR DE UTOPIAS

SONHADOR DE UTOPIAS

A VIDA DE NELSON FERNANDES

EM DEPOIMENTO A ALEXANDRE VOLPI

Editora Cosmos

Rua Caranapatuba, 494, Jardim Umarizal
São Paulo, SP - CEP 05756-220

Este livro foi revisado segundo o Acordo Ortográfico da Língua Portuguesa de 2009.

Coordenação de projeto
Reinaldo Reis Alves e Sergio Reis Alves

Edição
Rogério Chaves

Revisão
Pedro Augusto Chaves

Diagramação
Patrícia Jatobá

Arte da capa
Mauricio Nisi Gonçalves

Fotos
As imagens que compõem a obra fazem parte do Acervo de Família, gentilmente cedidas para a edição.

Impresso pela Gráfica Loyola em São Paulo. Texto composto em Garamond, miolo em papel Lux Cream 70g e capa em cartão supremo, 250g.

Dados Internacionais de Catalogação na Publicação (CIP)

V932s
Volpi, Alexandre.
Sonhador de utopias: vida de Nelson Fernandes / Nelson Fernandes; em depoimento a Alexandre Volpi. – São Paulo, SP: Cosmos, 2019.
296 p.

ISBN 978-85-68800-14-0

1. Fernandes, Nelson - Biografia. 2. Indústria Automobilística. I. Título.
CDU 929
CDD 920

Índice para catálogo sistemático:
1. Fernandes, Nelson: Biografia 929

(Bibliotecária responsável: Sabrina Leal Araujo – CRB 8/10213)

Sumário

Prefácio

Honrou-me sobremaneira ter o privilégio de prefaciar o livro 'Sonhador de utopias', fruto de um rico e histórico depoimento de Nelson Fernandes ao jornalista Alexandre Volpi.

A obra apresenta a trajetória de Nelson, um empreendedor visionário, muito além de seu tempo, um daqueles sonhadores imprescindíveis que transformam a realidade de sua época.

Gênio criativo, ousado e corajoso, Nelson investiu na criação de um carro nacional, um automóvel brasileiro. Pode-se dizer, em analogia simples, que Nelson foi uma espécie de Davi que lutou bravamente com seu Golias – o gigante player internacional do automobilismo –, e foi interrompido de seu sonho quando, à época, sofreu com as manobras adversárias, inerentes aos combates dessa dimensão.

Derrotado temporariamente, ele não se rendeu diante do pouco incentivo oferecido aos brasileiros de espírito inquieto. Empresário com visão de longo alcance, ele investiu no Cemitério Vertical, projeto pioneiro e de sucesso em Curitiba (PR), uma tendência moderna e evoluída sobre a cultura de vida e morte. É também uma resposta inteligente a dois desafios contemporâneos: as limitações de espaços livres em territórios populosos; e a busca por atender as demandas de sustentabilidade num mundo em que questões ecológicas se tornam cada vez mais presentes.

Conforme os leitores poderão testemunhar nas páginas a seguir, o Hospital Presidente, o Acre Clube e a Indústria Brasileira de Automóveis Presidente (IBAP) foram projetos criados por Nelson, um humanista que buscou contemplar o maior número de pessoas por meio da reunião de cotas. Elas, as cotas, funcionavam satisfatoriamente quando o objetivo contava com a cooperação como base saudável dos empreendimentos. Atualmente, com o avanço do individualismo presente na sociedade, surgiram limitações neste tipo de construção empresarial, enfraquecendo sonhos e utopias atuais.

Em trinta e um capítulos explícitos, ousados e com riqueza de detalhes, o protagonista e sujeito histórico Nelson Fernandes abre seu coração e escancara sua vida, sem subterfúgios ou rodeios.

Torna-se impossível, ainda, contar a história de Nelson sem tocar no bairro paulistano do Tucuruvi, ambas as histórias se confundem e se complementam. É inimaginável pensar como seria o Tucuruvi hoje, sem sua influência empreendedora, visão de desenvolvimento e investimento no crescimento social e econômico do bairro.

Duas frases marcantes de Nelson, presentes aqui: "o Tucuruvi e eu estávamos destinados a crescer juntos"; e "a tristeza por não ter realizado tudo o que sonhei é maior do que a felicidade pelo muito que fiz."

Eu e Nelson temos algo em comum, o querido Tucuruvi, lugar onde nascemos e crescemos, onde depositamos toda nossa força criadora e inquieta, onde lançamos mão de nossos sonhos e vivemos de nosso trabalho e onde, certamente, fazemos parte da história.

Jânio Pires
Jornalista e Memorialista de História

Capítulo Um

O mal que paralisa

Era um final de tarde de sábado, dia 27 de junho de 2009. Eu estava bem-disposto. Saí do apartamento para uma breve caminhada até o estacionamento onde a minha esposa deixara o meu carro para lavar. Tomei o elevador, desci ao térreo, cumprimentei o funcionário do condomínio, passei pela portaria e avancei uma dezena de passos até a esquina.

Olhei para o lado, aguardei por uma brecha no tráfego e, antes de iniciar a travessia de uma das largas ruas de mão única de Curitiba, algo inesperado aconteceu. Tentei avançar pela faixa de pedestres, mas percebi que não conseguia mais me mexer. Repentinamente, os meus pés ficaram pesados e pareciam estar colados ao chão. As minhas pernas desistiram de obedecer ao meu comando.

Permaneci de pé na calçada e consciente. Um misto de preocupação e pavor tomou conta de mim. O tempo também parou. Durante os intermináveis segundos em que fiquei paralisado, não pude notar ninguém por perto para pedir ajuda. Senti-me sozinho e confuso.

Aos poucos, felizmente voltei a recuperar o comando. Os movimentos regressaram paulatinamente e consegui descolar os meus pés do chão. Com alguma dificuldade, retornei ao prédio, desfazendo a mais curta e difusa caminhada da minha vida.

Subi ao apartamento e liguei imediatamente para a Marisa, minha esposa, que estava no salão de beleza. Tentei relatar a ela o que havia acontecido, mas era uma árdua tarefa explicar aquilo que, para mim, não tinha qualquer nexo. Mesmo sem compreender totalmente, ela percebeu que se tratava de um caso grave e decidiu voltar para casa. Encontrou-me ainda atordoado e inconformado com aquele fato até então inédito em minha vida.

Marisa e eu almoçáramos juntos em casa naquele sábado. Antes de sair para o salão, ela informara que o automóvel seria entregue em casa às 17h e, em seguida, às 18h, ela passaria para me pagar para tomarmos um café na confeitaria Requinte. Ou seja, eu nem precisaria ter me dado ao trabalho de sair de casa para buscar o carro.

Nem tanto pelo meu esquecimento, muito mais por meu relato e pela minha idade avançada – estava com 78 anos –, a minha esposa logo suspeitou que pudesse se tratar de um problema neurológico. Mas eu fiquei com um ponto de interrogação enorme sobre o que teria causado aquela paralisia.

As coisas começariam a ser esclarecidas algumas semanas depois, em meados de julho, quando viajamos a São Paulo para fazer um check-up neurológico. Eu dificilmente aceito convites para fazer exames clínicos. Sempre minimizo os sintomas, mas, desta vez, aceitei sem pestanejar. Coincidentemente, o setor de neurologia do Hospital do Coração (HCor) iniciara naquele mesmo mês de junho seus novos serviços, disponibilizando aos pacientes o que havia de mais moderno no diagnóstico precoce em diferentes patologias cerebrais.

Percebi que estava diante de algo que iria transformar a minha rotina. Após passar por uma avaliação com uma psicóloga e uma neurologista, fui submetido a procedimentos de última geração, como doppler colorido das artérias carótidas e cervicais, ressonância nuclear magnética do crânio com angioressonância dos vasos cerebrais e eletroencefalograma com mapeamento cerebral.

Minha mulher, que me acompanhara apenas nas avaliações iniciais, voltou para me buscar no final da tarde. Eu havia enfrentado a batelada de exames e estava pronto para ir embora. No entanto, se já não bastassem a fraqueza e o cansaço, retornaria a Curitiba sem uma resposta. Deveríamos aguardar mais algumas semanas para saber dos resultados.

Os laudos ficaram prontos em 25 dias. A Marisa foi chamada pelo neurologista, pegou um avião e desembarcou novamente em São Paulo. No HCor, ela não teve acesso aos exames, mas tomou conhecimento da hipótese diagnóstica. Assim como em quase toda a análise que envolve doenças cerebrais, veio um texto inconclusivo: "O exame neurológico, avaliação neuropsicológica e exames de imagem sugerem o diagnóstico de Parkinson em fase muito inicial, porém com perdas cognitivas".

Para ela, a sugestão diagnóstica foi um duro golpe, especialmente pelo trecho que mencionava "perdas cognitivas". Ela sabia que a doença de Parkinson poderia se manifestar de formas menos agressivas. O distúrbio de movimento se encaixava perfeitamente no meu quadro, pois, além de causar tremores nas mãos, afeta o equilíbrio e a coordenação motora. A dificuldade de caminhar é um dos sintomas, e explicaria a minha súbita paralisia.

Entretanto o indício de dano nas funções cognitivas suscitava em minha esposa outras preocupações. Em sua interpretação, levava ao Alzheimer, mal que vitimara seu pai havia menos de dois anos. Ela também sabia que um diagnóstico de demência seria uma péssima notícia para todos nós, pois se trata de uma doença que atinge a família do doente, e não apenas ele. Ela iria passar por tudo aquilo outra vez e ainda sofrer pela dor de ver seu marido enfrentar todas as duras consequências desse mal, que ela bem conhecia.

Minha esposa retornou com a certeza de que eu estava gravemente doente, mas ainda sem os aguardados exames. Em casa, ela me deu a desanimadora notícia, reforçando que ainda teríamos de marcar uma consulta com um neurologista quando os laudos chegassem pelos correios.

Mais alguns dias se passaram e finalmente veio a correspondência. Corremos para abrir os envelopes e, com a propriedade de quem conhece a linguagem médica, Marisa começou a decifrar o que estava escrito nos laudos.

Aquele que sugeria a perda cognitiva era o neuropsicológico. Foi o primeiro que ela abriu e começou a ler silenciosamente. Curioso para saber o que estava escrito, eu tive de me contentar com a leitura de suas reações. A ansiedade dela era ainda maior. Seus olhos percorriam sincronizada e rapidamente a folha da esquerda para a direita. Enquanto desciam, o papel subia em suas mãos. Para a minha surpresa, notei que as covinhas apareceram nos cantos de sua boca e começaram a empurrar as bochechas. "Estaria ela rindo?", pensei. Não era possível. "Mas rindo de quê?

Que motivo teria ela para rir de um laudo sobre as minhas perdas cognitivas?"

Era isso mesmo! Ela estava rindo! Já conseguia ver os seus dentes!

– Qual é a graça, Marisa? rompi o silêncio.

– Nada, não. Só estou rindo porque tudo o que indica Alzheimer neste laudo são características bem conhecidas, que estão presentes em você há mais de 45 anos.

Era o tempo que ela me conhecia. Sabia da minha dificuldade de armazenar determinadas informações, especialmente as de calendário. Quer uma data mais fácil de se lembrar do que o dia 31 de dezembro? Pois bem, além da virada do ano, é o dia do aniversário da Marisa. Pode ser difícil de acreditar, mas nunca foi uma lembrança imediata para mim.

Lembro-me do nascimento dos meus três filhos, mas sou incapaz de me lembrar da data do aniversário de qualquer um deles. Lembro-me da casa em que passei a minha juventude, mas não me peça o endereço completo. Lembro-me das minhas namoradas, mas não consigo contá-las. Não apenas porque fui um tanto namorador, mas porque não me lembro dos seus nomes. Neste caso específico – vale a ressalva –, existe uma atenuante. O lapso não era uma simples questão de falta de memória. Para evitar confusão, especialmente em casos de relacionamentos simultâneos – que não eram raros na minha juventude –, eu tomava o cuidado de nunca chamar as minhas namoradas pelo nome. Dirigia-me a elas por meu bem, meu amor, minha querida e vida – este último preservo até hoje, porém não mais por estratégia ou blindagem contra a falta de memória, mas pelo significado que o vocativo empresta à minha Marisa.

A constatação de que as tais "perdas cognitivas" apontadas no exame não apontavam nenhum fato novo na minha conduta foi um alívio muito grande para a minha vida (substantivo e vocativo).

– Se os indícios de perdas cognitivas são estes, então você sempre teve Alzheimer – disse a Marisa, com o bom humor que lhe é peculiar, quebrando o clima de tensão do dia.

De qualquer forma, como sugerido pelos especialistas do HCor, a consulta a um neurologista era necessária. Agendamos a visita e, chegando lá, explicamos que a sugestão da perda cognitiva do laudo não se sustentava. Com certa dose de crítica, a minha esposa aproveitou para discorrer sobre as minhas faltas na esfera da convivência familiar. E o médico lhe disse:

– Se a senhora tem certeza que ele não tem perda cognitiva, então não vou passar medicamento algum, porém, se observar qualquer novo sintoma, me avise.

Realmente não houve necessidade. Os anos se passaram e continuei a esquecer rigorosamente as mesmas coisas que eu já esquecia no passado. Mas a doença de Parkinson tomou conta de mim e me abalou profundamente.

O Parkinson se caracteriza pela morte ou disfunção das células do cérebro que produzem a dopamina no sistema nervoso central. A dopamina, por sua vez, é o neurotransmissor responsável pelo controle dos movimentos, aqueles que me faltaram naquele sábado à tarde.

Senti dificuldade para caminhar outras vezes e o sintoma se alojou. De forma mais controlada, virou doença. Passei a andar de bengala e, com o tempo, desisti de sair de casa. Comecei a ter dificuldades em articular a fala, outro sintoma do Parkinson.

Esta seria apenas mais uma das grandes batalhas que o acaso me apresentaria ao longo da vida, nada que eu não estivesse preparado para enfrentar.

Capítulo Dois

Memórias de quem sou

Era uma manhã de terça-feira, dia 8 de junho de 1965. Quarenta e quatro anos antes da paralisia que sofri em Curitiba, na flor dos meus 34 anos e na tenra idade da ditadura militar, eu percorria com plena vivacidade os salões da Assembleia Legislativa de São Paulo para prestar meu primeiro depoimento em uma Comissão Parlamentar de Inquérito (CPI) criada na esfera federal. Narrei aos parlamentares a minha vida e os meus sonhos, obviamente sem os fabulosos adornos do "Era uma vez" e das capitulares rebuscadas que aqui tratarei de acrescentar.

O alvo da CPI era a Indústria Brasileira de Automóveis Presidente (IBAP), uma sociedade de capital nacional constituída a partir da participação popular com o objetivo de produzir carros modernos, avançados e brasileiros. Por meio deste empreendimento, empenhei todos os meus esforços para alcançarmos como nação a produção em série de um automóvel 100% nacional, sonho que continua disponível para quem se aventurar a sonhá-lo no País.

Sob o escrutínio dos nobres deputados federais, influenciados por uma forte campanha levantada contra mim em nível nacional e veiculada pelas mídias impressa, radiofônica e televisiva, estava tão somente a minha idoneidade. A priori, em nome da justa defesa da economia popular, condenaram o arrojo das minhas ideias, escancararam os meus pontos vulneráveis e deixaram de fora da cesta de investigações itens como a minha capacidade empreendedora, os meus frutos, a minha formação e os meus valores.

Antes de encerrar a minha participação como depoente e principal investigado naquela CPI, fiz o seguinte apelo aos deputados:

> Para que possa avaliar não só o caráter de um homem, mas também as suas realizações, (...) porque acho que a melhor forma de se analisar o que ele poderá fazer no futuro é analisar o seu passado, eu gostaria que esta Comissão visitasse minha organização, meus empreendimentos.

E estendo este convite não apenas aos membros daquela CPI – muitos dos quais não estão mais entre nós –, mas também aos veículos e jornalistas que me atordoaram e duvidaram da minha lisura; aos peritos que tripudiaram sobre a contabilidade de minha organização e decretaram a inviabilidade técnica dos projetos; aos interventores, assessores e membros do governo militar, do Banco Central, do Ministério Público e da Polícia Federal que escalpelaram a minha vida; aos juízes que condenaram prematuramente e absolveram tardiamente; e a todos os que quiserem saber um pouco mais de uma história que não pode ser enterrada ou sucateada. Visitem a minha vida, os meus empreendimentos e os meus sonhos.

***

Meu nome é Nelson Fernandes.

Eu existo em minha irresoluta memória. Sou o que guardei na vida. Lembranças boas e ruins. Experiências que me lembro de ter vivido e que tento recuperá-las, com o máximo de fidelidade possível, da forma como as provei.

Sou filho de pais modestos, Luciano e Perpétua.

Assim como a vida da minha mãe, perpétua deveria ser a emoção das boas recordações. É difícil admitir, mas a tristeza por não ter realizado tudo o que sonhei é maior do que a felicidade pelo muito que fiz.

Como todo brasileiro, sou um sonhador.

Como poucos, tive a sorte na vida de ver concretizados muitos de meus sonhos. Infelizmente alguns deles ficaram pelo caminho. Estavam além do que o meu espírito empreendedor pudesse sustentar. Por muito pouco, teria ido bem mais longe e transformado a história de meu país.

Sonhei com um Brasil autossuficiente, idealizei um povo autônomo, pensei em valorizar o que é nosso e desenhei um sistema mercantil adequado à realidade que nos cerca. Devo ter ido muito longe ao mensurar a força da união popular.

Extrapolei ao pressupor que a causa justa seria arma suficiente para encarar os poderosos de frente. Acreditei que meus projetos ecoariam nos quatro cantos da terra. Esqueci-me de considerar, entretanto, o poder avassalador de armas com altíssimo grau de letalidade como a calúnia, a ganância, o desprezo e a indiferença.

Vinicius de Moraes já disse que "a felicidade é como a pluma" que voa leve ao sabor do vento, "mas tem a vida breve". É "como a gota de orvalho" que brilha tranquila sobre uma pétala de flor, mas depois "cai como uma lágrima de amor".

Tal qual o "poetinha", guardadas as devidas proporções, eu também fiz os meus versos à la "tristeza não tem fim, felicidade sim":

Navegando pelo mar das ilusões,
Parei para refletir sobre os sonhos do passado.
Senti uma forte sensação de tristeza.
Também pudera...
Quem mandou sonhar tão alto?

Oculta na poesia, a alegria dos meus feitos é revelada na história e embute a capacidade de ofuscar o brilho de perenidade das más recordações, que vivem nas sombras e surgem sem convite. Não me importo de não conseguir eternizar a felicidade ou de nem sempre localizá-la no tempo e no espaço. O que me apavora é a possibilidade de um dia não mais me lembrar de procurar por ela.

Hoje sei que os meus sonhos não foram apenas sonhos; e sim ingredientes de um ideal. Todos igualmente importantes e necessários, assim como são interdependentes os componentes de uma engrenagem. As minhas utopias não nasceram do acaso ou do oportunismo. Formaram o enredo de uma história, e não podem ser despejadas sem um introito e um pano de fundo. No papel em branco que recebi da vida, os erros e acertos desenharam a minha trajetória, com picos de euforia e esperança e vales de decepções, tristezas e, principalmente, injustiça. A injustiça é o pior dos desgostos, pois é inesperada. Ninguém se prepara para lidar com os efeitos das conclusões precipitadas, da falta de análise de contexto, da rebeldia sem causa, da massa de manobra, da nivelação por baixo, dos interesses escusos ou da pura e simples má-fé.

***

Nasci em 12 de fevereiro de 1931, na região do Tucuruvi – grafado na época com "y" no final –, distrito da zona norte da cidade de São Paulo. Naquele tempo, a urbanização, embora já acelerada na região metropolitana, ainda não dera as caras pelas bandas setentrionais. Encontrava-se aglutinada em alguns pontos mais centrais da capital – que já reunia cerca de um milhão de habitantes. Um cenário rural dar-me-ia as boas-vindas. Entre sítios, chácaras e fazendas, desfilavam charretes, carroças e carros de boi sobre vias sem pavimentação. A paisagem alternava pastagens, bosques, riachos, brejos e os morros do sopé da Serra da Cantareira.

Não à toa, fruto da comparação com outros bairros mais urbanizados, artigos como iluminação, calçamento, água canalizada e assistência médica estavam na cesta básica de reivindicações dos moradores do Tucuruvi. Nem mesmo em véspera de eleição, notava-se algum avanço em infraestrutura. A baixíssima densidade demográfica da região não atraía nem mesmo aquelas notáveis benfeitorias de última hora patrocinadas por políticos em campanha eleitoral.

Tucuruvi e eu estávamos destinados a crescer juntos. Tão numerosas quanto os gafanhotos verdes que se proliferaram nas fazendas e que, no tupi-guarani, teriam dado nome ao bairro, as casas populares começaram a se multiplicar na região. O loteamento de propriedades, o povoamento e o desenvolvimento da região se deram no entorno da rota e das estações do Tramway da Cantareira, aquele batizado de "Trem das Onze" por Adoniran Barbosa e que passava pelo Jaçanã, bairro onde eu viria a conhecer a minha primeira namorada.

Grandes pomares e pastagens de gado separavam as vilas, a saber: Medeiros, Pedrosa, Ede, Gustavo, Mazzei, Harding. A Vila Harding teria sido o berço do Tucuruvi. Voltando ainda mais no tempo, em 1903, um inglês chamado William Harding adquiriu uma grande porção de terras na região. Em uma antiga fazenda, construiu sua mansão no alto de uma colina. E, ao iniciar o loteamento de sua gleba, lançou a pedra fundamental da primogênita das vilas. Sua residência, que seria batizada de Palacete Anglo-Parque, espalhava-se por nada menos do que sete mil metros quadrados, no local em que nasceria a Avenida Pires do Rio – atual Avenida Tucuruvi.

Alto, alinhado e introvertido, Harding viera ao Brasil para trabalhar na estrada de ferro, que tinha o objetivo inicial de transportar carga e material para a construção de represas e adutoras que interligariam os mananciais e os cântaros da serra ao centro da Capital, aplacando os problemas de abastecimento de água e saneamento básico que também eram recorrentes naquela época. Numa segunda etapa, a Maria Fumaça passou a servir à população, inclusive ao próprio inglês. A partir de 1908, o trenzinho que, em seu trajeto principal cortava o Horto Florestal e conduzia à Cantareira, ganhou um segundo ramal chamado Guapira que cortava a Vila Harding e seguia até o bairro de Adoniran Barbosa. Em 1913, William Harding doou ao Estado o terreno necessário para a construção da estação Tucuruvi, intermediária, considerando a nova extensão que alcançaria Guarulhos em 1915.

Com o ramal completo em operação, a composição parava para pegar o inglês no ponto onde seria construída a estação batizada "Parada Inglesa", que mais tarde daria nome ao bairro. O "Trem das Onze" seria desativado em 1965.

Mas eu estava contando sobre o meu nascimento. Pois bem, meu parto foi na Vila Pedrosa, dentro da residência de meus pais, uma confortável casa térrea na Rua José Osvaldo. Enfermeira, a minha mãe tinha um metro e meio de altura e altíssimas disposição e coragem. Conhecedora dos mecanismos do parto – embora nunca para seu próprio trabalho –, ela passava as coordenadas ao meu pai, enquanto aliviava a tensão pela expiração do ar pela boca, mantinha a dilatação sob controle, atenuava a dor pelo estímulo da liberação da endorfina e dosava o puxo. De cócoras, a gravidade e a apurada técnica de dona Perpétua me expulsaram para a vida. Seu Luciano cortou o cordão umbilical, puxou a placenta para fora e, enquanto minha mãe se refazia, me deu o primeiro banho. Fui registrado doze dias após meu nascimento. Meus pais formariam novamente a dupla de parteiros 12 anos mais tarde, quando veio à luz a minha irmã Sonia. E pararam por aí.

A minha mãe Perpétua.

As recordações da minha infância estão fragmentadas e dispersas na memória. Não tenho controle sobre elas, nem sobre o que reter ou descartar. Posso, entretanto, escolher o que pretendo cultivar. Quero, portanto, aprender a trazer as lembranças mais raras. Quero guardá-las como joias, peças incompletas de um rico tesouro, fragilmente acondicionado em um cofre de carne e osso. Como no lamento do profeta Jeremias (Lm 3:21), busco "trazer à memória o que me pode dar esperança".

Conservo como uma pérola – talvez a mais antiga de todas as talhadas na memória – o dia em que meu avô materno, o português Joaquim Viladala, me fez subir no pé de goiabeira para colher frutas maduras. Para dentro de uma sacola, iam todas as goiabas que eu diligentemente apanhava. Depois dirigíamo-nos à venda do bairro para trocá-las por uma taça de vinho. Nunca provei do vinho, até porque eu estava na tenra idade – tinha entre três ou quatro anos –, mas guardo a sete chaves o intenso sabor da liberdade, da autonomia, da confiança, da proteção e da instigante troca comercial.

Guardo também um sorriso, o mais puro e reluzente que meus olhos já puderam contemplar. Em frente à minha casa, havia um campo de futebol que meu pai ajudara a construir. Ao lado desse campo, uma bela chácara – a única das redondezas com quadra de tênis – que pertencia a um dos diretores da Ford Motors do Brasil, subsidiária que estava desde 1919 no País. Ele e a esposa estavam jogando tênis e eu, escorado na cerca da chácara, assistia à partida. Eu estava interessado naqueles movimentos e trocas de bolas porque nunca tinha visto uma quadra própria para esse tipo de esporte, nem tampouco assistido a um jogo de tênis.

De repente, vejo surgir junto à cerca uma menina loira de olhos azuis. Com um doce e inesquecível sorriso, ela se aproximou e quis saber o meu nome. Senti algo diferente, uma emoção que até então não havia experimentado. Trocamos poucas palavras em um breve e marcante encontro. Voltei para casa e, a partir daquele dia, viveria para reencontrar aquele sorriso. Passava horas e horas sentado nos degraus da escada de minha casa, de onde eu podia ver o interior da chácara, esticando o pescoço à espera de um simples contato visual. Quando ela surgia no quintal e me via nas escadas, ela acenava com a mão e abria novamente aquele mesmo sorriso, que hoje me faz lembrar do meu primeiro amor.

Ainda sinto remorso pelos prejuízos que eu e meus amigos causamos ao senhor Odilon, dono de uma chácara na Vila Pedrosa, perto de casa. Todas as manhãs, no caminho para a escola, passávamos em frente ao portão da chácara dele e, por esporte, atirávamos pedras em sua luminária, fixada no alto de um poste. Já como defesa aos nossos constantes ataques, a luminária era protegida por uma tela de arame. No entanto, a blindagem mostrava-se insuficiente para conter a pesada artilharia de nossos estilingues. Eram tantas as pedradas que a tela não resistia, e a luminária ficava destruída. Não raras vezes, saíamos em disparada para fugir do caseiro que trabalhava na chácara.

Como os garotos são capazes de tamanha crueldade? Por que abusam da inconsequência e da imprudência em seus atos coletivos? As perguntas são retóricas. Não sei – e nem pretendo – respondê-las. Apenas posso afirmar que as doses de insensatez dão sabor à vida. Também nos levam a encarar os desafios mais ousados e a assumir os riscos mais descabidos. Mas a constatação mais singela que encontro é esta: a molecagem parece ser a coisa mais certa a se fazer quando somos moleques. Pobre do senhor Odilon, que não fez por merecer nada disso, apenas teve o azar de fincar no meio do caminho de moleques armados com estilingue um poste de luz tão perfeito para calibrar a mira. Lamento, mas não me arrependo. Estou remido desses atos de vandalismo contra o senhor Odilon não apenas por essas constatações, que, por sinal, encontram eco em uma das célebres frases do poeta gaúcho Mário Quintana: "Há noites que eu não posso dormir de remorso por tudo o que eu deixei de cometer", mas também por certas ironias do destino que relatarei mais à frente.

Recordo-me também do despertar da minha paixão pelos animais. Na chácara de meu avô paterno, José dos Anjos Fernandes, localizada a poucos metros da casa de meus pais, eu me encontrava com eles, em suas variadas espécies. Lá aprendi a tirar leite da vaca. Fiz a minha primeira ordenha aos sete anos de idade.

Certa vez, meu avô me levou a um encontro com um tropeiro que passava pela vizinhança. Iria comprar uns cavalos e me pediu que o ajudasse na seleção. O terreno onde o tropeiro expunha os animais ficava no alto do morro, ao cabo de uma rua cuja extensão era de cerca de dois quilômetros. Uma subida íngreme. Ao chegar lá, e esquecer completamente que eu ali estava para acompanhar o meu avô na escolha dos equídeos, avistei uma das mais preciosas riquezas que trago até hoje na memória. Uma égua linda, uma potranca tordilha com uma estrela branca na testa. Fiquei simplesmente encantado por ela.

– Meu avô, compre essa potranca pra mim? – puxei-o pela calça, interrompendo a negociação que ele travava com o tropeiro.

– Só o seu pai pode tomar essa decisão, meu neto.

Dois quilômetros abaixo e algumas breves pisadas, saí em disparada de volta pra casa. Consegui encontrar o meu pai no portão, antes de sair para a cidade.

Ofegante e, ao mesmo tempo, esfuziante, fiz o pedido:

– Pai, tem uma égua linda no terreno lá de cima. Eu a quero para mim. O senhor poderia comprar?

– Vamos lá ver — disse ele, sem vacilar.

Com o passo mais cadenciado, dois quilômetros acima, retornamos ao terreno. Meu pai se dirigiu ao tropeiro e pediu que fizesse a potranca trotar. Observou silenciosamente. Depois, analisou o estado geral do animal. Olhou mais atentamente os dentes, a arcada, os cascos e os tendões. Por fim, apertou a mão do homem. Negócio fechado. Fiquei radiante! Abracei o meu pai, e lhe agradeci exageradamente pelo presente. Foi o acontecimento mais importante da minha infância. Passei a amar aquela égua, batizada de Estrela. E todos os dias eu cuidava da Estrela nas cocheiras da chácara do meu avô.

A certa altura, meu pai resolveu me ensinar a domar a Estrela. O primeiro passo, explicou-me ele, era fazê-la aceitar os arreios. Então, tiramos a potranca da cocheira e, com um cabresto, uma guia e um chicote, fomos ao campo de futebol. Lá, meu pai começou a estalar o chicote e, com a guia nas mãos, a fazer com que a Estrela ora trotasse, ora galopasse em círculos. Eu observava atentamente a tudo aquilo. Era uma cena linda de se ver, não apenas porque a minha égua tinha um trote elegante e um galope vigoroso, mas também porque meu pai estava me proporcionando tamanha alegria e beleza. E o melhor ainda estava por vir.

Transbordei de felicidade quando ele me chamou para perto e me deu a guia nas mãos. Com o chicote, fez com que a Estrela continuasse a trotar em círculos. Com uma mão, eu segurava a guia; com a outra, a calça de meu pai. Sentia-me seguro e satisfeito.

Repetimos este treinamento outras vezes, até que um dia meu pai me disse:

– Filho, hoje você vai andar a cavalo pela primeira vez.

Desde o começo dos treinamentos, o dia da minha montaria estava definido na agenda de meu pai. Eu também sabia que poderia acontecer a qualquer momento. Sentia-me pronto, mas não acreditava que o convite viria tão cedo. Mas, naquele instante, percebi o peso da responsabilidade. Era chegada a hora.

Meu pai havia levado também um baixeiro e uma barrigueira para selar a Estrela. Com muito cuidado, segurou a égua pelo cabresto e pediu que me afastasse.

Colocou o baixeiro no lombo do animal e, por cima, a barrigueira. Ao puxar a barrigueira para baixo, a Estrela deu um salto para frente, derrubando o baixeiro e o meu pai no chão. Fiquei assustado. Meu pai levantou-se e me disse que a égua agia daquela forma porque nunca havia recebido arreio.

Calmamente, ele fez nova tentativa e conseguiu colocar com firmeza o baixeiro no lombo da Estrela. E, enquanto ela trotava, meu pai me chamou:

– É agora! Você vai montar e vamos ver como ela reage. Tente manter-se em cima dela.

Voltou a segurá-la pelo cabresto com uma mão e, com a outra, me colocou com as pernas abertas sobre o baixeiro. Naquele momento a sensação de satisfação desapareceu. Eu estava inseguro, morrendo de medo.

– Segure-se no baixeiro e, com as pernas, aperte a barriga da égua.

Mal ele terminou de dar essas orientações, foi logo puxando a égua pelo cabresto para fazê-la andar. Depois de algumas voltas, soltou do cabresto e passou a segurar apenas pela guia. Inicialmente ela estava devagar, mas, inesperadamente, começou a trotar. E contei o meu primeiro tombo.

As crianças são assim. Sabem cair e se levantar. As feridas se vão e tudo se renova. Nada as impede de seguir em frente, de olhar o futuro. É bom aprender com elas, que acham a vida bonita e não sabem guardar o que é feio. Seu foco não está nas realizações, e sim na vida. Vivem apenas.

Mas que ninguém se engane. Com o passar dos anos, irão aprender a guardar o que não deveria ser importante e a, como eu, buscar o cultivo da nostalgia. Todos estamos destinados a viver como arqueólogos, a fazer constantes escavações em nosso passado em busca de explicações para as questões mais complexas e alegóricas da existência.

Quem somos? De onde viemos? Para onde vamos? O que fizemos? O que fazemos? O que faremos? Até onde queremos ir? Até onde podemos ir? Até onde nos deixarão ir? Por que quisemos? Por que queremos? Por que continuamos a querer? Até quando podemos querer? Até quando nos deixarão querer?

Eu sou um misto de reproduções de padrões aprendidos de meus pais e de influências que recebi de amigos e de ambientes que frequentei. Mas o que sempre marcou muito a minha personalidade foi o repúdio ao isolamento. Nunca fui atraído por uma vida aos moldes de Robinson Crusoé, que teve de viver completamente só em uma ilha deserta e acabou se adaptando à solitude.

Dos sete aos doze anos, eu descobri e desbravei as amizades. Passei a valorizá-las. Estar com os amigos tornou-se algo muito importante para mim. Essa proximidade, no entanto, acabaria trazendo alguns conflitos para dentro de casa, pois, na contramão, os meus pais tentavam me conter dentro das cercas que achavam seguras e adequadas para mim. Nas minhas escapadas, passei a perceber as diferenças entre o meu estilo de vida e o dos meus amigos. Além do cavalo, eu tinha uma bicicleta. Jogava mal futebol, mas a bola era minha.

Nossa turma nadava no córrego que cortava a Rua José Osvaldo, onde eu morava. A água limpa e cristalina ficava barrenta e turva quando nos atirávamos nela. Era um córrego estreito. Apesar de escassos, havia trechos adequados para a prática da natação, porém com pouca autonomia para receber toda a energia de nossos saltos e mergulhos ornamentais.

Certo dia, tive a ideia de fazer uma barragem em um dos melhores pontos do córrego. Para realizar a empreitada, convoquei os meus amigos e defendi que a represa iria aumentar a profundidade e o volume de água, o que significaria, em última análise, maior diversão. Na turma, havia uma menina, chamada Teleca, que nos acompanhava em todas as brincadeiras e aventuras, e era respeitada por isso. Ela prontamente topou, assim como todos os moleques da turma. Precisaríamos de ferramentas, pás e enxadas para cavar e retirar os torrões das margens do córrego. Pedi que cada um contribuísse com as ferramentas que possuísse em casa, usadas por nossos pais nas hortas e nos pomares.

No dia seguinte, à tarde, já estávamos debaixo do sol para trabalhar em prol de nosso futuro piscinão. O desafio era grande, mesmo para as cerca de vinte pessoas envolvidas na obra. O lago artificial teria uns cinco metros de largura, noventa centímetros de profundidade e, quando cheio, vinte passos de comprimento.

Cientes de que a recompensa também seria grande, trabalhamos incansavelmente até cumprirmos o objetivo. Terminamos ao anoitecer. Cansados e realizados, combinamos que iríamos levantar cedo no dia seguinte para apreciar o resultado do nosso esforço. Antes de voltar para casa, notamos que a água já estava sendo represada. Aparentemente a barragem tinha dado certo. Fomos dormir com a sensação de dever cumprido.

Pela manhã, voltamos ao local na hora combinada. A Teleca, que tinha suado a camisa tanto quanto qualquer outro garoto, ficou desolada. E o ar de desolação foi tomando conta do semblante de todos que se aproximavam do córrego. Durante a noite, a barreira que construímos não resistira à pressão da água. A terra foi levada pela correnteza e, junto com ela, a nossa euforia e o nosso sonho de dias mais divertidos no córrego.

Cada qual tomou o seu rumo. Eu voltei em silêncio para casa. Passei grande parte do dia em meu quarto questionando em meus pensamentos por que o nosso plano teria naufragado. À noite, encontrei meu pai debruçado sobre seus projetos de engenharia na escrivaninha. Parei na porta do escritório e aguardei o momento mais adequado para interpelá-lo.

– Com licença, meu pai – como de costume, pedi permissão para entrar. Mas já fui avançando.

– Pois não, meu filho — voltou-se para mim, deixando os cálculos de lado.

– Vim pedir a sua ajuda para me explicar o que eu e meus amigos fizemos de errado.

– E o que vocês fizeram que teria dado errado? — perguntou ele.

– Tentamos construir uma barragem no córrego, mas a correnteza destruiu tudo.

A essa altura, eu já estava bem ao seu lado na escrivaninha. Contei a história completa, com todos os detalhes de como trabalhamos na barragem. Meu pai ouviu atentamente e depois, com um lápis e uma folha de papel em branco, começou a me explicar os pontos falhos do nosso projeto e, principalmente, o que deveria ser corrigido. Erramos ao deixar de fazer uma vala para aliviar o peso da água sobre a barragem.

Mais uma vez, agradeci-lhe demasiadamente pelas explicações e, com o novo projeto em mãos, voltei renovado para o meu quarto. Meu entusiasmo pela construção da represa restaurou-se plenamente. No dia seguinte, voltei a me reunir com a turma para contar sobre a conversa com o meu pai e a defender uma nova tentativa de construção, agora da forma correta. Entretanto, ainda sob o impacto da recente frustração, a maioria não topou.

Poucos estavam dispostos a empunhar a enxada novamente, pelo menos imediatamente. Inicialmente consegui convencer uma meia-dúzia. Até a Teleca pulou fora. No entanto, desta vez, pelo número reduzido de pessoas e pelo projeto mais elaborado, fizemos o trabalho em vários dias, com mais critério e planejamento. Aos poucos, aqueles que tinham recusado o segundo convite se recompunham e, observando o andamento das obras, retornavam ao trabalho. Ao final, já estávamos todos juntos novamente, a Teleca inclusive.

A nova barragem estava consistente. Graças às orientações de meu pai, conseguimos realizar uma obra com uma vala de cerca de 50 centímetros que escoava o excesso da água e tonava a barragem resistente, o que, em última análise, nos propiciaria mais espaço para nadar.

Finalmente o piscinão foi inaugurado por todos, que se atiraram nele com distintos tipos de mergulhos. Uns mais destrambelhados, outros mais ornamentais, sem faltar, é claro, as "bombas" que espalhavam água para todos os lados. Conseguimos aumentar a frequência de banhistas no córrego e passamos a realizar torneio de mergulhos no local. Nadar na represa passou a ser segunda opção de lazer da molecada, depois do futebol, é claro.

Nascido em Portugal, no Brasil desde os seus oito anos de idade, Luciano Fernandes era de origem humilde. Começou como servente de pedreiro e conseguiu vencer na vida como construtor civil, tendo realizado grandes obras em São Paulo. Papai era reconhecido como um "homem de bem", generoso e respeitado pelos moradores.

Entre os primeiros empreendimentos que erguera no Tucuruvi, estava uma vila de casas na Rua São Belmiro – atual Rua Carataca –, para onde nos mudamos em 1942. Para a nossa família, ele construiu um sobrado de três pavimentos e muitos cômodos. Os quartos ficavam no piso de cima; o intermediário acomodava um grande terraço, o hall de entrada, a sala de jantar, a sala de almoço e a cozinha; no térreo, tínhamos sala de jogos com mesa de bilhar, quarto de empregada, banheiros para ambiente interno e para a piscina, uma cozinha para servir a área de lazer e uma sala de música com o meu violino, um piano – que era o instrumento da minha irmã mais nova, a Sonia – e um violão – que meu pai dedilhava com maestria. Na família, seu Luciano era o único que tinha ouvido privilegiado e não precisava das aulas para tirar som dos instrumentos.

Nos fundos, o meu pai ergueu uma edícula para os meus avós paternos. E ainda comprou uma área contígua ao terreno onde construiu uma cocheira para a Estrela, com espaço para armazenar ração, arreios, charrete e tudo mais. Também moravam ali uma ovelha daquelas premiadas que meu pai havia arrematado na feira da Água Branca e a minha cadela. Quando eu saía a passeio com a Estrela, a ovelha e a cadela me acompanhavam.

Meus pais me deram todas as condições para que eu estudasse e me formasse. Empenharam todos seus esforços para que eu não me desviasse desse caminho. Naquela época, a exceção estava com quem completava os estudos, e não com quem os abandonava. A maioria das crianças não terminava o chamado "grupo escolar" – modalidade trazida da Europa pela elite paulistana durante a República Velha que se propôs a padronizar o ensino no Brasil, com métodos e organização que sobrevivem até hoje.

No primário, meus pais me matricularam no então novinho em folha Grupo Escolar Silva Jardim, na Avenida Pires do Rio (atual Avenida Tucuruvi), cujo diretor era o professor Antônio Rosa e cuja inauguração, em 29 de setembro de 1938, contou com a ilustre presença do Dr. Adhemar de Barros, o interventor do estado de São Paulo, e sua esposa Leonor. Como se sabe, o golpe de 1937 fizera desaparecer as eleições, os partidos políticos, as casas legislativas e a figura do governador. Na ditadura do Estado Novo, os estados passaram a ser governados por interventores federais, nomeados por Getúlio Vargas. O evento do Silva Jardim era uma – e bem modesta, diga-se de passagem – das várias inaugurações que Adhemar de Barros participaria como interventor do estado de 1938 a 1941 ou, mais a frente, eleito duas vezes governador, a primeira em 1947 e a segunda em 1963. Grandes obras públicas foram iniciadas em sua voraz gestão, entre as quais a Rodovia Anchieta, o Edifício Altino Arantes – o imponente prédio do antigo Banespa –, o Estádio Municipal Paulo Machado de Carvalho – o Pacaembu –, o autódromo de Interlagos e as atuais dependências da Academia de Polícia Militar do Barro Branco, no Tucuruvi.

A construção do estádio do Pacaembu também está registrada em minha memória. Meu pai me levou para ver as obras, que começaram em 1936 e levaram apenas quatro anos para serem concluídas. Fiquei impressionado ao ver a quantidade de carrocinhas puxadas por burros de carga. Fascinou-me o fato de nelas não haver condutor. Esse sistema de transporte aguçou a minha curiosidade:

– Pai, como os animais sabem que devem levar a terra de um lado para o outro e, depois de descarregarem, voltar para pegar nova carga?

– Isso acontece porque os burros da frente estão condicionados. Foram treinados a fazer o caminho para depois servirem de guia para os outros.

E assim é a vida. Os primeiros servem de exemplo para os que vêm atrás. Com a dona Hortênsia, a minha segunda professora no Silva Jardim, eu tive o privilégio de guiar. Fui o primeiro aluno da classe, e, como tal, era honrado pela professora diante dos meus colegas. A distinção, no entanto, durou uma temporada. E jamais recorreria em meu histórico escolar. Teria de buscar a dianteira em outras áreas do conhecimento.

Assim como a honraria do Silva Jardim, inesquecível é o prédio pegado à escola que meu pai e mais alguns amigos ergueram para inaugurar, em 22 de fevereiro de 1941, o segundo cinema do bairro: o Cine Tucuruvi – o pioneiro havia sido o Cine Teatro Rio Branco, aberto em 1925 pela empresa Dinis S. Magalhães. Eu dizia a todos que o cinema era do meu pai, mas, na verdade, ele foi o responsável pela construção do prédio, pois participava de uma sociedade criada em 1939 para promover melhorias no bairro, a começar pela abertura de um cinema. Portanto, a verdadeira proprietária do Cine Tucuruvi era a Sociedade Progresso do Tucuruvi, composta pelos mais ilustres e pioneiros moradores do distrito, como o inglês William Harding, o italiano Henrique Mazzei, o empreiteiro Alipio Magalhães e o comerciante libanês Chafik Lutaif. Eram 16 sócios ao todo, nomes registrados um a um em uma placa de bronze fixada na entrada do cinema. A exploração comercial do estabelecimento ficou sob a responsabilidade da empresa J. Pinto Jr., com larga experiência advinda da gestão de outros dois importantes cinemas da cidade: o Roxy e o Astoria.

Dava-me orgulho ver aquele empreendimento, um cinema confortável, agradável, com sistemas de som e projeções avançados para a época. Meus amigos e eu criamos o hábito de ir às matinês de domingo. Dos quadrinhos para as telas de cinema, assistíamos no Cine Tucuruvi aos seriados do grande herói da época, Flash Gordon, interpretado pelo ator e nadador norte-americano Buster Crabbe, durante a década de 1940. Foi um empreendimento importantíssimo para a época, pois a população do Tucuruvi ainda não desfrutava de atividades de lazer. O prédio do Cine Tucuruvi não existe mais. Como referência, em seu lugar, está o final da atual Avenida Luís Dumont Villares.

Erguer moradias e prover entretenimento para a população eram as lacunas mais importantes a serem preenchidas no bairro. E não foi apenas o meu pai que soube aproveitar essas oportunidades. Com muita notoriedade, também enveredou por esse caminho um humilde carpinteiro chamado João Fidalgo, muito hábil na árdua lida de pedreiro. Fidalgo tinha um armazém de secos e molhados e carpintaria próximo à estação de Tucuruvi. Mas foi como empreiteiro que ele fez verdadeira fortuna. Comprava terrenos, construía casas e prédios populares e depois vendia os imóveis na região. Apesar do sobrenome, Fidalgo era um homem muito simples e de hábitos rudimentares. Mas dedicado, obstinado e muito trabalhador. Lembro-me de vê-lo passando pelas ruas do bairro com batentes e janelas nas costas. Fazia casas simples, com portas e janelas pequenas, mas tornou-se uma verdadeira celebridade no Tucuruvi.

Contemporâneo e amigo de meu pai, João Fidalgo foi o maior expoente da explosão imobiliária na região e também proporcionou lazer aos tucuruvienses. Muitos imóveis levantados por ele ainda estão de pé. Dos que ele ergueu, um ruiu: um prédio de cinco andares que ainda estava em construção e que fazia frente para a Avenida Tucuruvi. Por sorte, não havia operários no local no momento do desmoronamento. Outro que estava prestes a cair era o Cine Fidalgo, um cinema que ele também inaugurou na década de 1940. Fidalgo recorreu ao meu pai que o socorreu na reforma e correção de erros de construção do prédio, no início da Avenida Santos Dumont – atual Avenida Guapira.

O João Fidalgo morou no mesmo casarão que pertenceu a William Harding. Quando soube que estava à venda, após a trágica morte do inglês, cujo corpo foi encontrado dentro da caixa d'água do palacete, o meu pai tentou comprar o imóvel, mas infelizmente perdeu a concorrência para o Fidalgo. Digo infelizmente porque o casarão teria sido mais bem preservado pela mordomia de meu pai. A fidalguia da casa do inglês desapareceria com os novos proprietários. Patos e galinhas passaram a circular pelos aposentos, entre móveis sujos e descuidados. Além do mau gosto, o mau cheiro passou a residir no palacete. Infelizmente o casarão não existe mais. Foi demolido na década de 1970 e o terreno, localizado do outro lado do Silva Jardim – hoje uma escola estadual –, dá lugar à sede da Subprefeitura Santana/Tucuruvi.

Na área cultural, o Fidalgo também foi importante, especialmente pela atração musical que patrocinava: a famosa "Banda do Fidalgo". Nos fins de semana, as pessoas vinham para a avenida principal do bairro e zanzavam de um lado para o outro enquanto os músicos tocavam no coreto, ao lado do palacete, dando as boas-vindas a quem ingressasse na Vila Harding. Era um programa agradável para ver e ser visto. Muitos namoros tiveram origem ali.

Desde pequeno, sempre gostei de ver e ser visto. Mas havia momentos em que eu preferia passar despercebido. No ginásio, mudei para o Prudente de Moraes, em Santana, distrito vizinho. Fui sozinho. Meus amigos ficaram no Tucuruvi, jogando bola na Vila Pedrosa. Eu não conseguia compreender por que meus amigos não precisavam ir à escola após completarem o primário – hoje conhecido como Ensino Fundamental I. Eu pensava: "Por que só eu tenho de ir para o ginásio?" – o atual Ensino Fundamental II. E os meninos mais velhos me respondiam: "Ora, você que é feliz por não precisar trabalhar tão cedo. Você vai estudar, vai ser doutor. Você é filhinho de papai. Infelizes somos nós, que logo teremos de trabalhar e ajudar os nossos pais".

Ser rico então passou a ser motivo de vergonha ou constrangimento para mim. Por que esse privilégio me fora concedido? Ao mesmo tempo, eu não aceitava ser chamado de "filhinho de papai". Eu não me conformava com as diferenças de status social. Gostava de estar com meus amigos. Nadávamos juntos nos brejos enlameados, e isso me alegrava. Minha família tinha piscina em casa, mas eu resistia em convidar os amigos porque não me sentia confortável com situações em que a desigualdade ficava exposta. Ademais, meus pais não eram tolerantes o suficiente para aguentar a algazarra que a nossa turma fazia. Na várzea, tínhamos mais liberdade e éramos todos iguais.

Como era frequente a interrupção dos estudos para o ingresso no mercado de trabalho durante a adolescência, os colégios da cidade começavam a brigar pelos raros alunos que tinham longevidade escolar. Foi a partir dessa realidade de mercado que eu e meu colega de classe, o Fernando Mirabelle, bolamos um plano para nos aproximarmos das meninas do Prudente de Moraes. Estávamos na 6ª série (correspondente ao 7º ano dos dias de hoje) e, assim como todos os meninos da escola, estávamos matriculados no período da manhã, enquanto as garotas estudavam no período da tarde. Essa era a regra: meninos pela manhã e meninas à tarde.

Além de musa eleita secretamente pela turma, a nossa professora de história, a dona Edith, era filha do dono da escola, o professor Noronha. Ela foi escolhida como isca para pescarmos uma transferência para o período vespertino. Num intervalo de aula, apressamos o passo no corredor, aproximamo-nos dela e eu iniciei a conversa:

– Professora Edith, com licença. Fernando e eu temos uma novidade muito importante para lhe contar.

– Pois não, meninos, em que posso ajudá-los? – respondeu ela, desacelerando os passos para nos ouvir.

– Apesar de gostarmos muito de estudar aqui no colégio, vamos ter de abandonar os estudos, pois o pai do Fernando, o professor Mirabelle, arrumou um emprego de meio-período para nós dois. E advinha em que período é o serviço?

– Matutino? – devolveu ela.

– Exatamente! Será uma ótima oportunidade para nós, porque poderemos comprar o que quisermos com o nosso próprio ganho. Vamos deixar de pedir dinheiro emprestado para os nossos pais. Não podemos recusar – disse, com tom de lamento.

A essa altura da conversa, estava combinada a intervenção do Fernando:

– Professora, aqui não tem o 2º ano do colegial no período da tarde?

– Tem sim, Fernando – respondeu a bela professora – mas não temos classes mistas à tarde.

E eu emendei:

– Mas, professora, uma classe com quarenta meninas e apenas dois garotos não pode ser considerada uma classe mista, pode?

Ela parou para pensar e disse:

– Bem, eu vou falar com o meu pai. Passem amanhã na minha sala que eu já terei uma resposta.

Apesar de simplório e inconsistente, o nosso plano funcionou. A escola não queria correr o risco de perder dois alunos de uma vez. Fomos autorizados a frequentar as aulas no período da tarde e muito bem recebidos pelas meninas. A proposta de emprego matutino não existia de fato. Para descobrir a farsa, bastaria a professora ter consultado o pai do Fernando, que obviamente não estava envolvido na nossa trama.

Se fossem sondados, os meus pais também teriam cooperado para desvendá-la. Ao mesmo tempo em que eu convivia com a realidade de não ter de trabalhar para ajudar na renda familiar – nem tampouco para deixar de pedir dinheiro aos meus pais –, reconhecia que o conforto financeiro trazia alguns privilégios dos quais não era fácil abrir mão. Na garagem, meu pai tinha uma Mercedes-Benz quatro portas à gasolina, o segundo automóvel a circular nas ruas da vizinhança.

Os carros exerciam em todos nós um grande fascínio, não apenas porque eram robustos e belos, mas também porque enfrentávamos tempos de escassez industrial. Eram todos importados e raros de se ver. Além, é claro, do fato de que poucos podiam comprá-los. As linhas de montagens das norte-americanas Ford e General Motors já estavam no Brasil, mas ainda estávamos longe dos anos dourados da indústria automobilística no país, que ocorreria após a segunda metade da década de 1950.

O período da Segunda Guerra Mundial (1939-1945) foi marcado pela crise do petróleo. Havia racionamento de gasolina e os motoristas começaram a converter os motores de seus automóveis para receber o gasogênio, o gás obtido a partir da queima do carvão. Era necessário instalar um equipamento grotesco na traseira do veículo. O carro ficava feio, com menor potência e o combustível era muito poluente. Mas era o que tínhamos.

Quando a gasolina sumiu do mercado, meu pai comprou um segundo carro, um DKW, assim não precisou mexer com a Mercedes, que foi para o cavalete. Para mim, não poderia ter acontecido coisa melhor. Com a Mercedes no cavalete, passei a brincar de dirigir todas as tardes, sentado na posição do motorista e fazendo toda a sonoplastia com a boca. A cada lúdica manobra, sem que percebesse, cada vez mais e mais, a minha imaginação moldaria as fibras da minha personalidade e me aproximaria de meus sonhos encantados.

Capítulo Três

Influência e personalidade

Na adolescência, encantei-me pela dança de salão. A ela, entreguei-me de corpo e alma. Deixei-me conduzir pelo chorinho, o tango, o foxtrote, o bolero e o samba. Fiz par com dançarinas que me apresentaram um novo jeito de me expressar e ser aceito. Se os dribles e as embaixadas não estavam entre os meus maiores atributos, passaram a compor o meu principal repertório as requebradas e os rodopios.

Essa nova coreografia de vida, entretanto, trouxe descompasso em meus estudos e desequilíbrio em minha vida familiar. Severo, papai não permitia que eu frequentasse os salões de baile, nem mesmo em matinês dominicais. Talvez estivesse tentando me poupar de um estilo de vida que conhecia muito bem. E este é o fato curioso da história: a dança havia me fisgado por influência de meu próprio pai.

Tudo começou quando o meu pai resolveu construir e administrar uma casa de baile no Tucuruvi. Em tempos de urbanização acelerada, investir em espaços de lazer e criar oportunidades de entretenimento para a população local era uma excelente frente de negócios. No entanto, as motivações de meu pai foram outras. Nada a ver com faro empreendedor, mas com uma banal guerra de vaidade. Pode-se dizer que a decisão pelo investimento foi tomada em uma roda de bar.

Aos domingos, o meu pai levava a minha mãe a uma feira livre em frente às jabuticabeiras da Chácara Valparaíso, onde vivia a família de Chafik Lutaif, ilustre e influente comerciante do Tucuruvi. Anos mais tarde, fruto do desenvolvimento acelerado da região, naquele mesmo local seria construído o prédio de esquina que abrigaria o Cine Valparaíso, motivo de orgulho dos moradores do bairro por comportar "a maior sala de projeção da América Latina" – atualmente, no lugar do cinema, na confluência da Avenida Tucuruvi com a Rua Domingos Calheiros, há um hipermercado.

Voltando à feira, enquanto a minha mãe fazia as compras, o meu pai aproveitava para bater papo e beber vinho com os amigos na padaria da dona Laurinda, que ficava a algumas centenas de metros à frente, ao lado da estação de trem na Avenida Tucuruvi, esquina com a Rua Paulo de Faria. Chamava-se Padaria Central, mas antigamente o nome fantasia não era importante. As padarias eram identificadas pelo nome do dono – ou da dona.

A dona Laurinda era uma portuguesa de língua ferina e pavio curto. Casada e com um filho da minha idade, talvez um pouco mais velho. O casal ainda mantinha um salão de dança em cima da padaria. As domingueiras eram conhecidas no bairro e muito bem frequentadas.

Sempre crítico e muito observador, especialmente quando o assunto era construção, o meu pai comentou com seus colegas que a escada que levava ao salão de dona Laurinda era tão estreita que, em casos de emergência, não haveria condições para uma rota de fuga.

Olhem para esta escada. Deve ter um metro e vinte centímetros de largura, no máximo. Em caso de incêndio, ocorreria aqui uma tragédia. As pessoas se amontoariam, não teriam tempo para descer e morreriam asfixiadas – disse ele abertamente na roda de amigos.

E a dona Laurinda, que estava servindo a mesa ao lado, ouviu o comentário e, também sem papas na língua, dirigiu-se a ele em altíssima voz e com o dedo em riste:

– Ora, que bobagem! Não sabes o que estás a falar. Estás a dizer isso porque tem inveja de meu salão! Não tens culhões para construir um negócio como esse – retrucou ela, dando as costas e o assunto por encerrado.

O que era para ser uma ofensa soou como um desafio aos ouvidos de meu pai. Ele deixou a padaria com a ideia fixa de construir um salão de baile bem melhor do que o dela. Em todos os aspectos: tamanho, acabamento, programação e, principalmente, segurança.

Por uma obra perfeita do acaso, um amigo de meu pai tinha colocado à venda um terreno localizado na mesma avenida onde está sendo contruído o shopping Trimais, a míseros cem metros de distância do salão de dona Laurinda. Local perfeito para abalar as estruturas da concorrência. Sem barganhar, ele comprou a área e lá construiu um prédio de dois andares, com vinte metros de frente e cinquenta de profundidade. No térreo, projetou um bar e um restaurante, além de um salão para seis mesas de bilhar. No pavimento superior, o estratégico salão de baile, com quatrocentos metros quadrados e um palco de um metro e vinte centímetros de altura para elevar a orquestra, além de sanitários, salas de jogos, sacada, chapelaria e secretaria. E, como ponto de honra, o *gran finale*: o acesso ao salão se daria por meio de uma generosa porta central seguida de uma espaçosa escadaria que, em um pavimento intermediário, se ramificava em dois outros braços laterais, o que facilitaria o escoamento em casos de emergência.

Por ser estrangeiro, o meu pai não poderia inaugurar o salão de baile e as salas de jogos sem antes fundar uma sociedade recreativa. Por exigência da lei e para conseguir o alvará de funcionamento, nem ele nem a minha mãe – também portuguesa – poderiam presidir a sociedade. Colocou então um amigo, o Siqueira, como sócio presidente e deu à sociedade recreativa o status de clube e o nome de Nelsonia, a junção do nome de seus filhos, Nelson e Sonia.

Eu ainda era criança, mas acompanhei tudo de perto, da construção à inauguração. Localizado à Avenida Tucuruvi, 995, o Nelsonia Clube de Tucuruvi abriu as largas portas no final de 1942, e o primeiro grande baile anunciado foi o de Reveillon, "dedicado aos seus sócios e excelentíssimas famílias", como anunciamos na coluna "Vida Social", do *Correio Paulistano*, em 31 de dezembro daquele velho ano. A partir do ano bom de 1943, tornou-se o melhor salão de baile da Zona Norte, aniquilou a patrícia concorrência e influenciou sobremaneira a minha vida.

Passei a conhecer os bastidores e os atores do circo da dança de salão. Os primeiros com quem tive contato foram os funcionários do Nelsonia. Comecei a conviver e a aprender com eles. Todavia, as minhas conquistas e a minha evolução na dança não viriam com facilidade. Diferentemente dos estudos, não havia qualquer incentivo por parte de meus pais para que eu me desenvolvesse nessa área. Muito pelo contrário. Embora estivesse cultivando bons relacionamentos com o pessoal do Nelsonia, conseguindo absorver os cacoetes do negócio e praticando os primeiros passos e gingados, não me era permitido entrar no salão com a casa em funcionamento, nem mesmo nas matinês de domingo. A entrada só era liberada a maiores de 18 anos, e não havia o menor afrouxamento na regra, nem – e especialmente – se se tratasse do filho do dono.

Alguns anos se passaram e, quando o ímpeto avassalador da adolescência se impôs, e o meu corpo passou a clamar por espelhar os passos das damas na pista, tive de buscar uma alternativa para praticar. Da boca de amigos que também se interessavam pela dança, ouvi falar que teríamos acesso garantido nas matinês na Vila Galvão, em Guarulhos. Passei então a enganar os meus pais. Aos domingos, dizia a eles que iria com a turma ao cinema, aquele mesmo que meu pai construíra, mas nós, meninos e meninas, tomávamos outro rumo. Pegávamos o trem da Cantareira e descíamos na estação Vila Galvão, próxima a um parque onde havia dois salões de baile.

Começamos então a praticar nas matinês desse parque, chamado Parque Balneário Vila Galvão, construído no lugar de uma antiga fazenda de propriedade do empresário Francisco Vasconcelos, com um grande lago ao centro – atual Lago dos Patos –, cercado por um belo bosque de Mata Atlântica.

O parque era muito conhecido e procurado pelas famílias – a minha inclusive – que iam passear e fazer piqueniques – ou convescotes, como se dizia na época – à sombra de ipês e jabuticabeiras. Local agradável, com coreto, cavalos para alugar, barquinhos à disposição e, além do balneário, um concorrido trampolim em uma ilha no meio do lago. Meus amigos e eu, no entanto, estávamos mais interessados na área social, mais especificamente na casa onde estavam os dois salões de dança – hoje, sobre o mesmo piso de madeira, está o Museu Histórico Municipal.

Num belo domingo de sol, os meus pais e a minha irmã resolveram fazer o mesmo trajeto. Pensavam que eu estava no cinema com os amigos e aproveitaram para passear na aprazível Vila Galvão. Ao chegarem ao parque, passaram em frente à casa principal – e os salões de baile tinham grandes portas de vidro, que mais pareciam vitrines de magazine –, o meu pai olhou para dentro do salão e o que ele viu?

Aos 14 anos, ao som de muito chorinho e samba-canção, eu estava dançando atado a uma menina a quem chamávamos de escurinha. Todo suado, mas agarrado a ela. Meu pai entrou pisando firme no salão, pegou-me pelo braço, descolou-me da cabrocha e me tirou à força da pista. Eu não ofereci resistência. Mesmo assim, protagonizamos um tremendo papelão no salão.

– Veja se é possível! A gente pensando que você estava no cinema, mas está aqui dançando num salão de baile! – esbravejou, indignado.

Esse episódio contribuiu para minar um pouco a nossa relação e, por outra via, seus desdobramentos foram determinantes para carimbar o meu destino como dançarino de salão. Ao mesmo tempo em que ficou muito bravo com a minha escapada, papai conformou-se com o fato de que não conseguiria me conter. Ele me conhecia bem, afinal éramos muito parecidos no quesito determinação. Com muita garra, perseguíamos os nossos desejos e objetivos, ainda que as circunstâncias parecessem adversas. Ele sabia que, se apertasse o cerco, eu iria procurar uma saída para novamente me encontrar com a dança nos clubes da cidade. Portanto, para não me perder de vez, decidiu liberar a catraca do Nelsonia para mim. Lá, pelo menos, acreditava ser possível me vigiar e talvez me controlar.

Por um tempo, fiquei mesmo confinado às fronteiras familiares. Era preciso esperar a poeira baixar. Meu pai estava duplamente ferido. Primeiro, por ter sido enganado; depois, por ter liberado algo que outrora proibira terminantemente. Assim, compreendi que frequentar as matinês do Nelsonia era uma conquista a ser sutil e lentamente desfrutada.

Sobreveio, no entanto, a maior desgraça que experimentei na adolescência, tão triste quanto misteriosa – e juro que verdadeira. Entre os nossos vizinhos da vila que meu pai construíra e onde morávamos – Rua São Belmiro, número dois –, havia um sargento da Polícia Militar, casado e com dois filhos. O mais novo era um rapaz da minha idade; a mais velha, uma moça recém-casada que havia pouco dera à luz um bebê com uma doença congênita. Eu estava em uma das casas em construção da vila, quando vi o filho caçula do sargento sentado à beira da calçada, cabisbaixo, com os olhos marejados. Eu não o conhecia bem, mas me aproximei para saber o que estava acontecendo. Havia uma movimentação muito grande dentro da casa. E ele me contou sobre a sobrinha recém-nascida, que estava muito mal e acabara de ser desenganada pelo médico que estava lá dentro.

Eu fiquei condoído com a situação, me aproximei e fiz um comentário com a pretensão de demonstrar solidariedade:

– Puxa, imagino o que esteja sentindo. Se a minha eguinha estivesse para morrer, eu sofreria como você.

O garoto ergueu lentamente a cabeça e fitou-me com um olhar de sangue, totalmente transformado. Os traços de sofrimento tinham desaparecido de sua face para dar lugar a um semblante de fúria e ódio, desferindo-me as seguintes palavras:

– Você tem coragem de comparar a sua égua com a minha sobrinha? Fique sabendo que a sua égua vai morrer antes do que ela!

Tomei um tremendo susto com aquela reação inesperada e dei um passo para trás. Admito que a comparação não tenha sido muito adequada, mas não tive intenção de ofender. Por ingenuidade, pensei em algo que me era caro para tentar me colocar no lugar do menino. Ato contínuo, ouvi a minha égua urrar de dor. Eu voltei em disparada para a minha casa, aproximei-me da rampa que fora construída para facilitar o acesso à cocheira e me deparei com a Estrela estendida no chão, encharcada de suor e se contorcendo em grande sofrimento. Ao lado, meu avô tentava acudir o animal, sem saber exatamente o que fazer.

Pensamos em sair correndo para buscar o veterinário, que ficava bem perto, na Avenida Tucuruvi. Mas era tarde demais. Estrela deu o último suspiro e aquietou-se. Fiquei arrasado, inconformado e chorei muito, como se tivesse perdido um ente querido. Minha égua gozava de plena saúde, jamais tinha acontecido algo semelhante.

Quinze minutos depois, faleceu a sobrinha do garoto.

Teria sido uma brutal e infeliz coincidência? Seria possível alguém matar com a força do pensamento? Teria o ódio esse poder avassalador? Qual seria o seu alcance? Essas e outras dúvidas passaram a frequentar os meus pensamentos após esse terrível episódio. Por mais fantasiosa que essa história pudesse parecer, eu a relatei a meus pais. Falei sobre a conversa que tive com o filho do sargento e a praga que ele rogou contra a Estrela. E a minha mãe me ofereceu uma explicação, com estas exatas palavras:

– Meu filho, ele matou a sua égua com a força do pensamento. Mas não teve a intenção. Ele falou sem saber a força que tinha o seu pensamento. Se soubesse, não falaria.

Capítulo Quatro

Na carona do taxi-dancing

Os anos se passaram, as feridas se fecharam, as perguntas sem respostas se multiplicaram e o universo da dança de salão se abriu totalmente para mim. Aos 16 anos, com maior autonomia para voos rasantes sobre pisos parafinados, fui apresentado a uma nova onda que surgiu com amplo sucesso nos salões de São Paulo e do Rio de Janeiro e se proliferaram após a Segunda Guerra Mundial. Eram os clubes de taxi-dancing, casas dotadas de dançarinas profissionais que se colocavam à disposição dos clientes para uma "corrida" dançante sob o som de orquestras que tocavam ao vivo.

Assim como eu, havia outros menores de idade nesses ambientes. A maioria entregava-se aos vícios, que começavam pela bebida. O Juizado de Menores passou a apertar o cerco às chamadas casas de diversões, aplicando multa e determinando o fechamento temporário dos estabelecimentos. Mas não havia tantos fiscais assim e os donos dos estabelecimentos não se sentiam ameaçados a ponto de recusar as cédulas que os garotos traziam de casa – muitas delas tiradas sorrateiramente das carteiras de seus pais. Eu passei a ter acesso aos salões porque conhecia seus porteiros e bilheteiros, muitos deles assíduos frequentadores do Nelsonia. A cortesia obviamente teria de ser retribuída, e eu tratava de garantir que eles não pagassem pelo ingresso nas concorridas matinês do nosso salão.

Com algumas variações, o taxi-dancing funcionava da seguinte forma: ao entrar, o freguês recebia um cartão de consumo. Os mais afortunados escolhiam uma mesa para sentar. Aqueles que – como eu e meus amigos –

vinham unicamente para dançar e não tinham dinheiro para consumir no bar ficavam em pé. Em volta da pista, mesas em semicírculo ou cadeiras dispostas em forma de círculo limitavam o acesso do público e o estrado para as contradanças. Meia-luz. Enquanto a orquestra tocava, as dançarinas de aluguel, conhecidas também como "taxi-girls" ou "taxi-dancers", aguardavam sentadas pelos convites dos clientes. Do samba ao tango, elas estavam à disposição para percorrer o caminho que os fregueses quisessem pela faixa exclusiva, e por quanto tempo desejassem. Antes de escolher uma dama, o sujeito ingressava na pista por um dos vãos na roda de cadeiras, entregava o seu cartão de consumo ao fiscal, conhecido como "picotador", que dava a bandeirada e ligava o "taxímetro". Em algumas casas, a própria dançarina era a responsável por reter o cartão e controlar o tempo de serviço. Ao final da dança, o freguês recebia o cartão de volta com os picotes correspondentes aos minutos usufruídos na companhia das bailarinas. Cada picote equivalia a um minuto – e havia sessenta quadradinhos em cada cartão –, cada minuto tinha um preço. No final da noite, pagava-se pelo total de minutos dançados.

Os melhores taxi-dancings do Brasil localizavam-se em São Paulo, notadamente na porção central da cidade. Eu cheguei a conhecer rigorosamente todos eles. Minha estreia foi no "Lido", na Avenida São João, em frente ao antigo Cine Metro. Lá, aprendi a dançar os vários ritmos, aprimorei a técnica e comecei a definir as minhas parceiras prediletas. Praticar cada vez mais e com as mesmas dançarinas era a receita básica para um bom desempenho nas pistas.

Outra rota importante dos taxi-dancings era a Avenida Ipiranga, majestosa, iluminada e repleta de concorridas casas noturnas. Muita coisa acontecia no coração de quem entrava no "Maravilhoso", quase na esquina, antes de cruzar a São João. Maravilhosas eram as orquestras que se revezavam nos palcos e animavam ininterruptamente as noites dançantes de Sampa. Recordo-me também do pioneiro Salão Verde, na São Bento, e do Avenida Danças, na Rio Branco com a Aurora, e de tantos outros. Regentes como Osmar Milani e Silvio Mazucca e crooners como Francisco Egídio, Agostinho dos Santos e Elizeth Cardoso percorriam esse circuito no início de suas carreiras.

As casas de taxi-dancing abriam às dez horas da noite. Meus amigos e eu chegávamos logo no início. Conforme o acordo que tínhamos com nossos – digamos – facilitadores, entrávamos livremente nos salões, não nos cobravam pela entrada, nem picotavam o nosso cartão. Como nas duas primeiras horas da noite, a pista era geralmente vazia, nós entrávamos para movimentá-la e estimular os fregueses a fazer o mesmo. Praticamente prestávamos um serviço, com grande alegria. Tínhamos as perfumadas e maquiadas bailarinas à nossa disposição por duas horas, até a meia-noite, tempo mais que suficiente para praticarmos, darmos o nosso show e nos retirarmos.

Antes de fincar raízes nesse solo fértil da boêmia paulistana, houve um esforço de última hora para me resgatar. A minha salvação, pensou o meu pai, poderia ser o trabalho. Como eu não demonstrava o menor interesse em estudar, o meu pai desistiu de dar murro em ponta de faca e me desafiou:

– Você não vai estudar, muito bem. Então vai trabalhar. Vire-se e arrume um emprego – disse ele, dando a entender que a torneira iria fechar e não me bancaria mais.

Foi o que eu fiz. Um dos rapazes que dançava comigo me indicou para uma vaga na empresa em que trabalhava, uma espécie de carpintaria que fazia a montagem de engradados de madeira para bebidas. Fui admitido, aprendi facilmente o ofício e, com martelo e pregos nas mãos, comecei a pegar no pesado. Em apenas uma semana de marteladas, as minhas mãos já estavam inchadas e calejadas. Certo dia, ao final de uma longa e dura jornada de trabalho, a minha mãe se aproximou de mim, segurou as minhas mãos e me disse:

– Filho, você acha que tem lógica isso que você está fazendo? Estamos dando a possibilidade de você se formar, e você escolhe fazer caixa de cerveja?

Eu realmente não gostava de estudar, mas, às portas da maioridade, dentro de mim ainda sobrevivia um latente desejo de ser arquiteto. Tal situação impelia-me à busca sacrificial pelo diploma. Ademais, a minha mãe tinha razão. Aquele tipo de ofício não fazia o menor sentido para mim, estava totalmente fora de sintonia com qualquer um dos meus objetivos. Num lampejo de lucidez, ao refletir sobre a minha conduta, decidi parar de enganar e contrariar os meus pais.

Determinado a retomar os estudos e largar a boemia, informei ao meu pai que havia chegado à conclusão que meu futuro estava na arquitetura e que iria voltar ao colégio. Sem muita comemoração, o meu pai acolheu a minha decisão e me desejou boa sorte.

Durante o dia, eu colocava a mão na massa nas obras da família, junto com meus tios – Augusto e Luiz, irmãos de meu pai, e Antônio, irmão de minha mãe – numa espécie de estágio para a minha formação. À noite, comecei a frequentar o Liceu Eduardo Prado, na Avenida Paulista, esquina com a Rua Pamplona, matriculado em uma classe mista. Aos 18 anos, reiniciei os estudos no científico, correspondente ao Ensino Médio.

Eu tinha assumido comigo mesmo o compromisso: "Nada de baile, nada de mulher". Mas eu dançava bem demais, conhecia todas as bailarinas e – a verdade seja dita – eu adorava aquela vida. Quando eu entrava na pista, as pessoas paravam de dançar para me ver. Aquele ambiente me dava muito prazer. O brilho noturno, os painéis em neon, as pílulas de luz jogadas no piso pelo globo giratório, as bailarinas com suas pernas torneadas e cinturas esculpidas, rodopiando em torno de uma nuvem de partículas suspensas em movimento. Através da fumaça, os perfumes em suas mais variadas fragrâncias.

Para voltar à boemia, bastaria uma oportunidade, um simples convite.

No colégio, como a ideia era me dedicar firmemente aos estudos, escolhi uma carteira no fundo da classe, onde era mais vazio, a fim de me isolar dos demais alunos. Logo nos primeiros dias, notei duas irmãs uruguaias, uma loira e uma morena, igualmente lindas e atraentes, sentadas nas carteiras da frente. Uma delas, a morena, voltava-se de vez em quando para trás e lançava olhares sobre mim.

E, num desses momentos memoráveis da vida em que nos deparamos com pessoas que nos fazem mudar de rumo, conheci o Ariel Telecheia, um amigo que iria me acompanhar por longos anos. Ele estudava na mesma classe, mas seus objetivos eram mais sinceros. O Ariel era forte, careca e muito falante. Principalmente nos intervalos, ele dava em cima na uruguaia loira. Na primeira oportunidade, encostou em mim e foi direto ao assunto:

– Olá, Nelson, tenho notado que você está um pouco isolado. Você não quer se juntar a nós?

– Não, obrigado. Estou um pouco distante porque tenho dificuldade de me concentrar nos estudos, não é nada pessoal – respondi, tentando terminar a conversa. Mas ele prosseguiu:

– Está a fim de sair com a gente?

– Não, obrigado.

– Sabe o que é? Sabe aquela menina uruguaia, a morena? Acho que ela está interessada em você.

– Olha, eu agradeço pelo convite e pelo toque, mas agora não é o momento. Estou realmente interessado em estudar e aprender – E saí andando. Mas, enquanto eu caminhava, o Ariel ainda fez um comentário:

– Você só pode ser louco por deixar passar uma mulher como essa!

Daquele dia em diante, percebi que o Ariel começou a levantar dúvidas sobre a minha masculinidade. Mas eu me mantive firme. Por alguns dias.

Noutra ocasião, ele voltou a rondar e, com mais sutileza, veio com um singelo convite para um cineminha. Com as uruguaias, é claro. E, desta vez sem muita resistência, eu aceitei. Afinal que mal poderia fazer uma sessão de cinema? E dali em diante, passei a ver a morena com olhos mais interessados. Em pouco tempo, já estava saindo com ela, e já tinha conhecido a sua família. Lembro-me de seu irmão mais jovem, que tocava brilhantemente piano.

O isolamento realmente não era comigo. Já estava integrado à turma no Liceu. O Ariel era louco de pedra e tinha sempre em mãos o mapa que levava ao mau caminho. O pai dele era cônsul do Uruguai no Brasil, com grande influência política.

Eu também tive oportunidade de mostrar ao Ariel o meu mau caminho. Levei-o para conhecer o mundo dos taxi-dancings. Fazia uns dois meses que eu não aparecia por aquelas bandas. Quando entramos no salão, algumas dançarinas correram para me abraçar. O Ariel ficou olhando admirado. Viu toda aquela minha intimidade com as belas moças, e deve ter pensado: "Esse cara está com tudo! E eu que cheguei a pensar que ele não era do ramo!".

Pronto. Já estava de volta à boemia. E o estudo voltou ao status anterior, ou seja: o segundo plano. Assistia a uma ou duas aulas e saía para o baile. Acabei não me formando por conta da minha paixão pela dança, pelas mulheres e pela noite.

Abandonei o Ensino Médio no segundo ano. Infelizmente nunca me tornaria um arquiteto.

***

Eu vivia para dançar, fazendo dupla com quem dançava para viver. Passei a me tornar cada vez mais íntimo dos funcionários e das bailarinas dos clubes de dança. No caso delas, às vezes, íntimo até demais.

Aos 18 anos, eu já havia assumido a presidência do Nelsonia, até então um salão de baile familiar. Passei a convidar as bailarinas de taxi-dancing para as matinês. Elas passaram a frequentar o Nelsonia aos domingos e tornaram-se minhas grandes amigas. Além das dançarinas, eu trouxe o samba de gafieira ao clube. As famílias começaram a se afastar. E eu fiz do meu clube um lugar só para mim.

Aos 19 anos, quando ainda estava no segundo ano do científico, eu ganhei o meu primeiro carro, um Studebaker Champion conversível azul claro, importado, distribuído no Brasil por uma companhia que viria a se tornar a indústria nacional Vemag. Veja bem. Naquela época, poucos tinham carro, ninguém da minha idade. Eu já tinha um, e conversível. Era jovem, presidente do clube de dança mais famoso do Tucuruvi, sabia dançar e conhecia todas as bailarinas. Eu era o dono da situação.

No boca-a-boca, a fama das matinês do Nelsonia se espalhava pela cidade e, cada vez mais, atraía público de bairros vizinhos. Em pouco tempo, começamos a receber gente de todas as regiões da cidade. O meu pai empolgou-se ao ver todo aquele movimento e aquela mulherada no salão. Caiu na noite e ainda teve a infeliz ideia de inaugurar o carteado no Nelsonia, sob o pretexto de que precisava de mais uma fonte de renda. O jogo roubou-lhe a saúde e foi uma âncora em sua vida. Até então, ele não jogava. Era um homem trabalhador, de família – apesar de já ter tido algumas escapadas.

Não se pode esquecer que a sociedade da primeira metade do século passado era extremamente machista. Os homens, em geral, eram mulherengos. Meu pai não era diferente, nem eu tampouco. Às oprimidas esposas, cabiam a procriação e os afazeres do lar. Aos maridos, o dever do trabalho e o direito ao descanso e à diversão. Para aliviar as tensões e manter o casamento, a eles era recomendado manter três mulheres simultaneamente – a de casa e mais duas.

Assim como o Nelsonia tinha deixado de ser um salão familiar para se tornar um clube de gafieira, os taxi-dancings também passaram por uma sensível transformação. Diferentemente dos cabarés, que tinham um nível mais baixo, o ambiente dos taxi-dancings atraía inicialmente um público ligeiramente mais refinado, predominantemente – mas não exclusivamente – masculino. Em primeiro lugar, porque os valores cobrados no bar e na pista eram altos. Custava muito caro frequentar com assiduidade os salões. Em segundo lugar, porque não eram casas de prostituição. Em setembro de 1948, no aniversário de sete anos de um dos pioneiros entre os dancings, o Salão Verde, a festa foi marcada pela presença da imprensa, de representantes da Prefeitura, de autoridades policiais e de empresários de São Paulo e do Rio de Janeiro.

Até o início da década de 1950, as bailarinas não faziam programa. Eram exímias dançarinas e recebiam uma porcentagem da receita gerada pelos picotes nos cartões de dança. Não eram exatamente moças de família, que deixavam seus maridos em casa e saíam para trabalhar, mas também não eram confundidas com mulheres da vida. Algumas eram estudantes e lá estavam para completar o orçamento familiar. Obviamente, muitas mantinham os seus casos com clientes, por vezes em uma união de relativa fidelidade. Profissionalmente, poderiam dançar livremente com todos, mas, entre quatro paredes, cada uma tinha o seu homem, e havia um código de ética entre elas que não dava espaço a traições. As que quebravam a conduta eram marginalizadas pelas próprias colegas.

Essa aparente harmonia foi definitivamente quebrada quando o Garcez fechou a "zona do baixo meretrício", no quadrilátero das ruas Itaboca (hoje Professor Cesare Lombroso) e Aimorés, paralelas do pecado e da perdição no bairro do Bom Retiro. Sucessor de Adhemar de Barros e antecessor de Jânio Quadros, o engenheiro civil Lucas Nogueira Garcez – que, por sinal, havia participado da construção da Fábrica Nacional de Motores (FNM), no início da década de 1940 – governou São Paulo entre 1951 e 1955. Deu sequência às grandiosas obras de Adhemar de Barros, e iniciou tantas outras, especialmente nas áreas de saneamento básico, saúde pública e de geração de energia hidrelétrica, mas ficou famoso mesmo por ordenar o fechamento da mais conhecida e antiga zona de confinamento da prostituição em São Paulo. Por decreto, Garcez revogou em 1953 a portaria expedida por Adhemar que definira a região como área de tolerância da prostituição desde 1940. Com utilização da força policial, retirou com truculência as prostitutas dos bordéis e acabou com a concentração – não com a prostituição ou com os prostíbulos, bem entendido.

Despejadas, as mulheres da vida ficaram desempregadas e migraram para outras regiões, especialmente a das imediações da Ipiranga com a São João. Muitas começaram a frequentar taxi-dancing e a tirar a freguesia das bailarinas, baixando o nível das casas da região e infernizando a vida das dançarinas.

Nessa época, a jovem intérprete Ângela Maria fazia sucesso com a canção "Vida de bailarina", composta por Américo Seixas e Dorival Silva, mais conhecido como "Chocolate". A letra trazia à tona o esquecido outro lado da moeda. Nos versos abaixo, a vida "de horror" da bailarina, que finge o sorriso e, com a obrigação pelo ofício, sofre silenciosamente a dor de amar sem ser amada.

Quem descerrar a cortina
Da vida da bailarina
Há de ver cheio de horror

Que no fundo do seu peito
Existe um sonho desfeito
Ou a desgraça de um amor

Os que compram o desejo
Pagando amor a varejo
Vão falando sem saber

Que ela é forçada a enganar
Não vivendo pra dançar
Mas dançando pra viver...

Obrigada pelo ofício
A bailar dentro do vício
Como um lírio em lamaçal

É uma sereia vadia
Prepara em noites de orgia
O seu drama passional

Fingindo sempre que gosta
De ficar à noite exposta
Sem escolher o seu par

Vive uma vida de louca
Com um sorriso na boca
E uma lágrima no olhar

O ano de 1953 também foi marcado por uma tragédia que me fez lembrar aquele pertinente comentário sobre segurança que meu pai fizera na roda de amigos antes de ser desafiado por dona Laurinda a construir o Nelsonia. Na noite de 13 de junho, dia de Santo Antônio, houve um incêndio em um salão de baile muito conhecido da cidade, chamado "Elite 28", que ficava na Rua Florêncio de Abreu, próximo ao Largo São Bento e ao viaduto Santa Ifigênia. Eu também costumava dançar nessa casa às segundas-feiras.

Era um sábado, e o salão estava lotado. Centenas de pessoas se amontoavam para o badalado Baile de Santo Antônio, em homenagem às festividades juninas. A casa era um velho sobrado, com apenas uma entrada, sem as mínimas condições de segurança. Assim como no salão da dona Laurinda, o clube ficava no pavimento superior, e o acesso era feito por meio de uma estreitíssima escada de madeira. Na parte de baixo, em vez da padaria, havia uma loja de tecidos, onde teria sido o foco do incêndio. O fogo se alastrou pelos dois andares do prédio, destruindo-o por completo.

Mais de cinquenta pessoas morreram no local, pisoteadas, asfixiadas e carbonizadas. Tantas outras poderiam ter escapado se a casa oferecesse condições adequadas para fuga. Grande parte morreu esmagada, vítima do pânico e da aglomeração. As causas do incêndio não ficaram claras, mas os peritos concluíram que provavelmente uma mecha de balão, ainda incandescente, teria atingido materiais de fácil combustão, ocasionando a queima das calhas e a propagação do fogo ao vigamento.

Eu estava consciente dos riscos que corria na noite paulistana. Não apenas pela falta de segurança das casas noturnas, haja vista que dava para contar nos dedos os estabelecimentos que tinham condições adequadas para receber grandes aglomerações, mas também pela onda de violência que começava a se formar nos grandes centros urbanos e pela facilidade de acesso a bebidas e drogas, além de outros tipos de males. Mas tais temores mais uma vez não me desviaram do caminho. A única coisa que poderia me tirar das pistas era um novo desafio, algo que fosse tão empolgante quanto os rodopios no salão.

Capítulo Cinco

Passo e descompasso

A dança foi um dos percalços da minha caminhada na juventude. É a reminiscência que tento colocar no quarto mais escuro, na prateleira mais inacessível da minha memória. Com o passar dos anos, tornou-se pesado carregar esses momentos de tão raro prazer que tive na vida. Parece contraditório lembrar de uma fase tão boa e sentir pesar. Mas a dança representa para mim mais do que uma diversão ou uma atividade física. É a assinatura de um quadro que se desgastou com o tempo. Ao fitá-lo, vejo as cores e os desenhos como borrões amarelados e rabiscos indefinidos. Não consigo identificar os rostos das pessoas que estavam ao meu lado. Pouco do que levantei naquela época permanece de pé. E ainda fico pensando no que poderia vir à tona se os contornos da minha mocidade não tivessem as casas noturnas como pano de fundo.

A dança me furtou de enfrentar um dos meus mais horripilantes monstros: o da solidão. Anestesiado pelos inconsistentes romances que mantive na época, esquivei-me de estabelecer os imprescindíveis vínculos que dão solidez à convivência humana. Dentro e fora das pistas de dança, preguei que "ninguém é de ninguém", máxima que embute a ideia de que todos são de todos e aparenta ser a maneira mais inteligente de viver cercado de gente e criar múltiplos laços. Pura tolice. De fato, é a forma mais árida de se tornar solitário. As luzes dos salões ofuscaram a minha compreensão sobre a cumplicidade, o princípio ativo do amor.

Sem ela, as pessoas tornam-se coisas, para as quais até se pode distribuir afetividade, mantendo relativa estabilidade numa esfera de indiferença, mas nunca se abrirá espaço para as idas e vindas que fortalecem os relacionamentos mais consistentes.

A dança me remete aos entulhos do meu sonho de ser arquiteto, algo que lamento profundamente. Deixei de fazer a lição de casa para me dedicar aos passos e rodopios. E perdi o essencial. Projetos, plantas, desenhos industriais, estilo, design, obras e construções seriam os pilares da minha principal atividade na fase adulta, componentes da verdadeira fundação de tudo o que eu iria edificar.

A dança ainda foi o estopim de grandes discórdias familiares e, mais especificamente, de algo que iria marcar a minha vida para sempre: a competição com o meu pai. Talvez pela grande admiração que eu sempre tive por ele, aprendi a seguir os seus passos e a ser o seu imitador. Enquanto a minha imitação se limitava a brincar de dirigir ou a construir barragens para nadar no córrego, não havia atrito. Mas, quando comecei a frequentar os clubes de dança, a gerenciar o Nelsonia e a idealizar os primeiros empreendimentos de gente grande, o meu pai passou a me ver como um concorrente – não de forma declarada, porque ele nunca deixou de ser provedor e de estar ao meu lado em todos os momentos cruciais da minha vida. De qualquer forma, conheci um lado de seu Luciano que ainda não me fora apresentado. E tivemos muitas rusgas.

Eu bem que tentei desenhar o meu futuro profissional na empreiteira de meu pai. Mas, na medida em que eu amadurecia e me formava um homem, a rivalidade se acirrava entre nós e os espaços encurtavam para mim. Eu não tinha condições de montar o meu próprio negócio, e estava à procura de algum projeto para tocar.

Enquanto a oportunidade não aparecia, eu continuava a dançar.

Numa dessas noites dançantes, conheci aquela que se tornaria a minha primeira esposa. Em 1948, aos 17 anos, ouvi falar de um salão de baile no Brás que estava se tornando famoso por ser reduto de excelentes dançarinos. Despertou-me o interesse em conhecer essa casa, que ficava em uma travessa da Avenida Rangel Pestana. Assim como grande parte dos salões que existia na época, era um ambiente familiar frequentado por jovens e senhores apaixonados pela dança.

Sempre que ia pela primeira vez a um salão de baile, eu levava comigo uma de minhas amigas e parceiras de dança, com as quais eu tinha melhor entrosamento na pista. O objetivo era impressionar logo de cara e chamar a atenção das moças que frequentavam o local. Quando resolvi visitar esse salão, coloquei em prática a minha estratégia. Levei a Odete, com quem tinha o acordo da parceria exibicionista e também da relação ninguém-é-de-ninguém. Lá tentamos mostrar o melhor de nossas coreografias de salão. Pista cheia, com dançarinos realmente muito bons. O nosso sucesso foi parcial, mas suficiente para chamar a atenção de uma dançarina muito elegante e graciosa.

Em um dos intervalos da dança, a Odete foi ao banheiro, onde foi abordada por essa moça, que lhe perguntou se éramos namorados. Lembrando de nosso acordo baseado na teoria dos relacionamentos superficiais, a Odete respondeu que não, que éramos apenas amigos e parceiros de dança. A moça então pediu permissão para dançar comigo. Odete consentiu, retornou ao salão e me contou o que havia acontecido, o que me deixou muito satisfeito, pois eu também estava cortejando-a naquela noite. Na música seguinte, tirei-a para dançar.

O nome dela era Leda Bennert, uma jovem e bela dançarina também na flor de seus 17 anos (a diferença de idade entre nós era uma questão de dias). No salão, ela também era conhecida por "Boneca", por sua beleza e por andar sempre bem alinhada. Naquela memorável noite, dançamos, conversamos e começamos a namorar. Antes de nos despedirmos, marcamos o próximo encontro em um cinema da cidade.

Ao contrário dos outros casos que tive, a falta de comprometimento no namoro estava fora de questão, assim como estava fora de questão eu aceitar uma conduta mais estreita. Tive então de administrar as minhas saídas noturnas sem que ela soubesse.

A Leda passou a frequentar as matinês de domingo no Nelsonia. E, uma vez por semana, namorávamos na casa de seus pais na Vila Zelina, na Zona Sudeste, onde, além de residência, mantinham um armazém de secos e molhados. Eu me despedia dela e, em vez de voltar para casa, ia para os salões do centro da cidade. Meu "compromisso" com a Leda em nada afetou a minha rotina de assíduo frequentador dos taxi-dancings. Iniciamos um namoro que se estenderia por sete anos. Tornei-me um companheiro saliente, prestes a me casar.

***

Enquanto isso, o mundo lá fora estava em pandarecos. O cenário do pós-guerra descortinava-se com nebulosidade para todos nós. A nuvem de fumaça ainda se dissipava e, aos poucos, revelava a total devastação de alma das pessoas. O fantasma de um terceiro e derradeiro conflito mundial nos assombrava com vestes apocalípticas. A corrida armamentista entre as nações mais poderosas do globo se intensificava e a capacidade de criar armas de destruição em massa levava as tensões e os ânimos diplomáticos ao limite. Do ponto de vista geopolítico, o mapa encontrava-se dividido, bipolarizado. Tudo girava em torno das superpotências Estados Unidos e União Soviética, das siglas EUA e URSS, dos sistemas capitalista e socialista, das economias de mercado e planificada, das buscas pelo lucro e pela igualdade social.

Após 1945, principalmente durante a primeira década do extenso período que hoje é conhecido como Guerra Fria, nós, jovens, convivíamos com o pavor do que viria pela frente. E não nos restava outra alternativa senão nos engajarmos a uma ou outra ideologia. Era mandatório um posicionamento, contra ou a favor. Era possível isolar-se e ser omisso, mas era impossível integrar-se e ficar em cima do muro.

Em qual lado eu deveria estar? Qual bandeira levantar? Os meus frequentes encontros dominicais com a turma de amigos ganharam contornos de fóruns abertos sobre economia e política. Reuníamo-nos na Padaria do Caseiro, na esquina da Avenida Tucuruvi com a Avenida Guapira, e passávamos horas ruminando um mesmo tema. Como eu ainda não tinha uma opinião madura, mais ouvia do que falava. E passei a buscar conhecimento, a ler tudo o que encontrava sobre o assunto e a guardar recortes de jornais e revistas que traziam notícias e artigos relevantes.

As nossas conversas frequentemente recaíam sobre as diferenças entre os regimes norte-americano e soviético. O conjunto de doutrinas da teoria marxista e a utopia comunista ainda não estavam claros na cabeça de ninguém. Mas começava a fazer sentido para alguns o argumento de que os problemas sociais são consequência das desigualdades entre os indivíduos e que a extinção da propriedade privada e a socialização dos meios de produção poderiam ser boas soluções para um mundo melhor e mais justo.

Os que defendiam os ideais comunistas, que eram a maioria, diziam: "Lá, os direitos são iguais, o lixeiro recebe o mesmo tratamento do que o médico. Existe respeito e consideração por todos. Lá, não existe patrão. Todos trabalham para o Estado, o ensino é gratuito, a assistência médico-hospitalar é um direito de todos, e não de alguns poucos privilegiados". Já os poucos que simpatizavam com o capitalismo complementavam, contra-atacando:

"Porém, para se locomover para fora de sua cidade, é obrigatório informar à polícia para obter autorização. Não existe liberdade, não há direito de expressão, não existe democracia". E a discussão ficava acalorada.

Eu não conseguia levar para a casa nenhum dos dois pacotes fechados. Enxergava pontos positivos e negativos em ambos os sistemas, e pendia para o lado da maioria. Agradava-me a ideia de os indivíduos trabalharem por todos e para todos. Também era a favor da socialização do capital, mas desde que a liberdade não fosse cerceada e o reconhecimento do mérito individual não fosse relevado. Não estava claro se a democracia poderia sobreviver no socialismo. Certamente não teria vida no comunismo, que se dizia capaz de prover vida boa e equânime para todos sem a figura do Estado.

Para o tema empreendedorismo, eu tinha uma queda maior pela lógica do capitalismo. Em contrapartida, queria que as oportunidades fossem iguais para todos. As classes sociais e a desigualdade me incomodavam. E vinham à tona todas as reflexões, lembranças e questionamentos da minha infância na várzea com os amigos.

Tal postura talvez viesse carregada de culpa ou medo, por ter usufruído de alguns privilégios na vida e por ter recebido mais do que precisava para viver. Mesmo depois da maioridade e apesar de meus desentendimentos com meu pai, ele continuava a me custear. Ele poderia até me repelir, mas nunca me abandonava. Se não pudesse me ajudar, procurava alguém que me estendesse a mão; se não pudesse assumir os meus problemas, indicava-me o caminho para resolvê-los.

No final do verão de 1953, recorri ao meu pai. Com cinco anos de namoro com a Leda, ainda sem onde morar e fonte de renda, contei a ele e à minha mãe os meus planos de me casar e disse que gostaria de entrar para o ramo da construção civil. Receberam bem a notícia do noivado, mas a ideia de me ter por perto profissionalmente não agradava ao meu pai. Então ele me entregou a seguinte solução: "Se quiser se casar, você precisa mudar radicalmente de vida. Você precisa deixar de frequentar os salões de baile, incluindo o Nelsonia".

Eu estava ciente disso e já não mais encontrava empolgação na dança. As conversas com meus amigos na Padaria do Caseiro me inspiravam e os meus planos empreendedores estavam para ser colocados em prática.

E meu pai prosseguiu: "Se você realmente pretende se casar, eu vou ter de tomar algumas providências, começando por alugar o Nelsonia". Na realidade, o Nelsonia já estava em declínio. Não era mais um clube adequado às famílias do Tucuruvi e, além disso, outras casas maiores começaram a aparecer na cidade e a arrebanhar os frequentadores. O meu pai já estava a procura de possíveis interessados em assumir o local. E concluiu o breve sermão: "Se você tem total certeza de que quer se casar, vai precisar de um emprego de verdade. Mas não se preocupe. Vou conversar com alguns amigos influentes na política que me devem alguns favores para ver se conseguem uma vaga no funcionalismo público para você".

E, se tudo isso já não bastasse, eu sabia que ainda poderia contar com meu pai para resolver a questão da moradia. Seu Luciano nos daria como presente de casamento um sobrado na mesma vila da casa de meus pais. Mas, antes de entrarmos, o sobrado precisaria passar por reforma, o que não era um problema, pois, durante a obra, poderíamos morar na casa de meus pais, na parte inferior, onde já havia acomodações para hóspedes.

Pronto. Ele sempre tinha todas as respostas. De uma rápida conversa, saí com o kit-casamento completo. Tudo perfeitamente planejado. Em breve, eu estaria livre dos salões de baile, empregado, com uma casa para morar e aparentemente preparado para uma vida a dois. "Aparentemente preparado" porque iria me casar sem saber o que significava o matrimônio.

Para se ter uma ideia do grau de meu despreparo, eu nem cheguei a pedir a mão da Leda em casamento. Naquele mesmo dia em que tive a conversa com meus pais e recebi de mão beijada todos os dotes necessários para o meu casamento, eu fui à casa da Leda e apenas a informei que iríamos nos casar. Simplesmente dei a notícia, como se estivesse anunciando uma premiação. Mesmo assim, ela ficou muito feliz.

Na verdade, eu não era do tipo de me amarrar a alguém. Vivia me esquivando. Para me casar, concordei em abandonar a dança, mas não considerei deixar as mulheres. Infelizmente a vida não muda de rumo se, por nossa própria decisão e vontade, não dermos a meia-volta. A Leda sofreria demais comigo.

E tudo realmente aconteceu tal qual o meu pai alinhavara. Em questão de dias, o Nelsonia foi alugado para Alipio Henrique, um político que morava no Tucuruvi e que, na época, era vereador em São Paulo pelo Partido Social Trabalhista (PST), durante a gestão do prefeito Jânio Quadros. Eu tive de deixar a presidência para que um substituto fosse indicado pelo vereador. O escolhido foi o contador Álvaro Altair Marinelli, meu grande amigo dos tempos de ginásio no Prudente de Morais. Fiquei muito feliz em saber que o Nelsonia estaria nas mãos dele, uma pessoa decente e muito competente. A família Fernandes estava, portanto, definitivamente afastada do negócio de dança de salão.

E o meu pai realmente me arrumou um excelente cargo no funcionalismo público. No dia 1° de setembro de 1953, seis meses após a nossa conversa, saiu no Diário Oficial do Estado a minha nomeação para exercer o cargo de tesoureiro da Secretaria Estadual da Fazenda, por indicação do ex-governador Adhemar de Barros. Era um dos postos mais cobiçados entre os servidores. Curiosamente, estas conexões com a política e com a vida pública teriam desdobramentos em minha trajetória.

Ainda me lembro da emoção que senti no meu primeiro dia de trabalho na sede da Secretaria, na Avenida Rangel Pestana. Eu não tinha roupa adequada para o cargo. Meus ternos eram mais apropriados para dançar do que para trabalhar em uma repartição pública. Mandei fazer um costume para a posse, mas o alfaiate não entregou na data prometida e tive de ir com um dos meus ternos de dança.

Quando apontei na repartição, senti que causei espanto, pois meus trajes fugiam do senso comum, pareciam os ternos daquele personagem de quadrinhos "O amigo da onça", do cartunista pernambucano Péricles de Andrade Maranhão, famoso pelas charges publicadas na revista "O Cruzeiro".

O chefe que me foi apresentado logo se aposentou e, em seu lugar, assumiu o Sr. Guerra, que tinha grande admiração e simpatia por mim. Na Secretaria, fiz novas e importantes amizades que me acompanhariam pelos caminhos que eu ainda estava por trilhar, como Norberto dos Anjos, Sr. Galvão, Francisco – o Chiquinho – e José Dyonisio Picchi.

Com menos de um ano de serviço público, meu chefe me disse que teria de se ausentar por quinze dias e me escolheu para chefiar interinamente a repartição. Fiquei surpreso e, ao mesmo tempo, honrado com o convite. Eu o questionei, argumentando que eu era o mais novo funcionário e que isso poderia gerar um mal-estar entre os colegas. Ele me tranquilizou e disse que estava seguro de sua decisão. A indicação do meu nome não causaria ciúmes, pois a turma gostava de mim.

– Você sempre colabora no fechamento dos caixas, e é sempre amável com todos. Não haverá problema. Seria visto como injustiça se eu escolhesse um dos funcionários antigos.

Mesmo assim, antes de meu chefe formalizar a sua decisão, eu me antecipei e fui conversar com os mais antigos para saber o que achavam da minha indicação.

Ninguém contestou. Fiquei satisfeito e aceitei a determinação. Os quinze dias passaram voando e tudo correu dentro da normalidade.

Em outra ocasião, o Guerra convocou a mim e ao Picchi para nos informar que a Secretaria da Fazenda iria abrir mais duas agências na cidade, a primeira na Mooca e a outra na Penha. O Picchi, que tinha mais experiência na repartição, iria chefiar a agência da Mooca e eu iria junto com ele. Quando a agência da Penha estivesse montada, eu seria transferido para lá como chefe. Conforme o combinado, permaneci na Mooca por vários meses e depois disso fui para a unidade da Penha, acompanhado por uma funcionária que também era da matriz, uma pessoa alegre e muito capaz.

Meu trabalho se desenvolvia bem na unidade da Penha, até que uma moça começou a se aproximar de mim. Ela não trabalhava na agência, mas ia até lá várias vezes na semana para comprar estampilhas. Começou a demonstrar interesse por mim, e começamos a sair. Inicialmente foi bom, porém o caso começou a tomar proporções desagradáveis. Tanto eu quanto ela estávamos noivos. Quando ela mencionou que estava disposta a desmanchar o seu noivado para ficar comigo – ela já estava com casamento marcado –, vi que era hora de tirar o time, para que o problema não se agravasse. E resolvi pedir a minha transferência de volta à matriz.

Ao regressar, retomei o ritmo normal de trabalho, mas eu já começava a ficar um pouco entediado com aquela rotina. O caixa fechava às quatro horas da tarde, e ainda tínhamos de cumprir o expediente por mais duas horas, quando marcaríamos o ponto e iríamos embora. Sobrava muito tempo livre. Alguns colegas liam livros e jornais, outros jogavam xadrez, as mulheres faziam tricô, outros apenas conversavam para matar o tempo. Eu comecei a colocar no papel a ideia daquilo que seria o meu primeiro empreendimento.

Capítulo Seis

A "socialização do capital democratizado"

As conversas de botequim sobre política e economia eram um bom pretexto para cultivar as amizades. A despeito da importância do tema, estávamos mesmo interessados em promover as nossas próprias atividades e ampliar aqueles encontros sociais – tanto em quantidade como em qualidade. Tínhamos uma espécie de sentimento de culpa em relação ao capitalismo e estávamos inebriadamente inspirados pelo socialismo – não exatamente convertidos a ele. Ao menos, queríamos distribuir convites aos que estavam alijados do nosso convívio social.

Num belo dia, resolvi externar uma ideia que vinha florescendo em minha mente e já ardia em meu coração. De tudo o que ouvia e lia a respeito de como as sociedades poderiam se organizar para desfrutar de uma vida melhor e mais justa, eu tinha uma tendência a reter as fórmulas que unissem o capital e a força de trabalho, gerando benefícios para quem os empregasse. Com algumas adaptações à nossa realidade, eu imaginava que esses dois ingredientes, a serviço do povo, seriam capazes de produzir maravilhas em áreas como cultura, lazer, saúde, comércio, indústria e outros.

Diante de uma oportunidade para colocar as minhas intuições à prova, fiz então a seguinte proposta a todos os presentes à mesa na padaria: "Nos fins de semana, nosso ponto de encontro tem sido nesta ou noutra padaria. Estamos acostumados a esse ambiente e gostamos dele. Mas, por diversas vezes, lamentamos o fato de não termos um clube para frequentar. Já que é um desejo de todos, por que não construímos a nossa própria sede social?".

Ficaram todos atônitos com a minha sugestão, mas permaneceram sentados em silêncio, aguardando talvez mais detalhes da proposta. Ninguém ousaria criticar seriamente algo que, à primeira vista, soara como conversa fiada, mera ficção. Naquela época, entre 1950 e 1955, os clubes tornavam-se palpáveis apenas nas enciclopédias. Não tínhamos acesso a eles. Longe dos arrabaldes da cidade, eram privilégio dos mais afortunados, da elite paulistana. As agremiações do Tucuruvi resumiam-se a campos de futebol de várzea, entre elas o Clube Atlético Tucuruvi (CAT) e outros que, sob o timbre "Grêmio Esportivo", eram popularmente conhecidos como Ipiranguinha, Flamenguinho, Vila Harding e Esperança.

Já na beira da cadeira, continuei a dizer aos colegas que o nosso clube seria uma iniciativa privada, com divisão de participação igualitária, o que daria senso de pertencimento e autoridade a todos. Minha empolgação e meu tom sóbrio trataram de dar maior credibilidade à minha fala, dissipando a impressão de ser um papo de botequim, que leva a todos a sonhar e não sobrevive além da roda. Ainda pensativo, um deles me perguntou como isso seria possível; e outro, mais cético, emendou o comentário: "Você deve estar brincando!".

Eu havia lançado a semente. E estava disposto a mostrar que não se tratava de devaneio. Todavia percebi que não seria possível cativar a todos sem antes dar os pormenores da minha ideia. Seria necessária uma ampla sequência de encontros para aprofundar o assunto. Estavam todos interessados em ouvir e combinamos de marcar novas reuniões para descer aos detalhes do plano de viabilidade do clube.

Em uma cerimônia modesta, discreta e com poucos convidados, eu me casei com a Leda no dia 22 de dezembro de 1955, aos 24 anos. Na época, em meio ao turbilhão de ideias e opiniões sobre como tornaríamos o clube uma realidade no Tucuruvi, a minha cabeça estava longe do casamento e completamente voltada ao empreendimento.

Mesmo casado, continuei morando na casa de meus pais. Apenas deixei o meu quarto e me mudei com a Leda para o quarto de hóspedes, na parte térrea. Com a família mais numerosa – os nossos dois primeiros filhos chegariam durante o período da construção do clube – mudaríamos para uma casa vizinha, na mesma vila de propriedade de meu pai.

As reuniões de detalhamento do projeto do clube começaram na casa de meus pais. Lá formamos a primeira equipe de trabalho, já ampliada com a indicação de amigos dos amigos da padaria. Éramos cerca de trinta jovens conselheiros entre dezoito e vinte e cinco anos, dispostos a realizar uma obra que se propunha a transformar a história da comunidade local, tanto social quanto economicamente.

Num *flashback*, vieram à memória os tempos de infância, quando planejamos e executamos a construção da barragem no córrego. Lembrei-me de como nos unimos em torno daquele projeto e de como foi difícil superar a frustração de ver o esforço de um dia de trabalho árduo ser arrebatado pelas águas. Daquela virada de mesa, em que busquei a ajuda técnica de meu pai para retomar as obras de forma planejada e organizada, extraí uma das mais importantes lições que aprendi na vida: a perseverança é uma virtude que deve sempre vir acompanhada do planejamento. Perseverar pode ser lutar incansavelmente diante das adversidades para alcançar uma meta, mas, se as investidas são cegas e desprovidas de estratégia, a virtude encerra-se na teimosia ou na estupidez. Perseverar também é saber avaliar a pertinência daquilo que almejamos, fazendo constantes revisões em nossa estratégia até obter êxito.

Não restam dúvidas de que, da barragem no córrego à construção de um clube, há uma distância descomunal, não apenas nas proporções como também na responsabilidade. O futuro empreendimento envolveria um alto investimento financeiro e mexeria com os anseios e o bolso dos participantes. Não estávamos lidando mais com uma brincadeira de criança para nadar em um riacho represado. O sonho agora era construir uma piscina de nada menos do que um milhão de litros d'água, cercada por salão de festas, bar, restaurante, biblioteca, quadras esportivas de tênis e bola ao cesto, cancha de boliche e demais dependências.

Outro contraste relevante em relação à obra da piscina artificial no córrego é que, desta vez, eu não poderia contar com aquele mesmo apoio que recebi de meu pai para a nevrálgica fase de planejamento. A notícia de que jovens inexperientes e sonhadores, liderados por Nélson Fernandes, estavam empenhados em construir um clube recreativo no Tucuruvi chegara aos ouvidos de meus pais por intermédio de amigos da nossa família. Minha mãe, percebendo que os comentários estavam carregados de críticas a meu respeito, logo tratou de convencer o meu pai a me dar guarida. Mas não houve conversa. Influenciado pelas vozes distorcidas, ao ver que o projeto entrara na etapa das reuniões de planejamento, ele tentou me convencer a desistir da aventura. Chamou-me e disse:

– Você sabe que eu não aprovo a ideia de você assumir a responsabilidade de lançar esse empreendimento. Você é muito jovem para se aventurar num projeto como esse. Se, por ventura, o clube não se realizar, você ficará marcado para o resto da vida.

Considerei tanto a preocupação como a admoestação, mas eu e meus amigos estávamos dispostos e decididos a assumir o risco.

Mais pela ansiedade do que pela chacoalhada de meu pai, eu deitava à noite mas não conseguia dormir. A expectativa por ver os trabalhos marcharem, como se tudo dependesse apenas de um passe de mágica, roubava-me o sono. Para recuperá-lo, faltava-me tomar uma decisão crucial e prioritária, da qual dependeria o sucesso do nosso clube: onde seria o local da construção? Se não bastasse o desafio de levantar a verba para a compra do terreno, ainda pesava sobre o meu travesseiro a responsabilidade de decidir onde seria erguida a nossa sede social. Em que rua? Em qual bairro?

Visitei algumas áreas nas redondezas e o terreno que mais me interessou estava localizado em um bairro emergente da região da Cantareira cujos terrenos vinham sendo loteados desde 1952. Destinado à construção de casas de bom padrão, o loteamento recebera o nome de Jardim França, por ser de propriedade da Companhia Territorial Franco-Paulista de Água Fria, fundada e presidida pelo francês Jacques Funke.

Lá perto, no alto de uma colina, em um terreno doado por Funke, estava sendo construída a Igreja de Santa Joana D'Arc, a primeira construção local. A Sociedade Amigos do Jardim França já se mobilizava para obter melhorias na infraestrutura do bairro, tais como água canalizada, calçamento e iluminação pública. Ladeado por bairros como Jardim Barro Branco, Agua Fria e Tucuruvi, o Jardim França parecia ter a localização ideal. Pouco habitado, mas pronto para receber a população que ascendia socialmente e buscava locais para construir suas casas.

Fui à sede da Companhia Territorial Franco-Paulista para conversar com Jacques Funke, um senhor de meia idade e muito simpático que, como todo o bom francês, puxava os erres. Interessado em adquirir um de seus terrenos, consegui um encontro com ele. No dia da audiência, ao se deparar com um jovem de vinte e poucos anos à procura de um local para construir um clube, o senhor Funke não conseguiu esconder um certo desdém pelo projeto. Consegui perceber tal descrédito em seu olhar e num breve sorriso, antes mesmo de ele externar a sua opinião sobre o empreendimento.

– Meu filho, isso pode não dar certo – alertou, em tom fraternal. E eu insisti:

– Se não der certo, nós lhe devolveremos a área e o senhor ficará com o dinheiro que tiver sido pago.

A falta de fé do senhor Funke em nossa capacidade de realizar o clube era tamanha que ele não conseguia enxergar o quanto o empreendimento poderia contribuir para a valorização do bairro. Então decidi fazer essa lembrança. Complementei, posicionando a nossa agremiação como um combustível para a venda dos terrenos.

– Porém, se der certo, o senhor pode imaginar com que facilidade venderá o restante dos lotes?

Não foi difícil convencê-lo, até porque havia muitos lotes à venda. Acertamos a compra por um alto valor, porém com prazo de cinco anos para pagar. O desafio estava em levantar o capital para a entrada, que era de 50 mil cruzeiros (ou 50 contos de reis) no ato da assinatura e outras parcelas que totalizavam mais 150 mil cruzeiros. Depois teríamos uma carência de 120 dias para o início do pagamento das demais prestações. Realmente era muito dinheiro para nós.

A ideia fazia sentido para os participantes mais arrojados, mas ainda lhes restavam algumas dúvidas sobre como daríamos os primeiros passos. Esclareci que teríamos de encontrar uma incorporadora que acreditasse na viabilidade do empreendimento e arcasse com esse compromisso. Depois, com as vendas dos primeiros títulos de propriedade, iríamos começar a reembolsar essa empresa. Pesquisei como as incorporadoras atuavam para prestar esse tipo de serviço. Apurei que, na maioria dos casos, financiavam o início da construção, faziam a aprovação do projeto arquitetônico e arcavam com o custo do material promocional e do que mais fosse necessário para o lançamento. Quando a carteira advinda das vendas atingisse a despesa mensal da obra, daríamos continuidade com nosso próprio fôlego e passaríamos a retornar o investimento inicial com um percentual sobre o faturamento das vendas e, na conclusão da obra, com cinquenta por cento do lucro. A outra metade dos dividendos ficaria para o clube.

As discussões passaram a girar em torno do levantamento de capital. Se uma incorporadora iria financiar a compra do terreno e o início das obras, a pergunta que não queria calar e que gerava maior controvérsia era uma só: "Como conseguiremos o dinheiro para honrar os compromissos e tornar o clube uma realidade no Tucuruvi?". A sequência de meus cálculos indicava que teríamos de construir um clube para duas mil e quinhentas famílias, o que representaria o quadro social de aproximadamente dez mil pessoas, considerando uma média de quatro membros por família.

***

Apresentei, então, a pedra fundamental não apenas deste projeto do clube recreativo, mas das bases de meus futuros sonhos empreendedores. Expliquei a todos a teoria do que chamei de "socialização do capital democratizado". Se nosso desejo era construir um clube, então iríamos obter recursos das pessoas que demonstrassem interesse em sua realização e se beneficiassem de seu usufruto. Além do mais, iríamos torná-las donas do empreendimento, proprietárias do clube.

Seria esse o nosso grande diferencial. Quem comprasse o título do clube não adquiria somente o direito de sócio frequentador, mas também os direitos inerentes à propriedade construída. Venderíamos cotas de participação societária, com direito a voto. Eu queria que as pessoas fossem e se sentissem donas do clube, que cada um tivesse o direito a se eleger presidente. Os sócios seriam como condôminos. Teriam os mesmos direitos que a lei resguarda aos donos de unidades autônomas no que se refere às áreas de uso comum de um condomínio.

Como a ideia não era a de fazer um clube para a elite, e sim para a classe média-baixa e para os emergentes, pensei então num plano de pagamentos. Com a divisão do investimento entre os dois mil e quinhentos proprietários, cada família arcaria com uma fração do custo total. Além de resultar em uma participação modesta por sócio, ainda seria possível parcelar o pagamento em até 48 vezes, o que tornaria o valor mensal praticamente irrisório, acessível à grande parte das famílias da redondeza.

Se os títulos seriam vendidos em "suaves prestações" – termo que começara a ser utilizado em campanhas publicitárias da época –, um fator importante a ser considerado era a inflação – no período de planejamento, vendas e construção do clube, entre 1955 e 1959, a inflação oscilou na casa dos 12% aos 35% ao ano. O reajuste de parcelas poderia ser um recurso justo e juridicamente respaldado, mas eu não considerava moralmente correto. Não queria que houvesse alteração no valor das parcelas. Também não seria honesto contar com a emissão de novos títulos, pois reduziria a parte ideal dos primeiros sócios.

Não sabíamos quanto, mas era líquido e certo que haveria inflação durante os anos em que o clube seria construído. Apresentei então a seguinte solução ao grupo:

– Aquilo que ficar pronto no começo, com menor efeito da inflação, será valorizado e ajudará a impulsionar as vendas. Aplicaremos o dinheiro conforme recebermos, o mais depressa possível. Entretanto, mesmo que haja demanda, não autorizaremos a venda de todas as emissões de títulos de uma só vez. Vamos propor a venda em etapas, da mesma forma que se realiza a oferta de unidades de um imóvel.

Na primeira fase, correspondente ao lançamento, os títulos teriam o valor mais baixo. Nas etapas seguintes, seriam oferecidos com correção. Ou seja: também seriam valorizados nominalmente. Um equilíbrio entre demanda e inflação ajudaria a evitar surpresas para os compradores e ainda lhes daria a garantia de valorização dos títulos. Do início das vendas à conclusão das obras, estipulamos um prazo máximo de cinco anos.

Àquela altura, eu mal sabia que um de meus maiores obstáculos seria enfrentar as opiniões adversas que vinham de membros de nossa própria equipe. Nas reuniões, aqueles participantes que inicialmente se mostraram apenas céticos tornaram-se incrédulos e, alguns deles, implacáveis opositores. Melhor seria se fossem apenas dissidentes. Poderiam pegar os seus chapéus e aproveitar a serventia da porta sempre aberta. Mas não. Decidiram permanecer e, em nome da defesa dos fracos e oprimidos, levantar bandeira contra um eventual embuste e vigiar para que os participantes não tivessem prejuízos financeiros durante a construção do clube. O tom de suas críticas se acentuou e a campanha contrária ganhou corpo na medida em que o projeto começou a sair do papel.

Entretanto, apesar de sua força negativa, os opositores eram minoria. Na sequência de nossos estudos – com a presença deles inclusive –, passamos a nos concentrar em saber qual seria a cifra total necessária para realizar um empreendimento que atendesse aos nossos anseios. Para colocar esse número sobre a mesa, precisávamos fazer os cálculos com base no total de metros quadrados a ser construídos.

Prendi uma folha de papel vegetal na prancheta e comecei a rabiscar o que viria a ser o anteprojeto do clube. Fiz e refiz inúmeras vezes. E mostrei o esboço à turma. O nosso clube não deixaria nada a desejar a qualquer outra agremiação da cidade. No centro do terreno, projetei uma grande sede social. Como a topografia era favorável, sob a sede seria construída uma cancha com pistas de boliche, modalidade esportiva que estava se tornando popular entre os jovens da cidade. Ao lado, as piscinas seriam encaixadas num platô, que facilitaria aos pais que lá estivessem vigiar as suas crianças no playground, planejado em um nível mais baixo. O ginásio de esportes ficaria em uma área afastada da principal e também poderia ser utilizado para exibição de filmes e festas menos solenes. Todos concordaram que, se tivéssemos um clube semelhante àquele idealizado, ficaríamos muito satisfeitos.

Graças à experiência adquirida no acompanhamento dos projetos de meu pai, consegui apurar o custo total da obra. A esse valor, acresci a importância da compra do terreno. Somei os valores dos impostos sobre a receita que iria se levantar, a comissão de corretagem, publicidade e tudo o que seria necessário para a inauguração do clube. Cheguei a cifras que beiravam os 50 milhões de cruzeiros, que teriam de ser levantados em até cinco anos. Ao final da construção, com o clube em funcionamento e os títulos de propriedade, teríamos um patrimônio equivalente a cerca de dez vezes o investimento inicial.

Com o modelo de negócios definido e o anteprojeto finalizado, teríamos então de agendar uma data para a realização da primeira assembleia que aprovaria o estatuto da nossa associação, apresentaria os membros para a formação da primeira diretoria e colocaria em votação os nomes escolhidos para o clube. Com base nos estatutos de outros clubes, e acrescentando itens que achávamos pertinentes à nossa associação, concluímos o primeiro esboço do regulamento.

Nesta ocasião, meu pai veio novamente falar comigo e ofereceu ajuda ao projeto: "Como sei que você é teimoso e não vai desistir dessa ideia", frisou ele, "eu vou pedir a um amigo que analise os estatutos do clube". Pela atitude de meu pai, agradeci e percebi que, de alguma forma, ele estava reconhecendo que estávamos no caminho certo. Conforme orientação de meu pai, o documento foi encaminhado para revisão de seu amigo, um advogado chamado Antonio Rossi, uma figura que nos ajudou no início, mas que, anos mais tarde, se voltaria contra mim e estaria no epicentro de intensos conflitos.

No processo de escolha do nome do clube, achávamos inicialmente que era necessário mencionar a localidade – Tucuruvi. Pensamos em "Clube Recreativo Tucuruvi" ou "Tucuruvi Esporte Clube", mas logo desistimos da ideia porque poderia parecer restritivo. Estava definido que o clube seria construído no bairro, mas tínhamos em mente alcançar a comunidade de toda a Zona Norte da cidade.

Seriam bem-vindas as famílias de Santana, Casa Verde, Jaçanã, Tremembé, Vila Maria, Guarulhos, Serra da Cantareira e redondeza.

No dia da assembleia, o nome eleito por unanimidade foi "Associação Cultural, Recreativa e Esportiva". A sigla A.C.R.E. pronunciada deveria ser grafada em letras maiúscula e minúscula. A palavra Acre remetia ao nome do território brasileiro da Região Norte – ainda não havia sido elevado à categoria de Estado, fato que ocorreria alguns anos mais tarde, em 1962 – e também à unidade de medida agrária que corresponde a cerca de quatro mil metros quadrados, aproximadamente a mesma área social que seria construída até a entrega completa do clube. Inicialmente planejamos entregar 1800 metros quadrados, mas, ainda antes da execução, ampliamos para 3800 metros quadrados, quase um acre.

Embora não tenha sido intencional, essas correlações agradaram a todos nós, bairristas e orgulhosos moradores da porção Norte da cidade.

O clube ganhou também um emblema, criado por um dos jovens participantes chamado Gualter. Na ilustração, três elementos compunham o logotipo do clube: um livro aberto, uma nota musical e um tabuleiro de xadrez, todos dentro de um círculo com fundo amarelo. Nada muito elaborado, mas apropriado.

Elegemos a primeira diretoria e comissão executiva, composta por mim como presidente, Ruy Nery como secretário geral, Wladimir Bellagente como diretor tesoureiro, Rolando Braglia como primeiro secretário e Paulo Generoso como primeiro tesoureiro.

O advogado nos instruiu que, se quiséssemos seguir o modelo da "socialização do capital democratizado", em que os sócios teriam título de propriedade, não seria possível realizar o registro de uma associação recreativa, adotada pelos clubes.

Seria necessário criarmos uma sociedade civil. Como a sigla da associação já havia ganhado a simpatia de todos, adotamos então a palavra Acre como nome, e fundamos a Sociedade Civil Acre Clube. Os estatutos foram levados a registro no 4º Cartório de Títulos e Documentos de São Paulo para que pudéssemos dar início às nossas demandas, como a compra do terreno, a aprovação do projeto arquitetônico, a contratação de pessoal etc. Assumimos dessa forma a responsabilidade da construção e realização do empreendimento.

Os primeiros movimentos de divulgação foram iniciados. Com a ajuda de Wladimir Bellagente, organizamos um baile no tradicional Club Homs, na Avenida Paulista, para arrecadar fundos e para oficializar o lançamento do projeto Acre Clube. Foi o nosso primeiro contato com um grande número de pessoas, em sua maioria, novos moradores do crescente e acolhedor distrito do Tucuruvi.

Como poderíamos convencer os mais velhos a entregar o seu capital a um grupo de jovens? A deixar as suas filhas desfilarem de maiô na piscina, às vistas de toda a vizinhança? Naquele baile, fizemos a primeira pesquisa de mercado com os tucuruvienses. Constatamos que a ideia de ter um clube no bairro fora bem recebida por todos, e muitos destacaram a boa iniciativa de dar às nossas crianças um lugar de convívio social que as livraria dos riscos que as rondavam. Naquele tempo, era cada vez mais comum ver os meninos caírem no abismo do vício, do crime e da corrupção, porque ficavam nas ruas à mercê da própria sorte, sem uma atividade cultural ou fisicamente digna, enquanto os seus responsáveis lançavam-se à luta diária pelo pão da casa. As cercas que meus pais colocaram à minha volta – e que eu constantemente as pulava – seriam novamente erguidas para proteger a próxima geração, agora sob o meu comando.

Após o evento no Club Homs, uma grande motivação me impulsionou a vender o projeto da incorporação. Marquei algumas reuniões com as construtoras da cidade. Entretanto, mal eu terminava de falar, os diretores pediam-me licença e diziam que tinham um compromisso importante naquela mesma hora. Estendiam-me a mão para a despedida e pediam-me para voltar outro dia. Não os culpo por não terem embarcado em meu sonho. Apenas agiram guiados pela sensatez.

Certo dia, fui procurado em minha casa por um senhor que dizia ter tomado conhecimento de que pretendíamos construir um clube. Ele se apresentou como um engenheiro e representante de uma empresa que poderia se interessar na incorporação do empreendimento. Fiquei muito contente com a visita daquele senhor e empolgado com a notícia do interesse pelo clube. Marcamos um encontro para conhecer o presidente da empresa, um cubano que, segundo ele, era também líder do Lions Clubs Internacional.

Com ansiedade, aguardei pelo dia daquela reunião, um momento que ficaria registrado para sempre em minha memória, assim como os dias subsequentes, que provocaram em mim uma montanha russa de emoções. Do pico do arrebatamento, despenquei às profundezas do desapontamento para depois subir suavemente ao equilíbrio, embalado pela honra.

O escritório do cubano era suntuoso, com móveis requintados e decoração impecável. Muito bem situado, na Avenida Ipiranga, no décimo andar do prédio do Cine Marabá. Falante e muito articulado, o cubano apresentou a empresa, reafirmou o interesse na incorporação e se empolgou ao ouvir as minhas ideias. A cada detalhe do projeto, ele meneava a cabeça positivamente e soltava breves comentários em castelhano: "Perfecto!", "Magnifico!", "Mui bien!".

Disse a ele que já havíamos escolhido a área para a construção do clube, no Jardim França. "Ideal!", aprovou ele. Informei qual era o preço do terreno e como deveria ser pago. "Razonable!", emendou. Saí de lá com uma ótima impressão da empresa e com uma minuta do contrato de incorporação.

Inflamado, levei ao conhecimento do grupo as minhas impressões sobre a conversa com o investidor cubano. Com critério, analisamos as cláusulas do contrato com o advogado e chegamos à conclusão de que estávamos diante do parceiro ideal para realizar o empreendimento. Como uma última validação antes de bater o martelo, recebi o cubano em minha casa a fim de apresentá-lo a meus amigos e meu pai. Ele veio acompanhado de sua esposa, uma mulher muito bonita e simpática. Após a apresentação e um rápido bate-papo, juntos fomos ao Jardim França para conhecer o terreno escolhido. Ao final do dia, apertamos as mãos. Acordamos receber o cubano como sócio. Pelo acordo, ele ficaria com a responsabilidade da realização do empreendimento e nós faríamos a venda dos títulos. Também seria dele a tarefa de receber o dinheiro arrecadado com as adesões.

Conforme combinado, no início da semana seguinte, uma segunda-feira, voltei ao escritório do cubano, assinei o contrato de incorporação e recebi o cheque no valor de 50 mil cruzeiros, nominal à Companhia Territorial Franco-Paulista de Água Fria, referente ao sinal da compra do terreno. Mal podia acreditar que estava com aquela importância nas mãos.

No mesmo dia, levei o cheque ao senhor Jacques Funke, proprietário dos lotes do Jardim França. Com uma ponta de orgulho no olhar e um tímido sorriso de satisfação, estiquei o braço para lhe entregar o cheque em mãos. Ele baixou a cabeça para verificar o valor, olhou novamente para mim e, sem fazer qualquer comentário, ordenou prosseguir com a papelada. Voltei com o recibo do pagamento do sinal e, ao entrar em casa, joguei o papel em cima da escrivaninha de meu pai, só para mostrar a ele o que eu havia conseguido. Ao contrário do francês, o meu pai fitou o documento e fez um breve comentário. Disse-me que eu era um irresponsável.

Na quinta-feira, recebi um telefonema da Companhia Territorial Franco-Paulista convocando-me para comparecer ao escritório, pois o senhor Funke queria falar comigo com urgência. Fiquei apavorado. De qualquer forma, eu iria mesmo ao escritório dele naquela semana para pegar a planta do loteamento, pois precisava elaborar os croquis do projeto. Pelo caminho, pensei no pior. Será que o cubano desistira do negócio e o cheque fora sustado?

O francês me recebeu e me convidou a entrar em sua sala. Respeitoso, mas com cara de poucos amigos. Por alguns segundos, um clima de suspense tomou conta do ambiente, e eu já não tinha dúvidas de que viria alguma má notícia. Sentei-me e, com leve tremedeira, aguardei pelo início da conversa.

– Senhor Fernandes – disse-me, olhando fixamente em meus olhos, – como deseja construir o seu grande clube dando-me como sinal para a compra do terreno um cheque sem fundos?

– Como, senhor? Deve haver algum engano – respondi, agora já com um pouco de tontura.

– Nada de engano, o que está havendo é uma enganação.

Após fazer o trocadilho, entregou-me o cheque e, sem maiores comentários, levantou-se para me dispensar e disse que eu teria um prazo de 48 horas para lhe apresentar alguma solução, caso contrário estaria desfeito o contrato de venda.

Pedi desculpas, retirei-me da sala e, sem aguardar o elevador, desci pelas escadas e saí em direção ao escritório do cubano. Estava furioso e ávido por obter esclarecimentos. Como ele poderia ser leviano com coisa séria? Colocar em risco o lazer e a diversão de famílias que ansiavam por um clube de verdade? Era o sonho de uma comunidade que estava em jogo. Além do mais, que direito tinha ele para fragilizar ainda mais um projeto que era audacioso o bastante para gerar controvérsia e desconfiança?

Com os olhos sangrando, cara a cara com o cubano, estendi o cheque devolvido sobre a mesa. Com a mão espalmada, bati fortemente contra o "borrachudo", deslizando-o sobre a superfície até chegar à outra extremidade. Sem mais delongas e sem tirar a mão do cheque incriminador, inclinei-me e lhe disse:

– Como me faz passar por um papel desses? Que responsabilidade tem o senhor, envolvendo a mim e aos que acreditaram em meu projeto em uma falcatrua dessas?

Para a minha surpresa, o homem não estava surpreso com o cheque sem fundos, apenas me pediu que me contivesse. "Cálmese, señor!" eram as únicas palavras que ele dizia. Depois tentou explicar que se tratava de uma estratégia para conseguirmos melhores condições de pagamento. Segundo ele, agora poderíamos fazer uma proposta de pagamento mais favorável que seria aceita.

A justificativa não me convenceu, muito menos me agradou. Percebi que estava lidando com uma pessoa desonesta. Disse a ele que não concordava com os métodos que ele pretendia usar e, como condição para lhe entregar o documento que o incriminava, solicitei o cancelamento do contrato.

Voltei arrasado para casa. Como iria enfrentar meus amigos e meus pais? Quantos sorrisos sarcásticos receberia da ala dos opositores? Como poderia reverter uma situação como essa? Quem iria dar-me crédito novamente?

Meu pai foi o primeiro a saber. Recebeu a notícia com tristeza e foi muito severo em seu sermão. Naquela noite, tivemos a mais dura das discussões. Só não levei uma surra porque eu já era homem feito e casado, mas a violência das palavras doeu na alma. Eu queria que ele me ajudasse a assumir os compromissos da compra do terreno e da construção, mas ele disse que não queria nem ouvir a mesma ladainha. Saí para a rua e as minhas últimas palavras foram: "Não importa o que tenha acontecido. Vou construir o clube de um jeito ou de outro!".

Em minhas economias, eu tinha 25 mil cruzeiros. Faltava a outra metade para completar o valor para cobrir o cheque. Recorri ao meu tio Antonio Fernandes, irmão de meu pai e meu padrinho. Criei coragem e fui falar com ele. Meu tio já sabia do projeto do clube, por intermédio de meu primo Álvaro, filho dele. Fui direto ao assunto, antes, porém, dei uma voltinha pelos laços familiares e fiz uma breve visita ao sentimentalismo:

– O senhor não é meu padrinho? Pois bem, sabe também que nunca me deu nada, não sabe? Agora estou precisando da sua ajuda. Preciso de 25 contos de réis.

Ele parou, pensou e disse:

– Eu não tenho 25 contos de réis, mas posso fazer o seguinte: amanhã vamos lá no seu Luiz, que eu vou pedir para ele fazer uma nota promissória e a gente levanta esse dinheiro por uns noventa dias. Está bem assim?

Eu simplesmente o abracei bem forte, e apenas disse: "Meu tio!".

O seu Luiz era o gerente do banco Moreira Salles de Tucuruvi. No dia seguinte, estávamos lá e, com o endosso do meu tio, consegui levantar os outros 25 mil cruzeiros, que seriam creditados na minha conta. A minha ansiedade era tamanha que, antes mesmo de meu tio e o gerente concluir os trâmites burocráticos, eu os abandonei e saí correndo pela rua com o talão de cheques na mão.

Era dia normal de trabalho. Ao chegar à Secretaria da Fazenda, a minha primeira atitude foi contar aos meus colegas de repartição e pedir que datilografassem a minha carta de demissão. O meu velho e bom chefe, o Guerra, foi logo tentando me acalmar:

– O que é isso, rapaz? Não se precipite. Não pode jogar fora uma função como a sua. Se está tão decidido, tire uma licença sem vencimentos. Se o seu projeto não der certo, você volta.

Agradeci pelo conselho, mas expliquei que era a hora de me dedicar em tempo integral à minha rota empreendedora. Não era nada fácil abandonar a carreira de funcionário público, tanto pelas grandes amizades que fiz em quase três anos na Secretaria quanto pela estabilidade financeira e profissional que ela representava para o meu futuro. Outro amigo fez nova tentativa:

– Você tem certeza? Vai deixar um dos empregos mais cobiçados do Estado para se meter em uma aventura como essa?

Sim, eu não tinha dúvidas. Na minha cabeça, era a coisa mais certa a se fazer: trocar a segurança de uma carreira de servidor público, com uma gorda e garantida aposentadoria no futuro, pela incerteza de uma vida de empreendedorismo, realizações e solavancos, sem a menor sinalização do que ainda estaria por vir.

Recém-casado, aos 25 anos, queria me dedicar a um ideal, e não a sustentar uma carreira que era, por definição, estável.

Tratei de preencher as formalidades demissionárias e pedi ao meu chefe que me deixasse sair por uma hora. Ele consentiu e voltei ao escritório do senhor Jacques Funke. Desta vez, pedi ao francês que fosse refeito o contrato de compromisso de compra e venda em nome do Acre Clube, e não mais em nome de pessoa física, como era anteriormente.

– Pode ficar tranquilo que este tem fundos disse, estendendo lhe a mão com um novo cheque. E, antes de pegar, ele perguntou:

– Meu filho, você tem certeza do que você está fazendo? Esse é um empreendimento temerário. Para realizá-lo, não vai ser fácil.

– Não se preocupe. Eu vou realizar e o senhor vai receber todo o dinheiro.

Com isso, concluí a compra do terreno, com um prazo um pouco maior do que o anterior para completar a entrada. E, com o recibo e a planta do loteamento, entrei com a documentação na Prefeitura para aprovar o projeto e voltei para terminar o expediente de trabalho na Secretaria.

À noite, encontrei novamente o meu pai, que me perguntou como eu havia resolvido o problema. Quando eu lhe contei que havia dado o sinal com o meu dinheiro e com o empréstimo que o tio Antônio conseguira no banco, ele desabou. Até aquele dia, eu nunca tinha visto o meu pai chorar. Angustiado, com lágrimas nos olhos, ele lamentou:

– Pelo amor de Deus! Você vai arruinar a sua vida e a do meu irmão. Não posso deixar isso acontecer. Eu vou entrar nesse negócio. Não quero ver o nome da nossa família manchado.

Quando ele falou isso, eu me agarrei a ele e, também em lágrimas, disse “obrigado”. Além da garantia financeira, o meu pai nos daria a segurança de que a obra seria concluída.

Ainda me restava a dura tarefa de dar a má e a boa notícia ao grupo. Quando eu informei sobre o distrato com o cubano por motivos de falta de fundos, todos ficaram decepcionados. Expliquei que não havia condições de continuar confiando no investidor gringo, mas emendei a boa nova. Falei que eu já tinha conseguido um empréstimo para cobrir o sinal da entrada do terreno e o meu pai iria assumir a construção e ajudar a viabilizar o empreendimento.

Para a minha surpresa, as pessoas começaram a dar desculpas e a se retirar do projeto. “É uma pena”, disse o primeiro. “A situação está mesmo difícil e complicada”, completou mais um. “Acho que vou desistir, poderia retirar o meu nome?”, pediu o outro. Os mais chegados decidiram continuar, mas apenas como sócios. Não queriam mais integrar o conselho ou a equipe comercial. E assim foram saindo um a um, até restar apenas um.

– Eu fico com você – disse-me Wladimir Bellagente, que era vendedor de tecidos – Haja o que houver, seguiremos juntos.

As palavras dele me fizeram um grande bem e me impulsionaram. Começamos a recrutar corretores. Os poucos que conseguimos não tinham experiência em vendas de títulos de clube. Eram vendedores de terrenos e imóveis residenciais.

Imprimimos o nosso primeiro kit de vendas, composto por um folder colorido, com perspectivas ilustradas do salão de festas, das piscinas e das quadras.

Assim nós começamos. Com sede provisoriamente instalada no Nelsonia, terreno comprado, material de venda impresso, projeto aprovado, equipe drasticamente reduzida e o nome do meu pai envolvido na construção, nós arregaçamos as mangas e fomos às ruas. Com esse pontapé inicial, alguns dos rapazes que haviam se afastado voltaram para ajudar a vender os títulos. Mas, justiça seja feita, quem vendeu os primeiros títulos foi o meu pai, graças ao respeito e à confiança que tinha no bairro.

Capítulo Sete

O Acre Clube

O clube em construção no Jardim Franca.

Se o meu pai participava das vendas, eu também atuava na construção. Juntos, começamos a fazer os primeiros movimentos de terra, os cálculos iniciais e a demarcação do terreno. Às cinco horas da manhã, lá estávamos nós, acompanhávamos o tratorzinho de terra que fazia os cortes.

Investimos todo o nosso tempo e o dinheiro do meu pai nessa fase. Além de financiar o início das obras, ele viabilizou a montagem do departamento comercial e arcou com as despesas de material de divulgação.

Eu coloquei o meu velho carro, um Ford Mercury 1939, a serviço das vendas. Equipei-o com um pequeno amplificador e dois alto-falantes, e, com um microfone, dirigia pelas ruas da vizinhança pedindo que os moradores recebessem os corretores e soubessem mais detalhes daquele que seria "o maior clube recreativo da Zona Norte". No intervalo da minha locução, subia o som da música aprazível que tocava ao fundo.

Feliz ou infelizmente, não pude contar com o meu Studebaker Champion conversível azul claro que ganhei quanto tinha 19 anos, pois o carro foi dado como empréstimo para o meu amigo de ginásio Ariel, de quem me afastei por um período para me dedicar ao projeto do clube. Sempre metido em enrascadas, o Ariel havia se envolvido com um esquema de apostas no jóquei clube. Por meio de uma amizade com um dos melhores jóqueis da cidade, ele obtinha informações privilegiadas e jogava de acordo com as dicas que recebia. O Ariel, que também já estava casado, mantinha um apartamento alugado só para promover animadas festinhas com jóqueis e mulheres. Como estava encontrando certa dificuldade para levar a parte mais importante, ele veio me procurar para ver se eu queriaparticipar do esquema. E eu logo disse: estou fora, pelo menos do jogo. Recusei sem pestanejar, pois testemunhei meu pai perdendo a vida dele com as apostas.

Mas concordei em ajudá-lo a convidar as meninas para as festas. Dessa parte, não consegui ficar de fora e infelizmente acabei por aceitar o convite. Frequentava o apartamento, mas não jogava. Numa das festas, outro rapaz que também estudava conosco levou a sua namorada ao apartamento do Ariel, e a menina se engraçou por um dos jóqueis. Esse fato acabou com o esquema do Ariel, porque a menina sabia de tudo e começou a espalhar que ele recebia informações privilegiadas. Daí em diante, o Ariel começou a receber dicas erradas e a perder muito dinheiro. Ele ficou em uma situação muito difícil, à beira do desespero, e eu dei o meu Studebaker para ele saldar sua dívida. O Ariel assinou umas promissórias, vendeu o carro, mas nunca me pagou. Apesar do débito, a nossa amizade permaneceu no azul. Ainda viveríamos outras experiências juntos.

Ademais, o meu Mercury foi mais do que suficiente para ajudar a alavancar as vendas do clube. Eu dirigia pelas ruas e, mesmo com uma equipe amadora de vendedores, conseguíamos chamar a atenção dos moradores, que abriam as portas e recebiam os corretores em suas casas. Aqueles que demonstravam algum interesse em obter maiores detalhes sobre o clube eram convidados a visitar as obras. Lá, meu pai cuidava dos trabalhos de terraplenagem e comprovava aos visitantes que o empreendimento seria realizado. Assim, vendemos alguns títulos familiares, que custavam 35 mil cruzeiros (algo correspondente a três mil dólares em valores atualizados) e poderiam ser pagos com uma entrada de três mil cruzeiros e outras 32 parcelas iguais de mil cruzeiros.

Uma das estratégias que adotamos para dar maior credibilidade ao empreendimento foi convidar o Dr. Langard para presidir o conselho deliberativo, constituído para ajudar na administração do clube. O Dr. Langard era um médico de família muito conhecido no Tucuruvi e gozava de grande prestígio entre os moradores da região.

As opiniões se dividiam entre os tucuruvienses. Uns louvavam o projeto, mas outros diziam que era "picaretagem" ou "um sonho impossível". As vendas estavam acontecendo, mas muito restritas ao nosso círculo de amizade. Precisávamos ampliar o nosso raio de ação. Publicamos anúncios em jornais, com detalhes da obra, convidando os leitores para visitarem o canteiro de obras no local.

Em vez de compradores, os anúncios atraíram mais vendedores. Apareceram profissionais elegantes e bem articulados, jovens e senhores, interessados em conhecer o "produto" para oferecer à sua clientela. Passei a formar a primeira equipe. Os corretores de papel seriam os verdadeiros responsáveis por colocar o empreendimento de pé. Comecei então a formar uma teia de relacionamento que eu cultivaria por toda a vida. Os vendedores profissionais ganharam o meu respeito. Passei a conhecer e admirar esses gigantes anônimos – obviamente aqueles que honram a atividade – que são a mola mestra que impulsiona os empreendimentos e proporcionam crédito, prestígio e dinheiro aos empresários. Eram as peças que faltavam no meu tabuleiro, o elo entre as minhas ideias e aqueles que se beneficiariam delas.

Com um grupo razoável de corretores, abrimos o nosso primeiro escritório, instalado em uma casa bem antiga à Avenida Tucuruvi, 440, esquina com a Avenida Mazzei, ao lado de uma escola de datilografia. Criamos o serviço de cobrança e secretaria. Por indicação do Wladimir e do Ruy Nery, um dos trinta conselheiros que havia se juntado a nós era o professor Paulo Walter

Saldanha, funcionário da Caixa Econômica Estadual, a quem confiamos a chefia do escritório.

Lá ficamos por cerca de um ano. Em 25 de maio de 1960, soltamos um comunicado nos jornais de grande circulação, como o vespertino *Última Hora*, fundado em 1951 e um dos mais vendidos no País, onde se lia:

> Comunicamos aos senhores sócios-proprietários e demais interessados que o prazo para aquisição de títulos de propriedade do Acre Clube no valor de 50 mil cruzeiros terminará improrrogavelmente no dia 30 de junho p. futuro, passando para 80 mil cruzeiros. Entretanto, esta data poderá ser antecipada, em vista de estarmos bem próximos ao número de sócios previsto para este plano.

Com a primeira etapa do plano de vendas praticamente alcançada, os negócios tomaram proporções maiores. Tivemos de nos mexer para encontrar um novo local para a nossa sede. Soubemos da disponibilidade de um prédio, localizado na mesma avenida, a poucos metros do nosso escritório, onde funcionava uma agência de uma importante instituição financeira que estava sob intervenção federal desde 1955. Era um banco muito famoso, chamado BNI (Banco Nacional Imobiliário), dos empresários Orozimbo Octavio Roxo Loureiro e Octavio Frias de Oliveira (o mesmo que compraria o jornal *Folha de S. Paulo* em 1962).

Curiosamente, o BNI foi o primeiro banco popular do Brasil e se tornou célebre ao lançar, no início da década de 1950, o "Clube do Canguru-Mirim", que teria sido a primeira caderneta de poupança do Brasil.

As crianças recebiam cofrinhos em formato de cangurus e eram incentivadas a poupar. A mascote era a senhora Canguru, que levava seu filhote no marsúpio. Tudo embalado por muita publicidade e o seguinte jingle de rádio:

> Um cruzeiro, dois cruzeiros, papai vai dar pra mim. Vou guardar o meu dinheiro no canguru-mirim. Caderneta de poupança do Canguru-Mirim. Com a garantia da Organização Orozimbo Roxo Loureiro.

O pioneirismo e a ousadia de Roxo Loureiro me chamavam a atenção, sempre com iniciativas que tinham o objetivo de atingir a base da pirâmide. Com o mercado imobiliário aquecido desde o pós-guerra, o BNI constituiu a Companhia Nacional Imobiliária (CNI), que se propôs a financiar a construção de edifícios populares para vender suas unidades a preços acessíveis. Para viabilizar o projeto batizado de "Condomínio pelo preço de custo", que primava pela otimização do espaço, contratou o arquiteto Oscar Niemeyer. Uma das obras mais desafiadoras dessa parceria foi rabiscar nos céus de São Paulo as curvas do imponente Edifício Copan, na Avenida Ipiranga. Juntos, também desenharam pilares em "V" da Galeria Califórnia, fachadas em semicírculos e outras formas inovadoras de construção.

Dizem que Roxo Loureiro perdeu o prumo dos negócios quando começou a participar do jogo político. Gastou os tubos e perdeu o foco. Sua investidora foi à falência, seu banco entrou em liquidação e até as obras do Copan sofreram interrupção – só foram retomadas após o BNI ter sido vendido ao Banco Brasileiro de Descontos (como era conhecido o Bradesco na época, pela sua razão social), interessado na grande capilaridade das agências do BNI e obviamente na robusta certeira de clientes.

A notícia da falência do BNI foi estrondosa, um choque para todos. Como um banco tão imponente poderia quebrar? E a poupança das crianças? E o dinheiro dos trabalhadores de classe baixa? E o projeto da casa própria a preço de custo? Teria sido tudo um embuste para tirar dinheiro do povo? Eram as perguntas que povoavam a cabeça das pessoas na época. A agência do BMI da Avenida Tucuruvi era alugada e retornou ao proprietário, o Dr. Arthur, um dentista muito conhecido no bairro e cujo filho, Teotônio, era nosso amigo, o que facilitou as conversas e a negociação do aluguel do ponto que ficara vazio.

Conseguimos alugar, com todas as garantias que envolvem a locação, e mudamos para lá. O fato de o local ter sido ocupado por um banco era favorável porque tinha uma estrutura de piso, revestimento e divisórias que era perfeita para o nosso negócio, sem contar que o antigo inquilino saiu sem levar ou desmontar balcões, sofás e armários. Por outro lado, o fato de o local ter sido ocupado por uma instituição insolvente era desfavorável porque foi inspiração para as críticas dos opositores. "Esse prédio é frio mesmo. Sai um falido que deu grande prejuízo ao povo e entra outro que não vai aguentar nem 90 dias", diziam os ofensores.

Quando essas vozes chegavam aos meus ouvidos, eu, em vez de seguir o instinto e procurar o responsável para lhe partir a cara, descarregava a minha ira no canteiro de obras. Acordava às cinco da manhã para acompanhar o trabalho de perto. Além de não querer perder dinheiro com ociosidade, uma vez que cada trator me custava um conto por hora, a construção do clube tornara-se uma questão de honra para mim.

Na ala dos ofensores, estava o Jessé Talarito, um sujeito de estatura mediana, casca grossa, irmão de um conhecido advogado do Tucuruvi e um líder oposicionista por natureza. Ele havia indicado meia-dúzia de pessoas ao grupo que se tornariam seus seguidores. Jessé se achava realmente muito importante e, desde o episódio do cheque sem fundos do cubano, ele se afastou e começou a levantar dúvidas sobre a realização do empreendimento. Apesar da descrença, recusava-se a arredar o pé das reuniões e da equipe. "Estou aqui para impedir que o pessoal tenha prejuízo", dizia ele.

Além de não recuar, Jessé avançava. Trocou os pontos de interrogação pelos de exclamação. Parou de dar voltas e começou a alardear aos quatro cantos que o projeto do Acre era pura picaretagem. Num domingo pela manhã, em nosso escritório de vendas, que estava repleto de famílias que estavam comprando os títulos –, Jessé aparece aos berros, falando para todos ouvirem:

– Senhoras e senhores, peço um minuto de sua atenção. Como é do conhecimento de todos, eu sou contra o lançamento deste clube invisível, porque sei que não será possível realizá-lo. E não acho certa levantar capital para realizar o irrealizável.

E continuou, dirigindo-se a mim:

– Você tem de parar com a venda, Nelson. Está tentando enganar a todos, mas eu sei que não vai conseguir construir o clube.

– Desculpe-me, Jessé, mas eu não tenho dúvidas de que vou realizar —

respondi. Ele então me propôs um desafio:

– Quer fazer uma aposta comigo? Até o final de um ano, daqui a seis meses, você não terá feito sequer o primeiro piso, onde serão localizadas as salas de reuniões e de jogos.

– Eu não vou apostar coisa nenhuma!

– Se não apostar é porque não acredita naquilo que promete. Se vai realizar, por que não aceita o desafio?

Não tive escolha. Acabei topando a parada, mesmo sabendo que o desafio era enorme. Definimos uma alta quantia para a aposta, assinamos duas notas promissórias e pedimos ao dono do edifício de nosso escritório de vendas que as guardasse até o prazo estipulado e, após a medição, as entregasse ao vencedor.

Assim como a construção, as vendas tinham de entrar em ritmo acelerado, afinal a nossa verba para viabilizar o clube dependia da adesão de mais de duas mil famílias. Muitas delas tomaram conhecimento do desfaio lançado pelo Jessé e decidiram aguardar o prazo final da aposta. Comecei a colocar tudo o que tínhamos a serviço da divulgação do empreendimento e das estratégias comerciais para conquistar novos sócios. Na frente de nosso novo escritório, à vista de todos os que passavam pela avenida, coloquei uma maquete do clube para chamar a atenção de transeuntes e motoristas.

O projeto era assinado pelo engenheiro civil Roberto Medeiros Lisboa, responsável pela obra e por trazer para o time um amigo chamado José Edmundo Ganzelli, que, além de aprimorar a nossa maquete, revelou-se um exímio arquiteto. Lisboa e Ganzelli formaram uma dupla que me acompanharia por muitos anos.

Com miniaturas da sede, da piscina e das demais áreas sociais, a representação tridimensional do clube realmente enchia os olhos de quem passava por perto, mas ainda era insuficiente para fazer explodir as vendas. Precisávamos encontrar uma forma mais eficiente para atrair as pessoas certas ou, preferencialmente, para ir até elas.

Certo dia, quando estava atendendo a um corretor que trouxera uma família interessada em adquirir o título do clube, aproximaram-se dois indivíduos muito bem vestidos, de terno e gravata, carregando pastas executivas nas mãos. Eles pararam em frente ao escritório e ficaram apreciando a maquete. Num primeiro momento, fiquei preocupado, pois pensei que eram fiscais e me lembrei de que ainda não tínhamos conseguido o alvará de funcionamento para o escritório. De qualquer forma, me aproximei e os convidei a entrar. Para a minha sorte, eram corretores profissionais que se interessaram pelo empreendimento. Perguntaram-me se já havia um escritório de vendas contratado para vender os títulos. Respondi que ainda não e que a equipe comercial era formada apenas pelos diretores e um pequeno grupo de corretores. Informei que o produto tinha boa aceitação e que as vendas estavam acontecendo, mas ressaltei que ainda havia um campo muito grande para prospecção. E fiz uma breve explanação do empreendimento, de como eram os títulos de propriedade no sistema da "socialização do capital democratizado" e passei alguns números atuais das vendas. Garantiram-me que iriam vender em apenas um dia a quantidade de títulos que tínhamos conquistado em dois meses.

É claro que eu não acreditei. Que tamanha ousadia a deles! Diante desse atrevimento, marquei uma visita ao escritório deles e, no mesmo estilo de meus opositores, fui ver para crer. Conheci algo que não sabia que existia. Uma empresa muito profissional e bem estruturada, especializada em venda de papéis dos mais diversos empreendimentos. Fui conhecer alguns deles e pude comprovar o sucesso de seus métodos de venda. Fiquei impressionado com a capacidade comercial daqueles profissionais.

Após negociar o porcentual de comissão dos vendedores e analisar os termos da parceria, fechamos um contrato exclusivo de representação. Nosso departamento comercial sofreu uma transformação radical. Uma incrível quantidade de corretores se apresentava para retirar o material de vendas. O gerente chamava-se Pedro Anunciado Ricci, que era irmão do proprietário da firma de representação.

As vendas de títulos do Acre Clube explodiram. O tal do Pedro Ricci era realmente o máximo, um grande vendedor. Eu nunca tinha visto em um só indivíduo tamanha capacidade de persuasão. Ele tinha uma habilidade para liderar que dava inveja. E ainda exercia extrema autoridade sobre a equipe. Sua experiência poderia ser de grande valia para o treinamento dos mais novos.

Enquanto os mais experientes vendiam, eu indicava alguns corretores para acompanhá-los e aprender a arte da venda. Comecei a pagar boas comissões para a corretora e os novos vendedores iam sendo incorporados à equipe.

Na frente da construção do Acre Clube, o meu pai estava muito envolvido com o projeto. Ele realmente havia comprado a ideia. O clube passou a ser o empreendimento de sua vida, mas eu não podia deixá-lo embalar na empolgação, pois ele era capaz de tomar conta de tudo. Ao mesmo tempo, o meu compromisso voltado para marketing e vendas começou a interferir no andamento das obras, e as divergências se acentuaram entre nós.

Preparados os platôs, ele queria começar a construção do empreendimento pela parte mais baixa, pelo boliche. Eu era contra. Argumentava que o fato de o terreno estar localizado no alto, visível às casas circunvizinhas, produziria um irresistível argumento comercial. De longe, seria possível avistar a estrutura do prédio, que brotaria até o patamar de três lances. Eu queria ver subir esse corpo e deixá-lo aparente, com suas esbeltas colunas sustentando as grandes tesouras que proporcionariam ao salão de festas o vão livre de vinte por cinquenta metros – ou mil metros quadrados.

– A casa se começa pelo alicerce, meu filho, não pelo telhado — ironizou ele.

– Pois que esta comece pelo telhado, meu pai, para criar condições de venda — respondi, em tom alto e autoritário — O senhor quer começar pelo boliche, que está enterrado lá embaixo?

– Você quer saber mais do que eu? Essa é a forma correta! — disse ele, levantando ainda mais a voz.

– Eu sei, mas precisamos despertar o interesse dos moradores. As pessoas compram aquilo que enxergam — afirmei, já imaginando o produto final Internamente usaremos materiais nobres. Há de ter um finíssimo acabamento, decoração com lambri de jacarandá, mural de fulget, piso de mármore no átrio da entrada nobre, sacada para as piscinas com solário de pedras mineiras, jardins...

– Está bem, está bem! — com os nervos à flor da pele, ele finalmente concordou, afastando-se contrariado.

Essa vigorosa discussão ocorreu por volta das sete horas da noite. Eu venci pelo cansaço, mas não tive a capacidade de convencê-lo de que a minha estratégia era melhor. De madrugada, ele teve um infarto.

Capítulo Oito

A alvorada dos sonhos

Primavera de 1962. Um dia de céu azul, com poucas nuvens e temperaturas próximas a elas logo nas primeiras horas da manhã. Uma brisa suave vinda dos contrafortes da Serra da Cantareira entregava aromas silvestres e fazia carícias na porção central do Tucuruvi. Um milhão de litros d'água nas piscinas formava um novo firmamento na terra, ao alcance das cerca de duas mil famílias que acreditaram no sonho de jovens insensatos. Sim, insensatos. Refiro-me àquela insensatez que nos injeta doses de imprudência e nos leva a empreender e a flertar com as utopias. Aquela que é prima-irmã da inconsequência, mas nem sempre nos leva à ruína.

Vários lampejos de insensatez visitaram-me durante a vida, a começar pela construção do clube, com dinheiro arrecadado dos próprios sócios e num loteamento com baixíssima densidade demográfica. Foi o primeiro de uma série de "sonhos impossíveis" cujos desdobramentos me trariam muita satisfação e fortes dores de cabeça. Um após outro, tais devaneios seguiram um ritmo crescente na relação de risco e responsabilidade e sempre respeitaram a filosofia de causar incômodo àqueles que só conseguiam pensar dentro da caixa.

Se eu tivesse o único objetivo de prosperar financeiramente, bastaria fazer mais do mesmo. O Tucuruvi do final da década de 1950 era um campo vasto e promissor, com sinalização de crescimento populacional acelerado, carente de benfeitorias e com gigantescas necessidades estruturais. Qualquer um que seguisse a cartilha empreendedora, construindo moradias, estabelecimentos comerciais e participando de licitações de obras públicas, alcançaria sucesso. E muitos conseguiram enxergar as belas oportunidades, porque elas estavam em todas as esquinas.

Eu havia, entretanto, escolhido a mão inversa, a da contracultura do empreendedorismo. Adotei uma fórmula revolucionária e, com ela, enfrentei a dura resistência daqueles guardiões que se armam até os dentes na luta por manter o status quo e preservar a sua zona de conforto.

Apesar de ousada do ponto de vista da forma de captar recursos e da proposta de organização societária, a minha primeira iniciativa não se propôs a mexer com padrões existentes ou oferecer uma alternativa ao que já estava estabelecido. Até porque não havia nada estabelecido. Foi uma obra pioneira na região, em um bairro em formação e destinada a integrar o desamparado setor terciário.

A Associação Cultural, Recreativa e Esportiva, ou simplesmente Acre Clube, com sede e foro na Capital do Estado de São Paulo, à Rua Guarama (antiga Rua "D"), 540, Jardim França, Subdistrito de Tucuruvi, foi fundada em 13 de junho de 1959. O estatuto social foi registrado em 1960 e, com obras ainda em andamento na sede social e muito por fazer na área externa, as primeiras atividades sociais do clube estiveram ligadas a eventos como bailes e festas no inacabado e imponente salão.

Encheu-me de orgulho ver o clube em funcionamento, com seus encontros sociais, promovendo lazer e convivência entre as famílias. Uma delas era a família de minha ex-professora Hortênsia, dos tempos de infância no Silva Jardim. Ela e seu marido eram presenças frequentes nos eventos do Acre e sempre vinham me cumprimentar pela realização.

Tive grande satisfação ao contemplar aquele enorme vão livre do salão principal, concebido a partir de tecnologias modernas e até então raras na construção civil. Vingara graças à experiência de Walter Nicoli, com sua empresa "Projecta Grandes Estruturas", responsável pela fixação e elevação das grandes tesouras no solo que sustentaram, como verdadeiros guindastes, a pesada cobertura do local. Lembro-me do primeiro aniversário de fundação do clube, celebrado no salão ainda com estrados de madeira sobre o chão de terra batida. Um respeitável pé-direito separava o teto das solas dos sapatos dos pares que dançavam ao som da orquestra e desfrutavam de comidas e bebidas típicas das festividades juninas, disponíveis no barzinho feito de tijolos, colado na grandiosa parede sem reboco adornada com bandeirinhas coloridas.

O salão passou a abrigar outros eventos sociais importantes, como Réveillon, Carnaval e bailes temáticos. Entretanto, festas e noites dançantes não eram exatamente uma novidade para os tucuruvienses. Não há como negar que a expectativa e os olhares dos sócios-proprietários estavam voltados à área externa da nossa sede social, cujas obras demandaram mais tempo para ser concluídas.

As catracas começaram a girar para valer naquela bela manhã de Primavera. Finalmente, havia chegado o grande e esperado momento da estreia das piscinas do clube. Daquela data em diante, as vozes contrárias ao projeto teriam de se calar definitivamente, os céticos seriam obrigados a dar o braço a torcer e os pais mais severos do Tucuruvi teriam agora de conviver com a realidade de que suas filhas desfilariam com as pernas de fora sob o olhar de toda a vizinhança.

Embora eu não quisesse tripudiar sobre a derrota alheia, até porque o clube era uma conquista de todos, incluindo aqueles que lutaram contra, não havia como negar que uma farpa de deboche era lançada de meu olhar em direção aos opositores. Mas o mais importante é que as piscinas eram profundas o suficiente para manter submersos todos os ressentimentos. Ou quase todos.

Uma das mágoas que teimavam em permanecer na superfície era a de Jessé, aquele que apostara comigo que eu não conseguiria entregar o que prometi. O Jessé representa para mim o símbolo do perseguidor, uma figura que se multiplicaria e se tornaria muito presente em toda a minha trajetória. De todos os que eu tive o desprazer de conviver, ele foi o primeiro. Um impiedoso fariseu, um triste exemplar da espécie humana dotado de uma incrível capacidade de dedicar anos preciosos de sua própria vida para sufocar a do outro. Não descansa enquanto não ver sua presa suspirar. E o faz com ares de piedade e a convicção de que está agindo em benefício da coletividade. Nada – nem ninguém – é capaz de convencê-lo do contrário. Nem mesmo quando as circunstâncias desnudam suas intenções e revelam que perseguia por pura maldade ou inveja.

Lembro-me o dia exato em que a amargura de Jessé emergiu impetuosamente das profundezas de sua empáfia e se transformou em ódio. Um mês antes de expirar o prazo das notas promissórias, ele veio à minha casa com o seguinte discurso:

– Nelson, você ganhou a aposta. Eu visitei a obra, vi a área do primeiro piso construída e já sei que perdi.

– Pois é, Jessé, eu falei pra você que...

– Não se preocupe – antecipou-se ele, deixando claro que não estava ali para se retratar ou reconhecer o seu exagero – Eu vou pagar o que devo. Só peço que me facilite o pagamento das promissórias, porque eu não tenho todo o dinheiro agora.

Eu não estava sozinho naquele momento. Os conselheiros Paulo Generoso e Ruy Neri testemunharam a cena. Pensando em ser generoso e tentar trazê-lo para o nosso lado a partir daquele instante, dei-lhe a seguinte resposta:

– Jessé, eu não quero o seu dinheiro. Eu quero é que você participe do empreendimento. Em vez de vê-lo fazendo campanha contrária, quero vê-lo lutando para realizar o clube. Você pode pegar as promissórias e rasgá-las.

E aprendi uma lição: quando você perdoa o medíocre, maior inimigo ele se torna. Com a minha fala, Jessé sentiu-se ainda mais humilhado. Já estava gravemente ferido e o meu perdão foi para ele um golpe de misericórdia. Com o ego em frangalhos, deu as costas e foi embora. Não pagou o que devia, saiu de circulação por um tempo, mas ainda retornaria a me perseguir em outro capítulo de minha vida.

Por outro lado, as águas do complexo aquático do Acre também eram vastas o bastante para prenunciar festivos Verões no Jardim França. Com o sol a pino, as águas das piscinas enchiam os olhos de crianças e adultos, refletindo-se num convite irrecusável. Naquela época, não havia condomínios como os de hoje, que possuem verdadeiros complexos aquáticos em sua área de lazer. Um ou outro abastado morador do Tucuruvi tinha piscina em casa, mas nada que desse para dar mais do que dez braçadas entre uma borda e outra. O clube valorizou o bairro, começou a atrair moradias de médio e alto padrões e ganhou fama na cidade.

Naquele dia tão marcante, a minha euforia era tamanha que cheguei a duvidar da veracidade das cenas que meus olhos contemplavam. Seria apenas um sonho bom? Se fosse, não queria acordar. Paralisado, com olhar fixo em lugar algum e uma ponta de sorriso nos lábios, assisti ao filme da minha vida em questão de segundos na tela de minha memória. E perguntava pra mim mesmo: “Nelson, como conseguiu chegar tão longe?”.

Inauguração da piscina do Acre Clube.

Fui resgatado das minhas abstrações por um forte abraço... depois outro... e mais outro. Eram os primeiros associados que se aproximavam e vinham me cumprimentar e me parabenizar pelo empreendimento. Diziam de sua satisfação por serem sócios de um clube tão grandioso e eu retornava aos devaneios. Só conseguia me lembrar da roda de conversa na Padaria do Caseiro. Fui novamente transportado em pensamento para as inconsistentes discussões entre capitalismo e socialismo. Voltei no tempo e sobrevoei os nossos encontros de planejamento, a escolha do terreno, o cheque sem fundo do cubano, o apoio que tive de minha família, a fidelidade dos amigos, a formação da sociedade, as vendas dos títulos e o início das obras.

Mais tarde, tive de me recompor para cumprir os rituais de inauguração. Após beijar as sagradas mãos da minha mãe Perpétua, cortei a fita vermelha, disse algumas palavras e empurrei o salva-vidas na piscina. Depois, de terno e gravata, eu também fui lançado às águas para o tradicional banho de inauguração.

Emocionado, aproveitei para dar um mergulho e, em curtas braçadas, alcancei a borda. As gotas d'água que escorriam dos meus cabelos já disfarçavam as que emergiam dos meus olhos. Não consegui conter as lágrimas. Através delas, os raios solares me proporcionavam um festival de cores em contornos indefinidos.

Conseguia perceber as pessoas alegres à beira da piscina e, por trás delas, os multicoloridos guarda-sóis fincados no solário.

Olhei para cima e, do alto do trampolim, os Aqualoucos – grupo que fazia shows de acrobacias e palhaçadas nas piscinas dos clubes de São Paulo – estavam abraçados, simulando um salto de paraquedas. E se atiraram. Pensei em congelar aqueles rapazes de roupas listradas no ar. Desejei que aquele dia não acabasse mais. "Alguém poderia parar o tempo, por favor?".

Meu mergulho no dia da inauguração.

***

Ao cair da tarde, sócios, amigos e parentes começaram a se despedir. Iam, pouco a pouco, voltando para suas casas. Até que me vi só. O vigia interrompeu a sua ronda para me perguntar se poderia apagar as luzes. Disse-lhe para não se preocupar, e eu mesmo tratei de desligar a chave geral, que interrompia a corrente elétrica dos refletores subaquáticos das piscinas, das luminárias dos jardins e das luzes dos vestiários e da sede social. O manto da noite desceu bruscamente sobre o clube, tomando conta de toda aquela área do Jardim França, um loteamento até então praticamente despovoado, carente de benfeitorias e abençoado pela – agora não mais solitária – paróquia de Santa Joana D'arc.

Ao me encontrar novamente com o silêncio, pude ouvir o grito de incompletude que retumbava dentro de mim. Era parcial a minha felicidade. Faltava participar dela aquele que me fez chegar até ali, aquele que me ensinou a construir, aquele que me inspirou a empreender. O meu pai não estava comigo. Após aquela triste noite, em que discutimos a respeito de como iniciaríamos a construção do Acre Clube, ele foi nocauteado por um infarto agudo do miocárdio e teve de ser internado. Ficou aos cuidados do Dr. Dorgan, um jovem médico do Tucuruvi, amigo da família. A orientação médica era que o meu pai ficasse deitado, em repouso absoluto.

Recomendava-se descanso irrestrito ao infartado por três ou quatro semanas para uma melhor cicatrização do miocárdio. Infelizmente, a medicina da metade do século passado ainda não havia concluído que um paciente não poderia ficar inerte nos dias subsequentes ao infarto. Apenas em 1970, começou-se a descobrir os benefícios das atividades físicas moderadas e supervisionadas na reabilitação da função cardiovascular.

Após um mês no hospital, parecia que tudo ia bem com a saúde de papai e já era hora de "arriscar" os primeiros movimentos. O Dr. Dorgan pediu que ele se sentasse no leito. Bem devagar, com a ajuda e a supervisão do médico, ele foi levantando o tronco. Mal se aprumou na cama, teve um outro infarto. Dessa vez, fulminante. Seu Luciano Fernandes se foi sem se despedir. Era noite. Desligaram a chave geral daquele que foi luz para meus caminhos, energia para os meus sonhos e, ao mesmo tempo, sombra para as minhas decisões. O céu escureceu sobre aquele quarto de hospital e uma nuvem densa se escorou sobre meus ombros. Tal peso não estava apenas na dor ou na sensação de abandono de um filho que perde o seu pai, mas também na culpa que eu sentia por ter tido aquela carregada discussão antes da internação e, principalmente, pela raiva que depositei em seu leito no exato dia de sua morte, motivada por um fato que me causou profunda decepção e que relatarei a seguir.

Ao longo desses trinta dias de internação, fui visitar o meu pai por diversas vezes. Levava as notícias do andamento das obras do clube, das vendas dos títulos e conversávamos sobre todo e qualquer detalhe pertinente ao empreendimento. Eu percebia que aquelas informações o motivavam e tinham função terapêutica. Ele se mostrava cada vez mais interessado e empolgado com o projeto.

Tentei mostrar-lhe que aquele modelo da "socialização do capital democratizado" era vencedor. E que poderíamos ir muito mais longe se o adotássemos em outras áreas. Eu acreditava tanto no sucesso do Acre Clube e no sistema societário pelo qual seria materializado que, mesmo antes de sua inauguração, já armava uma nova empreitada. Eu a guardava a sete chaves, mas, no intuito de regar e sedimentar a esperança em meu pai, revelei a ele o meu segundo passo empreendedor: a construção de um hospital. Isso mesmo! Apesar de não entender absolutamente nada de medicina e nunca ter construído sequer uma clínica, estava disposto a realizar mais este empreendimento, que seria erguido nos mesmos moldes da venda de títulos de propriedade.

– Meu pai, depois do clube, nós construiremos um hospital. Levantaremos o capital da mesma forma que fizemos com o Acre, e vamos dar atendimento hospitalar digno para os sócios.

Assim, com entusiasmo e na primeira pessoa do plural, contei a ele todos os pormenores de como viabilizaríamos mais este empreendimento. Meu pai ouviu atentamente a minha explanação e senti que se inflamara pela novidade. Para a minha surpresa, naquele dia em que o Dr. Dorgan foi visitá-lo, o meu pai se dirigiu ao médico com as seguintes palavras:

– Dorgan, você precisa me curar rapidamente, pois eu vou construir um hospital. Em pouco tempo, a comunidade médica vai tomar conhecimento do que eu vou realizar.

Assim, com entusiasmo e na primeira pessoa do singular, ele abriu ao médico todos os meus planos, exatamente como eu os havia relatado, sem, no entanto, mencionar o meu nome. Eis a minha decepção. Estavam comigo a minha mãe e a minha irmã, Sonia. Eu simplesmente não acreditava que estava ouvindo o meu pai falar naquele tom, apropriando-se do projeto. Por um triz, não entrei na conversa para tirar satisfação ou reivindicar a autoria. Seria uma crueldade de minha parte contrariá-lo naquele momento. Mas a minha nobreza encerrava-se do lado de fora da alma. Por dentro, fiquei devastado, arruinado e com muita raiva. Aquela situação causou-me tamanho mal-estar que tive de sair do quarto para dar murros na parede do banheiro. Não me conformava – e não me conformo até hoje. Por que ele fez isso? Por que não valorizou a minha iniciativa? Por que disse que a ideia era dele?

Não houve chance para o confronto, tampouco para esclarecimentos. Horas depois ele tentou sentar-se em seu leito, sofreu o segundo infarto e partiu, deixando-me sem uma explicação plausível para aquelas atitudes.

Seu Luciano era fumante, hábito que se intensificara nas rodas de carteado que invadiam a madrugada, mas nada que justificasse o fato de ele ter nos deixado tão cedo. Morreu jovem, aos 55 anos, em 19 de março de 1960. Homem bem disposto, elegante – achava-se sempre de terno e gravata –, em condições financeiras estáveis e galanteador – mulherengo mesmo, dona Perpétua que o diga. A única circunstância que poderia ter lhe causado algum sobressalto na vida foi a empreitada em que seu filho se metera. Até hoje me penitencio por sua morte. O desgosto que lhe causei certamente abreviaram os dias que o separavam de sua derradeira partida.

Foi difícil me desligar de meu pai e conviver com a realidade de sua ausência. Dois meses após o seu falecimento, tive uma experiência sobrenatural com ele.

Cheguei a minha casa por volta das 19 horas. Minha mãe e minha esposa estavam conversando na sala de estar. Eu as cumprimentei e perguntei como passaram o dia. Enquanto divagavam, a minha esposa caiu desfalecida no chão. Eu fiquei apavorado. Peguei-a no colo e a coloquei deitada no sofá. Enquanto eu tentava reanimá-la, ela começou a falar com uma voz grave. Estranhamente, ela me disse:

– Tome providências com a parede do boliche, pois ela vai cair.

Fiquei confuso e minha mãe que era kardecista me alertou:

– Filho, ela está tomada por um espírito.

Perguntei então à Leda:

– Quem está falando?

– É o seu pai – ela (ou ele) – respondeu.

Sem acreditar no que estava ouvindo, perguntei novamente:

– Quem está falando?

– Seu pai – confirmou.

A Leda voltou do transe e se mostrou surpresa ao ver que estava deitada no sofá. Percebemos que ela não se lembrava de nada do que tinha acontecido, tampouco do que tinha dito.

No dia seguinte, ao chegar às obras do clube, conversei com meu tio Antonio, que era o mestre de obras, e contei a ele o que havia acontecido na noite anterior.

Ele se mostrou preocupado, mas disse que era impossível a parede ceder, pois não havia pressão sobre ela. Era uma parede em forma de "L", cuja parte mais extensa tinha cerca de trinta metros e a menor algo em torno de dez metros. Por via das dúvidas, decidimos fazer uma mão francesa em cada coluna para reforçar a sustentação da parede mais comprida. Não me preocupei muito com o braço menor, pois tinha uma cinta de amarração no respaldo da parede.

Num belo domingo, pela manhã, recebi um chamado urgente do guarda do clube, que reportou um acidente nas obras. Eu já imaginava o que havia acontecido, mas, ao chegar ao local, para a minha completa surpresa, vi que a queda fora justamente da parede menor, aquela que eu tinha certeza que não cairia. A mais comprida estava intacta.

Eu, que sempre fui incrédulo, tive de rever meus conceitos após esse episódio.

Em vida, Seu Luciano não se preocupou em escolher as palavras que a mim dirigia. Ele chegou a me dizer que eu desejava vê-lo morto para herdar o seu patrimônio. Como eu poderia? Pelo amor de Deus, isso nunca me passou pela cabeça! Mas também tive de segurar mais esse peso. Após seu passamento, a minha mãe me chamou e disse:

– Meu filho, tu tens o teu destino. Cumpra-o. Siga-o. Coloco em tuas mãos todo o patrimônio de teu pai. Faças uso do que for necessário para realizares os teus ideais. Está à tua disposição para continuares o teu empreendimento. Eu te compreendo, te apoio e sempre te apoiarei.

Ao que respondi:

– Mamãe, espero não precisar, mas eu lhe agradeço de qualquer forma.

Assumi os compromissos de meu pai. À minha irmã Sonia coube a tarefa de receber os alugueis e as prestações dos imóveis que ele havia construído. Muitas dificuldades sobrevieram nesse período. O Acre Clube ainda estava em construção e, embora as obras estivessem bem avançadas, houve quem duvidasse que o empreendimento seria entregue. Fiquei sabendo que, no enterro de meu pai, o advogado Antonio Rossi comentara que estava lá para assistir a dois sepultamentos: o de Luciano Fernandes e o do Acre Clube.

Apesar de se tratar de um comentário de um difamador que vivia na lama, o tal advogado dizia isso porque meu pai era empreiteiro respeitado na região. Se sua participação conferia credibilidade ao projeto, a sua ausência faria engrossar a ala dos incrédulos e opositores. Assumi a responsabilidade pelas obras do clube e – ato contínuo – as portas se fecharam para mim. Alguns fornecedores imediatamente me sustaram o crédito. "O senhor vai nos desculpar, nós lamentamos muito o ocorrido, porém seu débito já atingiu o limite. Quando o senhor o liquidar, não teremos dúvidas em lhe fornecer mais...".

Passei a ouvir desculpas como essa e a ter de comprar à vista. Fui socorrido neste momento por amigos dos quais jamais me esquecerei. Pessoas que continuaram confiando em mim e não suspenderam o fornecimento de ferro, cimento e areia. Norwim Altman, Joaquim Teixeira Posses e Julio Cesar Silvestre me ajudaram a seguir firme e proporcionaram condições para a arrancada final rumo à entrega definitiva do Acre Clube. E não foi só o crédito que me deram. Como bons associados, passaram a visitar constantemente a obra. No dia em que concretávamos as piscinas, como não se poderia deixar para o dia seguinte a parte que faltava, eles, percebendo a estafa que começava a dominar os serventes e a noite que se aproximava rapidamente, tomaram carrinhos e enxadas em suas mãos e, misturando-se com os diligentes trabalhadores, lançaram-se à concretagem.

Que espetáculo maravilhoso era aquele! Puxamos os nossos veículos para perto do local de trabalho e, com os faróis acesos, fizemos o turno continuar até tarde da noite. Os curiosos da redondeza que, vendo as luzes em meio àquele local despovoado, apressaram-se em saber o que se passava. Após esse dia, tivemos a ideia de sempre iluminar o canteiro de obras e passamos a trabalhar também no turno da noite. E os holofotes na escuridão, semelhantes ao pátio de uma quermesse, serviam como ferramenta de vendas. Os corretores aproveitavam para abordar as pessoas à noite no entorno do loteamento, situado no triângulo compreendido entre a Avenida Nova Cantareira, a Estrada da Água Fria e a Rua Mombuca.

Desta forma – e com muito ainda o que fazer em acabamento e construção –, inauguramos o Acre Clube. A nossa vontade de vê-lo funcionando era mais forte do que o capricho de entregar um estabelecimento em pleno funcionamento. Para se ter uma ideia, programamos um baile para ocorrer no exato dia em que completávamos o último lance do telhado da sede social. Por sorte ou azar, uma torrencial chuva desabou sobre o Jardim França à tarde, algumas horas antes da chegada dos convidados.

Foi um teste e tanto, não apenas para a estrutura, que resistiu à força das águas e dos ventos, como também para nós, conselheiros, que enfrentamos um dos dias mais duros da história do Acre. No âmbito estrutural, realmente não se notou nenhuma goteira no local e a capacidade de escoamento das águas estava plena. Entretanto, na parte oposta ao palco, onde o arremate ainda não havia sido concluído, começou a cair muita água e a formar poças. Erguemos, a muito custo, um encerado para evitar o alagamento sobre aquela parte do piso do salão, que por sinal também estava em fase de acabamento.

Era importante que tudo ocorresse na mais perfeita ordem, pois queríamos apresentar o clube em grande estilo aos associados. As águas caíam com tamanha força e consistência que a Rua "D" ficou intransitável. Ao passar das horas, a terra se transformava em lama, anunciando o iminente fracasso de nosso baile. Havia barro por todo o lado. A rua estava escorregadia. O alagamento já estava a ponto de impedir que os garçons e os funcionários chegassem até a sede. Viramos uma ilha. Sugeri, então, que criássemos um istmo. Debaixo de chuva e com a ajuda de alguns corretores, fomos jogando pedras britadas ao longo da hoje bem asfaltada Rua Guarama.

Como era impossível esfriar os nossos ânimos, a chuva deu-se por vencida, e foi amainando. Voltamos rapidamente para as nossas casas para tomar banho e trocar de roupas. Os garçons e os músicos da orquestra conseguiram chegar. Voltamos a tempo de recepcionar os sócios. Apenas os mais pontuais começavam a entrar.

Reparamos então que o toldo que fizemos com o encerado resistira quanto à sua vulnerabilidade, mas cedera ao peso da água, formando uma grande bolsa. Sob a ameaça de ceder e inundar toda aquela área, pensamos em eliminar aqueles litros d'água prestes a desabar.

Com uma escada e um pontalete, como se fosse executar um número acrobático, o Saldanha se pôs a subir em direção à lona, porém tinha pouca força e nenhum apoio para vencer o desafio. Finalmente o encerado começou a ceder à ação do pontalete do Saldanha. Na medida em que era erguido, as águas caíam pelas laterais. Àquela altura, o ruído da queda d'água era semelhante a uma cascata, batendo nas pedras que estavam no chão. Porém, o ponto onde era pressionado o encerado furou, dando vazão inicialmente a um jato fino de água direcionado ao pobre do Saldanha. Depois, com o buraco cada vez mais aberto, o filete engrossou e se transformou em uma intensa corrente, encharcando o Saldanha, que não descurou do serviço. Apesar de ter sido uma cena engraçadíssima, ele desceu ao som de aplausos e brados de vitória dos espectadores que souberam reconhecer o esforço do bravo conselheiro. E foi para casa se trocar novamente.

Os percalços do dia ainda não tinham terminado. Os primeiros associados já começavam a chegar e eu fui ao bar conferir se os preços dos comes e bebes estavam de acordo com aquilo que fora combinado com o arrendatário. Não estavam. Eram tão abusivos que me fez pensar que ele queria compensar a dificuldade de chegar ao Acre naquele dia com um robusto faturamento no caixa do bar. Fui ter com ele e, ao indagar sobre os elevados valores, ele me disse que era o melhor que poderia fazer e, caso eu não estivesse satisfeito, ele poderia recolher tudo e ir embora com os garçons.

Antes de aceitar a oferta, veio-me à cabeça um único pensamento: como resolver tal situação àquela hora da noite? Mesmo sem ter a resposta, resolvi botá-lo para correr. Não tolerava imposições daquela espécie. Chamei o Wladimir Bellagente e lhe disse:

– Vou mandar o pessoal do serviço de bar embora.

O Saldanha, que acabara de retornar ao clube com outra roupa seca, ouviu a minha decisão e fez cara de pavor. Expliquei-lhe o que tinha ocorrido e pedi a ele que desse um aviso aos presentes pelo sistema de som.

Saldanha empunhou o microfone, informou que não haveria serviço de bar, desculpou-se pelo transtorno e pediu a compreensão de todos. Jamais vou me esquecer da reação dos associados. As pessoas começaram a nos procurar, voluntários que se dispunham a auxiliar no serviço. O arrendatário ainda estava por lá e, sentindo-se arrependido, pediu reconsideração.

– Agora é tarde, meu velho – disse a ele – O máximo que posso fazer é comprar-lhe o que você tem ai, a preço de custo.

E assim foi feito. Para minimizar seu prejuízo, vendeu-me seu estoque e retirou-se com seus contratados. O salão lotou e cada convidado que chegava era informado pelos outros do que havia ocorrido. Os sócios serviam-se uns aos outros. O baile foi um sucesso.

Nem tudo foi festa após o Acre Clube ter sido definitivamente entregue aos sócios, com piscinas, quadras, playground e muito mais do que havia sido inicialmente combinado. Continuei na presidência da comissão executiva do clube e o advogado Antonio Rossi endureceu o jogo, tornando-se a segunda pedra em meu sapato.

Assim como Jessé, ele fazia parte do grupo que concebeu o projeto do clube e colaborou na elaboração dos estatutos da associação. Oportunista, na época tentou intermediar a compra do terreno do Acre, de olho na comissão da corretagem.

Durante a realização do empreendimento, foi peça importante e, mais tarde, um ferrenho opositor. Também como Jessé, colocou-se "a serviço dos mais fracos" e partiu para o ataque, valendo-se da infâmia como arma principal. Procurava um cisco em meus olhos, mas não prestava atenção na trave que estava em seu próprio olho.

Após ver que o Acre sobrevivera à ausência de meu pai e se tornara realidade, contrariando o seu ardiloso prognóstico, Antonio Rossi passou a apregoar que eu estava fazendo mau uso do dinheiro dos sócios proprietários, desviando recursos do Acre para construir o hospital, meu segundo projeto. E, em nome da transparência, juntou-se a uma ínfima minoria de sócios para exigir que eu prestasse contas de minha gestão. Na verdade, ele tentava por todas as vias me tirar da presidência do Acre, posição que certamente o interessava.

Em uma reunião absolutamente irregular, elegeu-se presidente do conselho deliberativo com votos de apenas dez sócios, oito deles ludibriados pelo convite do advogado para participar de um movimento que tinha o objetivo de proporcionar "bem-estar e progresso ao clube". Elevou-se ao cargo por pura má-fé, pois sabia que já existia um presidente do conselho, o Dr. Langard.

Na noite de 23 de abril de 1963, ele e mais quatro associados – Milton Molinari, Jurandyr Paulo Azeredo, Darci Gallegari e Carlos Manoel Fernandes – foram ao clube para causar tumulto e, impedidos de entrar, tentaram invadir e ameaçaram apedrejar as dependências. Tiveram de fugir de associados que, se os pegassem, certamente lhes aplicariam uma merecida surra. Por pouco, não descemos ao lamaçal desse sujeito, fazendo-o passar de uma situação de algoz à de vítima.

No dia seguinte, publiquei uma nota de repúdio no *Diário da Noite*, seção policial, sob a chancela "Ameaça de invasão e danos em um clube", que registrava a tentativa de depredação do clube e a queixa-crime por mim apresentada ao 20º Distrito Policial do Tucuruvi. Na edição posterior do mesmo jornal, o advogado devolveu, também em nota, que "não era verdade" que tenham pensado em depredar a sede do clube, muito menos que eu teria registrada alguma queixa.

Afirmava que estavam apenas pleiteando que "o Sr. Nelson Fernandes prestasse contas de sua gestão referente aos exercícios de 1959, 1960, 1961 e 1962". Batia na tecla da minha falta de transparência para justificar sua postura, que só poderia ser interpretada como invejosa. Foi então que, em 26 de abril daquele ano, eu publiquei no diário uma agressiva e extensa nota, sob o título "Resposta ao advogado Antonio Rossi e seus apaniguados", que me rendeu um processo na justiça.

Resumidamente, dirigi-me aos cerca de dois mil sócios-proprietários, esclarecendo que o "bacharel e seus asseclas" estavam impedidos de frequentar as dependências do clube porque praticaram atos que feriam diretamente os estatutos da nossa sociedade. Afirmei que o plano de depredar o Acre Clube fora tramado por eles nos botequins do Tucuruvi, "à mesa forra de cachaça". Comparei Antonio a uma lesma e disse que ele e seus comparsas eram audaciosos mentirosos, com capacidade para burlar "a vigilância redatorial" de um jornal para afirmar que nenhuma queixa contra eles existia no 20º Distrito Policial. Chamei-os de mendazes, cínicos, covardes, truões e daí pra baixo.

Para me defender do processo na justiça, reencontrei-me com Luciano Caseiro, irmão de meu amigo do grupo escolar, Álvaro Caseiro, da família proprietária da padaria onde tudo começou. Agora ilustre criminalista, Dr. Luciano foi um dos mais puros homens que conheci, sempre acreditando em tudo e em todos até que se provasse o contrário. Tinha confiança plena na Justiça, tanto na dos homens quanto na de Deus, a que chamava de soberana. Com ele, aprendi a confiar na Justiça, ainda que as circunstâncias demonstrem que ela não existe.

Poucos dias depois, recebi um abaixo assinado pedindo a convocação de uma assembleia geral, cuja ordem do dia seria: prestação de contas, eleição de nova diretoria e membros do conselho deliberativo. Descobri que o líder do movimento era Antonio Rossi. Neguei-me a convocar tal assembleia, retive a relação de nomes e informei um a um quem era o cidadão que estava à frente daquele ato. Coloquei-me à disposição de todos a prestar os esclarecimentos necessários e recebi quase todos em meu escritório. Vieram se desculpar, alegando que realmente não conheciam o sujeito, mas assinaram o documento por via das dúvidas. De qualquer forma, fiz questão de lhes prestar contas, apresentando-lhes os documentos contábeis que quisessem analisar.

Antonio Rossi foi além. Em 6 de junho de 1963, intitulando-se "presidente do conselho deliberativo", publicou no Diário Oficial do Estado de São Paulo, página 76, uma nota de convocação de assembleia geral extraordinária cujo texto está transcrito abaixo:

ACRE CLUBE
ASSEMBLEIA GERAL EXTRAORDINÁRIA
Convocação

O Presidente do Conselho Deliberativo do Acre Clube, usando das atribuições que lhe confere o art. 35, letra "b", dos Estatutos, pela presente, convoca os sócios-proprietários do Acre Clube a se reunirem em Assembleia Geral Extraordinária, no dia 9 do corrente mês de junho, às 9 horas, em primeira convocação, à Avenida Tucuruvi, 890, e uma hora mais tarde, em segunda convocação, no mesmo local, para decidirem sobre a seguinte ordem do dia: Assuntos de qualquer natureza que se relacionem direta ou indiretamente aos interesses sociais.

São Paulo, 4 de junho de 1963
Antonio Rossi – Presidente do Conselho Deliberativo

O local era estranho à sociedade, mas compareceram cinco ou seis sequazes. Com a ata da assembleia, foi ao Cartório do Tucuruvi e entrou com um pedido para que eu entregasse o clube para uma junta governativa. Novamente não atendi e, para pôr um ponto final nesta situação, convoquei uma assembleia geral extraordinária, conforme nota publicada também no Diário Oficial do Estado de São Paulo, de 26 de junho de 1963, página 77:

ACRE CLUBE
ASSEMBLEIA GERAL EXTRAORDINÁRIA
Convocação

O Presidente do Acre Clube e mais os sócios abaixo assinados, convocam os senhores sócios do Acre Clube para se reunirem em Assembleia Geral Extraordinária às quinze horas do dia 29 de junho de 1963, em sua Sede Social, nesta Capital, à Rua "D", número 260, a fim de discutirem e deliberarem sobre a seguinte ordem do dia:

- relatório dos atos praticados pela Diretoria e pela Comissão Executiva;
- crise criada por sócios dissidentes;
- preenchimento, ou não, de cargos vagos nos órgãos sociais;
- outros assuntos de interesse da Sociedade.

De acordo com os Estatutos, não havendo número legal de sócios, a Assembleia se reunirá uma hora após, em segunda convocação, com qualquer número.

São Paulo, 26 de junho de 1963
Nelson Fernandes – Presidente

Com a subscrição de cerca de noventa nomes, compareceram a esta assembleia a quase totalidade dos sócios, incluindo Antonio Rossi e seus fiéis seguidores. Abertos os trabalhos pelo real presidente do conselho deliberativo, o Dr. Langard, o advogado tentou tumultuar a sessão.

Dr. Langard deve ter sido o primeiro médico do Tucuruvi, respeitadíssimo, amigo de todos, profissional exemplar. Nunca desejou aparecer, senão para salvar uma vida ou curar um enfermo. Compareceu àquela assembleia por nossa insistência, considerando ser sua obrigação conferir a ela legitimidade. Com sua experiência e autoridade, contornou a situação e acalmou os ânimos. Pediu que os interessados a fazer uso da palavra se inscrevessem ordenadamente. Antonio Rossi esperou que eu fizesse a minha inscrição para depois fazer a dele, acreditando que o último pronunciamento produziria melhor efeito.

Ledo engano. Como sempre enveredei pelo caminho da boa-fé, de posse da palavra, fiz a prestação de contas dos títulos vendidos, do valor arrecadado e do montante empregado nas obras. Mas, antes disso, expliquei aos presentes quais eram as bases e implicações contratuais do empreendimento. Expliquei como tudo foi concebido, planejado e acordado.

Disse que, ao lançar o projeto do clube, assumi legalmente a responsabilidade por sua construção. Para não envolver a empresa de meu pai, abri a minha própria firma, a Empreendimentos N. Fernandes, que, em vez de dinheiro, receberia o direito de emitir os dois mil e quinhentos títulos do clube. Desta forma, eu transferia o risco para a minha empresa, e não para a sociedade do Acre. Com o produto da venda dos títulos, a N. Fernandes teria de cumprir na sua totalidade o empreendimento. Caso contrário, devolveria os títulos ao clube e ainda estaria sujeito às penas legais e contratuais do descumprimento.

Se houvesse suspeita em relação à idoneidade da minha firma e das minhas intenções, as sanções legais eram as relativas ao crime de estelionato, previstas no Código Penal, que poderiam acarretar na prisão dos diretores. Mas isso não resolveria a perda do investimento das famílias. Como a N. Fernandes, por si só, não ofereceria garantias pecuniárias para o caso de inadimplemento contratual, então resolvi propor que, na confecção do contrato, déssemos aos associados o direito de acompanhamento e vigilância da atuação da firma no que se refere ao empreendimento contratado. A qualquer associado ficaria reservado o acesso à contabilidade para constatar a existência do empate imediato do dinheiro obtido com a venda dos títulos, considerando um pequeno percentual para a sobrevivência da empresa – algo em torno de 10%.

Caso o associado constatasse que a N. Fernandes não tinha empregado, no tempo exato, o fruto da arrecadação, teria ele o direito de denunciar o contrato judicialmente, sem a necessidade de autorização específica da assembleia do clube. Constatada a irregularidade, o associado teria o direito de, com a aquiescência de assembleia geral extraordinária, escolher um novo prestador de serviço para a conclusão dos trabalhos. Este modelo de incorporação foi definido para a sociedade do clube, mas seria adaptado para todos os outros negócios que viriam pela frente.

Pois bem, após dar esse pano de fundo e abrir todas as contas, ressaltei que a minha obrigação de construir o clube e entregá-lo aos sócios estava cumprida. Por fim, o pobre advogado foi escorraçado daquela assembleia, que me outorgou o direito de mantê-lo afastado da comunidade acreana pelo tempo que eu quisesse.

Sobre a acusação feita contra mim, fui levado ao banco dos réus. A despeito de todo o seu esforço e saber jurídico, defendendo a tese de perempção ou decadência de direito, Dr. Luciano não conseguiu me livrar de ter de enfrentar o tal sujeito numa corte. Um dia antes da prescrição da ação, fui ao tribunal para me defender da acusação de crimes de difamação e injúria.

O meu inimigo conseguiu o queira: fazer-se passar por vítima. E, não contente com que a acusação ficasse a cargo apenas da Promotoria, resolveu nomear um advogado para auxiliá-lo na acusação, tornando assim as coisas mais difíceis para a defesa. Embora o Dr. Luciano tivesse me preparado psicologicamente para enfrentar aquele tribunal, a experiência de ser chamado a ocupar o banco dos réus foi uma das maiores vergonhas por que já passei na vida. Não seria a única, é fato, mas a primeira é sempre a mais traumática.

Iniciados os trabalhos e ouvidas as testemunhas, foi feita a acusação. Cada palavra daquele advogado era uma punhalada em meu peito. Tive vontade de gritar e rebater cada frase que me pintava como o mais vil entre os mortais. Em tom corporativista, dizia ele que eu tinha "maculado a dignidade, a honradez e a inatacável moral de um nobre advogado, servindo-me de escriba mercenário".

Dr. Luciano foi brilhante. Em sua defesa, contestou item por item, demonstrando ao final que eu era o ofendido, e não o querelado. Terminada a defesa, retiraram-se os membros do Tribunal para procederem a votação. Culpado ou inocente?

Quanto custou a passar aqueles minutos! Eu estava atordoado. Fui falar com o Dr. Luciano, cumprimentá-lo pela defesa. Disse-lhe que a sua atuação fora magnífica e, mesmo que eu fosse condenado, ele tinha desempenhado com maestria o seu papel. Ele se sentiu comovido com meu gesto e juntos aguardamos a reabertura para ouvirmos o veredito. A campainha soou e tomou lugar um silêncio sepulcral no Tribunal. O meu coração era o que falava mais alto naquele lugar. Mas o riso embutido nos lábios de Antonio Rossi se transformou em tristeza, quando a palavra "inocente" ecoou como um trovão no recinto.

Capítulo Nove

O Hospital Presidente

Plantamos no Jardim França um belo patrimônio e uma das sementes que fizeram florescer no Tucuruvi um dos locais mais nobres e charmosos de São Paulo, valorizando terreno e metro quadrado na vizinhança. Além de uma aprazível opção de lazer na Zona Norte, havíamos criado uma vigorosa máquina de vendas e um consistente modelo de negócios para a Empreendimentos N. Fernandes. Tínhamos à disposição uma equipe de corretores muito eficiente e sedenta por uma nova campanha.

O belo e imponente hospital no Tucuruvi.

Dos dois mil e quinhentos títulos de propriedade colocados à venda, sobraram os exatos 20% previstos em nosso planejamento. De acordo com os cálculos do projeto, duas mil cédulas viabilizariam a construção, e ainda reservaríamos quinhentas para levantar um faturamento adicional. Em valores atualizados, geramos uma receita de aproximadamente três milhões de dólares, mais do que suficientes à época para programar uma entrega bem maior do que a que fora acertada. Terminaríamos o empreendimento com três mil e oitocentos metros quadrados construídos, dois mil a mais do que o inicialmente previsto e proposto aos sócios-proprietários do Acre Clube.

Após a entrega das piscinas, que receberam trezentos metros quadrados a mais do que o combinado, ainda seria construído um ginásio coberto, projetado inicialmente com novecentos metros quadrados para a prática de esportes e, com a aquisição de um terreno maior, seria inaugurado com o dobro da área prevista. Com essa ampliação, passaríamos a receber, além dos jogos de vôlei e basquete, apresentações de teatro, projeções de filmes e uma renda extra por locação para festas ou solenidades.

Os títulos de propriedade valorizaram ou, no mínimo, preservaram o capital dos sócios. A forte demanda nos autorizou a corrigir os valores no ritmo da inflação do período que, na casa dos dois dígitos, corroía os ganhos dos brasileiros. Os primeiros sócios, que compraram cédulas pelos 35 mil cruzeiros em 1958, poderiam vendê-las a 550 mil cruzeiros em 1964, prazo final para a conclusão das obras.

Embora essa forte alta correspondesse praticamente à atualização de valores, se se considerar que o principal dos títulos era pago sem juros e sem correção, com uma entrada de três mil cruzeiros e 32 prestações iguais de mil cruzeiros, os primeiros sócios do Acre haviam feito um excelente negócio. Conforme prometido, jamais pedimos reajuste no valor das parcelas ou emitimos novas cédulas.

O sucesso do empreendimento projetou o meu nome. Todos queriam conhecer o "jovem realizador" do Tucuruvi. Passei a receber jornalistas e a ser assediado por políticos interessados em saber como eu havia conseguido realizar o clube e quais seriam os meus próximos desafios.

No início da década de 1960, eu já tinha desenhando a mais ousada das minhas iniciativas, o maior passo de minha carreira empreendedora, mas antes disso iria colocar em prática o plano que havia confidenciado ao meu pai.

Em vez do lazer, a saúde. O passo seguinte seria o hospital, um empreendimento de maior alcance, mas que seguiria os mesmos moldes do autofinanciamento e da filosofia da "socialização do capital democratizado". Mais uma iniciativa "do povo e para o povo", como eu gostava de anunciar.

Apresentei, então, em meados de 1961, esse novo desafio à minha equipe comercial, e a N. Fernandes anunciou à comunidade que construiria um dos maiores hospitais particulares do País.

Batizado de Hospital Presidente – em sutil referência à admiração que nutria pelo presidente e médico Juscelino Kubitschek de Oliveira – um exímio dançarino, por sinal –, o empreendimento seria erguido com área construtiva de onze mil metros quadrados na Avenida Nova Cantareira, 2398, no Tucuruvi. Com terreno comprado em nome da sociedade, o Hospital Presidente foi projetado para acomodar trezentos leitos, o que ajudaria a reduzir em 6% o deficit de atendimento na cidade de São Paulo, que beirava a casa dos cinco mil leitos.

As disposições estatutárias também assegurariam aos sócios-proprietários a participação nos lucros anuais e a possibilidade de vir a exercer um cargo eletivo. Seriam donos do empreendimento. As cédulas de propriedade ainda proporcionariam a seus portadores benefícios como: assistência médica domiciliar ao sócio e à sua família, um exame médico geral gratuito por ano, medicamentos a preço de custo e descontos significativos em vários procedimentos. O hospital ainda teria uma frota própria de ambulâncias a serviço dos sócios.

Não foi por afinidade ou simpatia com a área da saúde que eu decidi construir e administrar um hospital. A medicina era uma área do conhecimento pouco familiar para mim e, como filho de empreiteiro, nunca havia acompanhado a construção de nada que se assemelhasse a uma clínica ou a um hospital. Para entender a minha motivação, é preciso levar em conta algumas circunstâncias da vida e a influência da literatura em situações específicas.

Retrocedendo no tempo, a segunda metade da década de 1950 foi, sob todos os aspectos, um dos períodos mais intensos da minha vida. Após ter me tornado um homem casado, em 22 de dezembro de 1955, as transformações deram-se em um prazo menor do que o relógio conseguiu contar. Os "cinquenta anos em cinco" foram uma realidade não apenas para o Brasil, mas também para mim. O plano de metas do recém-eleito presidente da República, Juscelino Kubitschek, seria anunciado 41 dias após o meu casamento, em 1° de fevereiro de 1956.

Dali em diante, enquanto JK colocava em prática as suas 31 grandes realizações para o progresso do País – entre elas a construção de Brasília e a aguardada transferência da capital federal para o planalto central –, a vida subtrairia o meu pai de meu convívio, mas, em compensação, faria a minha família dobrar de tamanho.

Com apenas três anos de casado com a Leda, aos 26 anos, já tínhamos dois filhos. O primeiro fora batizado com meu nome completo, diferenciando-se pelo sobrenome materno ao meio. Nelson Bennert Fernandes, o Nelsinho, nascera em 18 de janeiro de 1957. O segundo viera com a justa diferença de uma letra e, por um lapso de apenas três dias, o quase exato intervalo de um ano. O primeiro choro de Nilson Bennert Fernandes dera-se em 15 de janeiro de 1958.

Os partos de Nelsinho e Nilson foram cirúrgicos. Nada de anormal quanto a isso. A cesariana era uma modalidade de uso indiscriminado nas maternidades. O parto normal era desencorajado e, quando adotado, vinha contaminado com técnicas como o uso indiscriminado da ocitocina sintética (hormônio que induz as contrações uterinas e auxilia o trabalho de parto) e as práticas violentas do fórceps e da manobra de Kristeller (técnica que consiste em fazer pressão sobre a barriga da parturiente para facilitar a saída do bebê). Em qualquer modalidade de parto, o objetivo único era acelerar o trabalho, como se as gestantes estivessem em uma linha de montagem.

Antes de passar pela experiência da paternidade, nada disso causava-me indignação. A opção de Leda pelo parto cirúrgico acompanhava a decisão da ampla maioria das mulheres. Com tamanha brutalidade técnica no parto normal, poucas tinham a coragem de encarar um sofrimento extra num procedimento que já é naturalmente dolorido.

Suspeitei que a predileção dos obstetras pela cesárea poderia ser mesmo por inaptidão médica, mas comecei a me aprofundar no assunto e a enxergar que também havia motivações mercantilistas. No plano mais abrangente, passei a notar o problema – este inquestionável, visível e crônico – da precariedade do sistema de saúde pública. O atendimento ao paciente em geral era sofrível e, não raro, indigno. Também pudera. Se, no Brasil, segundo relatório publicado na época pela Organização das Nações Unidas (ONU), havia um médico para cada 2500 habitantes, colocando o país em situação inferior a 41 nações do mundo, quem iria prestar socorro aos menos favorecidos?

Esse meu novo olhar foi fortemente influenciado pela literatura. Entre os meus livros de cabeceira, estavam os do autor escocês A. J. Cronin, cuja coleção completa eu havia adquirido em 1953, quando ainda trabalhava na Secretaria da Fazenda. Os primeiros romances que li foram "Os deuses riem" e "As chaves do reino", mas, após o nascimento do meu primeiro filho, o Nelsinho, eu li o mais impactante de todos.

Célebre livro de A. J. Cronin, "A cidadela" foi o combustível que faria explodir a minha indignação contra a mercantilização da saúde, a negligência profissional e o desrespeito ao paciente. É até hoje uma obra de referência para a classe médica, porque joga luz sobre as decisões éticas que confrontam os profissionais da área e desvenda os meandros obscuros da prática da medicina.

Publicado em 1937 e adaptado pelo cineasta King Vidor para o cinema um ano depois com o reconhecimento de quatro indicações ao Oscar, incluindo a de melhor filme, o livro é autobiográfico. A história de vida de Cronin se confunde com a de Andrew Manson, o protagonista de "A cidadela". Antes de se tornar escritor, Cronin exerceu a profissão de médico. Como cirurgião, trabalhou em vários hospitais do Reino Unido e serviu na Marinha britânica durante a Primeira Guerra Mundial. No País de Gales, Cronin foi inspetor de minas do Reino Unido.

Andrew Manson, por sua vez, é um jovem médico que inicia a sua carreira numa pequena aldeia galesa chamada Drineffy. Idealista e apaixonado por sua profissão, ele se depara com a dura realidade das minas de carvão do início do século 20.

Diante da pobreza, do despreparo dos médicos e dos trágicos acidentes e casos graves de tuberculose, febre tifoide e silicose, ele se propõe a se dedicar intensamente aos seus pacientes. E o faz com entusiasmo, diligência e obstinação, enfrentando a classe médica e amealhando inimigos, mas também devotos amigos.

Após casar-se com a professora Christine Barlow, Andrew parte para Londres. Na cidade grande, depara-se com uma classe médica conceituada que atende exclusivamente aos mais ricos e ele começa a enfrentar o drama das escolhas éticas na prática da profissão. Dispostos a pagar qualquer preço para se sentirem bem e livres dos riscos das moléstias que desestabilizavam a sociedade, os ricos hipocondríacos são tratados em domicílio e nas clínicas particulares, com injeções de água, fortificantes, cirurgias caça-níqueis e remuneração altíssima. Diante desse mundo ganancioso controlado por médicos inescrupulosos que, em busca da fortuna, desprezam o atendimento aos mais necessitados e se dedicam a tratar de quem não precisa de seus serviços mas pode pagar por eles, Andrew abre mão de seus princípios, amigos e esposa e cede à tentação. Alcança o sucesso profissional e torna-se parte do sistema que antes combatia.

***

Eu conhecia um médico honrado, fiel ao juramento de Hipócrates no que diz respeito às questões éticas, como a de preservar imaculadas a sua trajetória e a sua arte, sempre mantendo grande respeito pela vida humana. Como ele já havia aceitado se juntar a nós na administração do clube, como presidente do conselho deliberativo, procurei o Dr. Langard:

– Doutor, como sabe, meu próximo projeto será a construção de um hospital, e gostaria de novamente contar com a sua valiosa participação nesse empreendimento, desta vez na direção clínica do hospital.

Como se já soubesse que eu faria tal convite a ele, prontamente me respondeu:

– Nelson, eu participei do conselho do Acre e, embora eu tivesse dúvidas de que você iria conseguir, foi um prazer acompanhar essa grande conquista e passei a admirar o seu espírito empreendedor. Mas o hospital, meu filho, esse você não faz. Você não tem nem ideia do que seja construir e administrar um hospital.

Ele estava certo. Eu realmente não tinha ideia, mas pensava que tinha. E o Dr. Langard não estava tão temeroso quanto à construção do prédio, porque ninguém mais duvidava que eu fosse capaz de levantar o dinheiro por meio da venda de títulos de propriedade. O que ele realmente duvidava era da minha capacidade de reunir técnicos aptos a construir um hospital funcional e à altura da grandiosidade do projeto. Afinal de contas, conforme os planos, levantaríamos um dos maiores hospitais da cidade. E ele se justificou:

– Eu sou médico, não posso me envolver. Se por uma infelicidade....

– Não, tudo bem, doutor – interrompi – Eu compreendo perfeitamente, o senhor tem toda a razão de zelar pela sua bela biografia. Mas o senhor vai se arrepender de não fazer parte desse empreendimento – fiz o desafio, em tom amistoso, é claro.

– Eu faço votos que consiga, Nelson. Mas devo alertá-lo que a obra que pretende fazer é de grande responsabilidade. É uma iniciativa que, por vezes, nem o governo consegue pôr em prática.

De fato, o governo não conseguia garantir o direito constitucional do cidadão à saúde. E ainda não contava com a ajuda da iniciativa privada na área da medicina de grupo, pois a atividade ainda não existia. Por seus sólidos princípios, o Dr. Langard não aceitou embarcar em uma aventura. Com a sua recusa, ficou claro para mim que inicialmente eu não conseguiria ter um diretor clínico à altura, pois nenhum médico de renome seria irresponsável o suficiente para aceitar o meu convite. Então, resolvi seguir adiante mesmo sem esse respaldo técnico, que, a bem da verdade, àquela altura, tinha um sentido muito mais marqueteiro do que prático.

Ademais, eu mal sabia que nem precisaria dessa retaguarda para convencer os interessados a se tornarem sócios. A nossa equipe comercial, que continuava a ser liderada pelo Pedro Anunciado Ricci, lançou as cédulas de propriedade do hospital e as vendas aconteceram em ritmo muito acelerado. Bem mais rápidas do que a nossa capacidade de enviar os boletos de cobrança a todos os que aderiam à sociedade. Pela incapacidade de processar manualmente tamanho volume de carnês, perdemos vendas e muitas subscrições foram canceladas. Para sanar o problema, tivemos de contratar pessoal e contar com o reforço de dois outros escritórios de vendas e cobranças, ambos no Centro da cidade, à Rua Conselheiro Crispiniano, 29 e à Rua XV de Novembro, 200.

Eu não havia prometido atendimento médico-hospitalar imediato aos sócios, mas percebi que tal benefício aceleraria a venda das cédulas e aplacaria as críticas contra o empreendimento que se tornavam cada vez mais frequentes. De forma pioneira, lancei então o embrião do plano de saúde privado, em menor escala. Fiz um convênio com o Hospital e Maternidade Nossa Senhora do Sagrado Coração, à Rua Arapoca, 80, em Vila Formosa, que daria aos sócios um completo atendimento hospitalar. Também montamos provisoriamente ambulatórios médicos e fizemos acordos com clínicas especializadas, farmácias e consultórios odontológicos da região.

O apelo comercial era irresistível. Em tempos de notória deficiência do sistema público de saúde na cidade, o paulistano que adquirisse um título de propriedade do Hospital Presidente se tornaria sócio-proprietário de um empreendimento particular e, antes mesmo que as obras estivessem concluídas, teria acesso instantâneo a regalias temporárias obtidas a partir das parcerias firmadas, como assistências médica, cirúrgica e dentária, com descontos de até 50%; atendimento hospitalar; acompanhamento completo à gestante; medicamentos mais baratos; um exame médico geral gratuito por ano.

Além de receber tudo isso sem carência, extensivo à família de até cinco membros e de ter a possibilidade de realizar os lucros do investimento a qualquer momento na venda e transferência da cédula de propriedade, o sócio recebia a promessa de participar dos dividendos anuais do futuro hospital e a oportunidade de vir a exercer um cargo eletivo, conforme previa o estatuto da sociedade.

A fachada e interior do Hospital Presidente II.

Se restassem dúvidas a respeito da nossa capacidade de realizar o empreendimento, eu ainda oferecia aos interessados transporte gratuito – em grande estilo, diga-se – às obras na Avenida Nova Cantareira, em fase de terraplenagem. Em todos os anúncios sobre o Hospital Presidente que publicamos em jornais, lia-se: "Não perca esta excelente oportunidade. Visite hoje mesmo o local das obras, utilizando-se da moderna frota de Simca Chambord que colocamos gratuitamente à disposição dos interessados". Não tinha como não aderir.

E a história se repete. Os papéis tornaram-se um excelente investimento, tanto do ponto de vista financeiro quanto do da saúde. No lançamento do hospital, ao final do primeiro semestre de 1961, cada cédula custava dez mil cruzeiros, que poderiam ser pagos com uma entrada de mil cruzeiros e dezoito parcelas mensais de quinhentos cruzeiros. Em pouco mais de seis meses, o título já havia dobrado de valor e, conforme matéria publicada na *Folha de S. Paulo*, edição de 21 de dezembro de 1961, as cédulas já haviam sido vendidas a cerca de quinze mil famílias, entidades de classes, federações e sindicatos. Até as nossas expetativas mais otimistas haviam sido ultrapassadas.

Nesse período de vacas gordas, os olhos de Pedro Ricci cresceram e ele resolveu me pedir um aumento no percentual de comissão dos vendedores. Na verdade, não foi exatamente um pedido, e sim uma imposição. Caso eu não concordasse, disse o Pedro, eu perderia grande parte da equipe de vendas, pois ele iria embora e levaria todo o seu pessoal. Eu não poderia concordar com tal ameaça, e recomendei a ele que ficasse à vontade.

E, para não deixar ao sabor do vento as suas palavras afoitas, o Pedro se foi. Levou consigo alguns poucos bons corretores, que fizeram falta. E, como não poderia deixar de ser, ocupou o posto – vago até então – de meu opositor. Talvez o mais frágil entre todos os atiradores de pedra com telhado de vidro que já enfrentei em toda a minha vida. Por falar neles, o Jessé – aquele que apostou no fracasso do Acre Clube – teve a ousadia de me visitar novamente em meu escritório de vendas e a praguejar a quem quisesse ouvir que eu também não conseguiria realizar o hospital. Enquanto ele falava, a única mensagem que eu assimilava não vinha de suas palavras, e sim de sua teimosa postura. Nem fatos, nem argumentos; o Jessé não tinha nada relevante para apresentar, seu poder de influência era tão baixo que nem demandaria qualquer reação de minha parte. Mas a sua atitude me revelava que o opositor de verdade não descansa enquanto não ver seu adversário derrotado.

Voltando ao oponente da vez, a admiração que eu tinha por Pedro Ricci à época das vendas do Acre desapareceu por completo. Não porque ele pediu aumento e foi embora. Mas porque a sua saída foi premeditada e, a partir de então, comecei a descobrir o que ele estava maquinando e com quem realmente estávamos lidando. O que mais me impressiona nesse caso é notar como alguém consegue esconder por tanto tempo uma trama tão maquiavélica.

Após deixar de prestar serviços para a N. Fernandes, Pedro Ricci saiu de circulação por alguns dias. Não ouvimos mais falar dele. Com a intenção de virar meu concorrente, ele assediara um incorporador chamado Argemiro Di Franco, que estava construindo um prédio de escritórios à Rua Bela Cintra, região da Consolação, e o convencera a transformar o imóvel em um hospital, sem considerar a máxima que diz que "uma coisa é uma coisa; outra coisa é outra coisa". Por mais cuidadosa que seja a adaptação, um esqueleto de conjuntos comerciais dificilmente transforma-se em um complexo hospitalar.

O Pedro fez sem pensar e sem planejar. E ainda deixou o empresário em uma situação constrangedora, obrigando-o a se explicar em relação aos antecedentes criminais de seu diretor de vendas. Isso mesmo! O Pedro era um ardiloso criminoso. Dias antes de lançar o concorrente empreendimento, descobriu-se que ele fora condenado por crime de estelionato, acusado de anunciar a venda de terrenos no Morumbi, em São Paulo, que na verdade estavam localizados na região de Brasília. E pior: era reincidente. Já havia sido considerado culpado anteriormente por falência fraudulenta. E foi passar as festas de final de 1961 atrás das grades.

Condenado a um ano e dois meses de reclusão, ele ficou apenas alguns dias na Casa de Detenção da Av. Tiradentes. Foi solto em 19 de janeiro de 1962 graças a um telegrama enviado ao Tribunal de Justiça, com a assinatura do presidente do Supremo Tribunal Federal (STF), ministro Barros Barreto. O telegrama endereçado ao Tribunal de São Paulo era falso, mas, com o peso da chancela federal e pelo fato de ter sido expedido em Brasília, no aeroporto da Capital Federal, o recurso do *habeas corpus* foi cumprido e o Pedro deixou a Casa de Detenção. É difícil de acreditar, mas a notícia está disponível para quem quiser ler à página 5, do 1° Caderno, da edição de 19 de janeiro de 1962, da *Folha de S. Paulo*, sob o título "Telegrama falso tirou o estelionatário da cadeia".

Quando solto, apresentou-se como diretor de vendas de títulos do novo empreendimento. Concedeu até mesmo entrevistas para um programa de televisão e para jornais de grande circulação. Prestou-se ao trabalho de publicar artigos nas seções livres dos periódicos com injúrias e infâmias contra a minha pessoa e a minha organização.

Foi assim que o Pedro quis fazer frente ao nosso empreendimento. Comandou as vendas do hospital da Di Franco, seguindo o nosso modelo do autofinanciamento e da "socialização do capital democratizado". Nem se deu ao trabalho de criar algo novo. Lançaram um hospital genérico, valendo-se das mesmas ferramentas de vendas do nosso projeto. Também fizeram convênios para prestar atendimento imediato aos sócios. Também saíram pela cidade em um Simca igual ao que usávamos para anunciar o Hospital Presidente. Criaram um logo muito parecido com o nosso e batizaram o empreendimento de Hospital Independência, cujas vendas de títulos iniciaram ainda na primeira quinzena de janeiro. Devido à semelhança dos projetos e à folha corrida de quem o estava vendendo, tive de me apressar em anunciar, por meio de informes publicitários em jornais de grande circulação, que a N. Fernandes não tinha "ligações de espécie alguma com o Hospital Independência".

O mesmo fez o empresário Argemiro Di Franco, que teve de explicar que seu hospital representava um investimento seguro. Ao pé da página 4, do 1° Caderno, edição de 3 de fevereiro de 1962 da *Folha de S. Paulo*, ele escreveu:

> Cumprimos o dever de vir a público esclarecer que o Hospital Independência Sociedade Civil é uma entidade lançada, em forma de incorporação, pela Di Franco S.A. Incorporadora, a qual representa um capital de Cr$ 50.000.000,00 e um passado de realizações concretas, como os Edifícios "Platinium", "Vital Brasil" (...)
> Em execução do nosso plano de realizações do empreendimento, na Rua Bela Cintra, 350, (...) está sendo desenvolvido o planejamento de um de nossos hospitais, como primeira unidade de uma rede hospitalar a ser distribuída pelos bairros mais necessitados desta capital. Esse terreno pertence à Di Franco, e esta já o destinou à referida unidade hospitalar, estando a documentação indispensável à construção da mesma em mãos do escritório de engenharia (...) encarregado do projeto.

Na "Seção livre", em *O Estado de S. Paulo*, edição do mesmo dia, Pedro Ricci saiu em sua própria defesa, endereçando as suas palavras "a seus amigos". Uma vez que o seu nome estava sendo alvo de "propaganda nitidamente facciosa", ele escreveu:

> Sinto-me na obrigação de, pela primeira e última vez, vir à público dar a explicação que se faz necessária. Realmente fui processado como coautor de crime de estelionato, e vim a ser condenado. O processo (...) demonstra claramente que minha condenação se deveu, só e exclusivamente, à falta de provas que deveriam ter sido produ-

> zidas e não foram. (...) Obviamente, a falsificação de um telegrama, cujo teor ignoro, porque tais assuntos são tratados por profissionais do direito e eu sou um simples corretor de imóveis, fez-me vítima e levou-me à situação que me encontro.
> Se é verdade que chefio um grupo de corretores de títulos proprietários do "Hospital Independência", ora em constituição, pela honrosa tradição nos meios bancários e de investimentos do Brasil, menos verdade não é que fui eu quem vendeu por meio de meus colaboradores a maior parte dos títulos proprietários do "Hospital Presidente", organização inventada pelo senhor Nelson Fernandes, nome que mais compromete do que garante a execução dos planos lançados na praça, da qual não mais faço parte.
> Ai, prezados amigos, é que reside a campanha difamatória e paga, em curso. Na impossibilidade de competir com uma organização – Investimentos Di Franco – que paira acima de qualquer suspeita, de honorabilidade inatacável, os componentes do fracassado "Hospital Presidente" investem contra minha modesta e insignificante pessoa, julgando poder atingir o empreendimento que somente a capacidade e o poder financeiro de Argemiro Di Franco pode levar honestamente a bom termo.

Antes de assinar, o Pedro informa aos amigos que eu estava lhe devendo o pagamento de comissões pela venda de títulos do Hospital Presidente e faz um desafio um tanto obscuro:

> Um pedido faço a todos os que me conhecem: aguardem os fatos futuros que determinei em minha defesa e nos meus interesses.

Os "fatos futuros" só mancharam ainda mais a biografia de Pedro Ricci. A maioria da equipe de vendas que tinha sido levada em sua saída retornou para a N. Fernandes. Após perceber que o projeto era inapropriado para a realização de um hospital, a turma do Hospital Independência chegou a anunciar a mudança para um novo endereço, à Avenida Professor Ascendino Reis, próximo ao Parque do Ibirapuera, sob a alegação de que "a necessidade de ampliar de muito os seus primitivos planos" era "para corresponder à grande preferência do público". No entanto, a história mostra que a Di Franco naufragou em seu projeto de autofinanciamento. Logrou vender mais de 20 mil títulos, mas o Hospital Independência nunca existiu. Em 1971, o senhor Argemiro transferiu a sociedade para a Brasmédica, cujo proprietário era

Frederico Henrique Thiessen, que liquidou o patrimônio em 1975, dando um ponto final à sociedade. O esqueleto do Independência tornou-se parte da paisagem da atual Avenida Rubem Berta, em São Paulo.

Avançando um pouco no tempo, o Pedro ainda abriria uma filial de seu escritório de vendas no Rio de Janeiro e, em dezembro de 1962, lançaria um novo empreendimento, desta vez ligado à educação. Apesar de ter sido denunciado pelos próprios corretores, que alegaram momentos antes do lançamento que Pedro Ricci estaria "tramando uma arapuca para enganar os incautos", o projeto seguiria adiante e os cidadãos cariocas começariam a se tornar sócios-proprietários de uma futura rede de 30 estabelecimentos chamada Colégios Federados Itamaraty, que prometia matrícula gratuita, desconto de 50% nas mensalidades, transporte gratuito, merendas quentes e material escolar a preço de custo. Cinco anos mais tarde, o Pedro ganharia um novo inquérito policial pela venda fraudulenta de 30 mil títulos, sem absolutamente nada ter sido construído.

Voltando ao Hospital Presidente, em fevereiro de 1962, os títulos de propriedade já tinham novamente dobrado de valor, elevados a quarenta mil cruzeiros, e, em maio, passaram a valer sessenta mil cruzeiros. Tivemos de encerrar as vendas, mas, em meio às brigas com Pedro Ricci e ainda empolgado com a aderência da proposta na comunidade, decidimos ampliar o alcance do empreendimento.

Lançamos em abril de 1962 o Hospital Presidente II, a ser construído no Tatuapé, à Rua Emilio Mallet, Zona Leste. E colocamos imediatamente os títulos nas ruas. As cédulas do segundo hospital foram lançadas ao preço de vinte mil cruzeiros. As vendas continuaram boas, mas, com equipe de vendas enfraquecida e imagem maculada desse tipo de negócio no mercado, em ritmo bem mais lento.

A modalidade de vendas de títulos de propriedade se alastrou pela cidade. Iniciativas semelhantes pipocaram, lançadas por empresas sérias, como a Santapaula Melhoramentos S/A, do empreendedor Adelino Boralli, autointitulado "o fundador de cidades", que se propôs a construir clubes e moradias, mas também por gente como Pedro, que sabe vender mas não realizar. E as iniciativas duvidosas começaram a contaminar as idôneas.

O sistema financeiro do País ainda não estava estruturado da forma como está hoje, com seus órgãos reguladores, como o Conselho Monetário Nacional e o Banco Central. O mercado de capitais não tinha uma regulamentação específica. Ou seja: não havia fiscalização e instrumentos suficientes para se punir pela tentativa, apenas pelo dolo. Isso significa que, enquanto não houvesse um cidadão que se sentisse lesado em seu patrimônio e que apresentasse queixa contra tais empresas, não poderia haver inquérito policial. A lei que regia crimes contra a economia popular já existia, fora criada em 26 de dezembro de 1951, mas ainda não havia regulamentação para registrar os emissores de títulos no mercado. Qualquer pessoa poderia constituir sociedade e passar a fazê-lo. Bastava para isso ter uma boa ideia, investir em alguns anúncios publicitários e constituir uma equipe de vendas.

A imprensa exercia seu papel fiscalizador, mas o fazia de forma pontual e sem critérios – por vezes, com critérios duvidosos. De qualquer forma, conseguia pautar os legisladores. Foi neste contexto e desta forma que o tema da proliferação da oferta de títulos de propriedade chegou à Assembleia Legislativa de São Paulo. Em um dos expedientes, registrado no Diário Oficial de 7 de novembro de 1963, página 20, o deputado estadual Ariovaldo Roscito trouxe o "problema" ao plenário, dirigindo-se a seus pares para informar sobre essa "nova modalidade de conto, muito bem organizada" que oferece títulos "destinados a serem mais um papel velho".

Na fala do deputado, talvez ainda pouco influenciada pela incipiente oferta de matérias mais completas sobre o assunto na imprensa, coloca-se tudo dentro do mesmo balaio. Talvez por constatar que a equipe de vendas era liderada pela mesma pessoa que ofertara os títulos do Hospital Presidente, ele atribui a N. Fernandes os outros dois empreendimentos-fantasma do meu rival: o Hospital Independência e os Colégios Federados Itamaraty.

> Lá no Tucuruvi está o esqueleto de um desses hospitais, servindo de advertência, servindo de elemento base para uma investigação. No Ibirapuera, este mesmo grupo limpou uma área de terreno – que não sei se lhe pertencia – colocou um tapume, pintou de branco e escreveu em letras garrafais: "Aqui será construído o futuro Hospital Presidente da Zona Sul".

A menção correta seria "Hospital Independência", e não "Presidente". E prosseguiu o deputado Roscito:

> O tapume está caindo de podre. Aquela área que foi capinada para engodar os incautos já está novamente com o mato crescido, os tí-

> tulos já devem estar quitados pelos compradores e o hospital ainda continua no papel. Este mesmo grupo, Sr. Presidente, lançou, não faz muito tempo, uma outra modalidade (...), de colégios lá na região de Santo Amaro de cuja concretização não tivemos conhecimento. (...) Solicitei, Sr. Presidente, através desta Assembleia, que a Junta Comercial de São Paulo fornecesse a constituição dessa sociedade, qual o capital realmente subscrito e a identidade de cada um dos seus associados. (...) este deputado irá apresentar (...) um requerimento pedindo também a constituição de outra Comissão Parlamentar de Inquérito para investigar a atividade de elementos que aí estão apenas com o objetivo de engodar, de iludir, de ilaquear a boa-fé do nosso povo. (...) esta Casa tomará a iniciativa, apontando à polícia e à Justiça os responsáveis, aqueles que realmente devem merecer punição.

Apesar da falta de acurácia das informações prestadas pelo parlamentar, iniciou-se uma maior vigilância sobre todo e qualquer empreendimento lançado com o envolvimento da economia popular. E, mesmo antes de o assunto da venda de títulos de propriedade chamar a atenção do legislativo, percebi que teria de fazer algumas mudanças de rota no caso do hospital, principalmente porque o projeto do capital socializado encontrava resistência e oposição do Conselho Regional de Medicina. A entidade estava recomendando à classe médica que não trabalhasse no Hospital Presidente, pois, segundo alegava, estávamos cometendo o "crime" de "socializar a medicina". Soltaram uma circular para todos os médicos da região para que evitassem qualquer aproximação com o Hospital Presidente. Em seu parecer de número 156-19/63, o conselheiro Eduardo Costa Manso classificava o empreendimento como prejudicial e parasitário.

Não havia nada mais amedrontador para a sociedade conservadora do que uma iniciativa que provesse autonomia para o povo e menos lucro para as grandes corporações. Diante dessa situação, resolvi comprar o Hospital e Maternidade Nossa Senhora do Sagrado Coração, conhecido como Hospital da Vila Formosa, o mesmo que havíamos firmado convênio para atendimento aos sócios-proprietários.

Fizemos a aquisição em nome da sociedade do Hospital Presidente II e, pela sinalização de queda nas vendas após a saída dos corretores liderados por Pedro Ricci – ainda restavam 40 mil dos 50 mil títulos disponíveis desta segunda unidade – consideramos abortar a construção no Tatuapé. Mas não deixamos os sócios sem respaldo. Sob direção de minha mãe, dona Perpétua, a equipe do Hospital da Vila Formosa passou então a dar sustentação ao projeto e a prestar atendimento para os sócios das duas unidades, com abatimento de 50% nos custos dos procedimentos, conforme relatei em meu depoimento à CPI criada para vasculhar as minhas realizações e encontrar nelas um ilícito penal:

> A minha preocupação não era propriamente socializar a medicina, mas oferecer assistência a estas pessoas mais humildes, com grandes facilidades, e fazer com que a comercialização que alguns médicos e hospitais fazem no Brasil, o que é do conhecimento de todos, pudesse ser evitada dentro desse sistema. Porque onde o associado participa como dono, onde o associado é beneficiado pela assistência, onde ele dirige o próprio hospital, (...) onde os próprios médicos são proprietários e contratados pelo próprio Hospital, no meu ponto de vista, esta comercialização não pode existir. (...) E, como os hospitais são um patrimônio de todos os associados, terão que pagar uma taxa de conservação para a própria sociedade – não para Empreendimentos N. Fernandes – mas, como naquela ocasião, a sociedade ainda não tinha funcionamento e, então, a taxa não poderia ser cobrada, idealizamos fazer uma assistência com 50% de abatimento e esta assistência está sendo oferecida (...) na Vila Formosa.

Esclareci aos parlamentares da CPI as motivações que me levaram a essa mudança de rota no projeto do hospital:

> Eu não assumi compromisso, quando lancei o Hospital do Tucuruvi, de oferecer assistência imediata (...) Mas, como percebi que um grande número de pessoas ligadas aos empreendimentos, principalmente aquelas pessoas das camadas mais humildes (...), necessitava de assistência imediata, fundei a sociedade Presidente II e adquiri um hospital para dar assistência a todos os associados.

Aos poucos, os médicos da Vila Formosa também passaram a atender no Tucuruvi, em princípio num pequeno consultório montado numa residência, com uma frota de Kombi à disposição para o transporte entre os dois endereços. Os médicos puderam constatar que se tratava de uma iniciativa idônea e, contrariando a recomendação de sua entidade de classe, concordariam aos poucos em atender no Hospital Presidente do Tucuruvi, que começaria a funcionar a partir de 1966, com a entrega parcial das obras.

Em mais um trecho extraído dos depoimentos da CPI, um deputado federal questiona os critérios utilizados pelo depoente, um deputado estadual que estava empenhado em "me desmascarar". Ambos grandes empreendedores. O inquisidor era o deputado federal José Jorge Resegue, médico, dono de hospital, ex-prefeito de Bariri-SP, egresso do PTB e – no período do bipartidarismo imposto pelo Ato Institucional Número 2 (AI-2) a partir de 27 de outubro de 1965 – integraria a Arena, partido que daria sustentação ao governo militar. O depoente era o deputado estadual Nicola Avallone Junior, que também comporia os quadros da Arena após anos de filiação ao Partido Democrata Cristão (PDC), ex-prefeito do município paulistano de Bauru, economista, fundador do jornal "Diário de Bauru" e um dos mais ferrenhos algozes que já enfrentei na vida.

> José Resegue - Esse hospital foi condenado pelo Conselho Regional de Medicina no sentido da estrutura do funcionamento ou quanto à questão de ética?
>
> Avallone Jr. - É a tese, quer dizer, por sugestão de determinado médico, o Conselho Regional de Medicina, face a organização do Hospital Presidente, decidiu condenar a participação de médicos.
>
> José Resegue - Bom, então é quanto à questão de ética, e não quanto a estrutura, funcionamento e patrimônio.
>
> Avallone Jr. - Não Excelência, não é só na questão de ética não. José Resegue - O Conselho Regional de Medicina...
>
> Avallone Jr. - Eu tenho expressões...
>
> José Resegue - Deputado Avallone Jr., eu sou médico, construí um hospital também...
>
> Avallone Jr. - Eu sei. Aliás, um brilhante médico.
>
> José Resegue - Muito obrigado. O Conselho Regional de Medicina só se atém exclusivamente às coisas de ética profissional. É comum à Ordem dos Advogados, essa coisa toda. O Conselho Regional de Medicina não se detém quanto à questão da estrutura, do patrimônio, do funcionamento do hospital. Isso é serviço de medicina social, portanto um outro serviço completamente diferente. Quer dizer, ai deve ter sido quanto à questão de ética, ou então o Conselho Regional de Medicina deve ter achado que os médicos não podiam participar, porque é uma espécie de socialização ou por qualquer outra coisa...

Capítulo Dez

Curta vida pública

Como esses homens públicos, que se elegeram a partir de sua atuação empreendedora em suas cidades de origem, eu tentei seguir o caminho da política. Do reduto do Tucuruvi, lancei-me nas eleições de 1962 como candidato a deputado estadual pelo Partido Social Trabalhista (PST), mesma legenda do ex-vereador Alipio Henrique, aquele a quem havíamos transferido a administração do nosso salão de baile.

"Eleja quem realiza" era o slogan da campanha política, e o meu número era 2663, se não me falha a memória. No vozeirão de Francisco Egydio, com quem fiz amizade nos tempos de gafieira, e nos versos de outro companheiro, o notório compositor de marchinhas Elzo Augusto, o jingle anunciava:

Pessoal, a Zona Norte precisa
De um homem de pulso forte,
Um homem que realiza
Dinamismo, grandes realizações
Confiança e esperança
Para tantas soluções
Nelson Fernandes, Nelson Fernandes

Propagada do alto dos carros de som e distribuída em disco de vinil para vizinhança e cabos eleitorais, essa marchinha invadia as praças do Tucuruvi e o meu dia a dia. Em meio a todos os meus afazeres, arranjei mais alguns: participar de comícios, articular apoio político e sair às ruas em busca de votos.

Até hoje me pergunto por que entrei nessa. Talvez pela admiração que sentia pelos políticos ilustres que tinham a Zona Norte como seu reduto eleitoral e o admirado ex-presidente Jânio Quadros como seu maior expoente. Talvez por acreditar que estava diante de uma oportunidade de amplificar o modelo da "socialização do capital democratizado" como uma forma possível e mais justa de empreender.

A política e os políticos passaram a ocupar um espaço importante em minha vida. Em função de minhas realizações no Tucuruvi, independentemente da minha vontade, tornei-me um formidável trampolim eleitoral. Homens públicos tinham interesse em conhecer o Acre Clube e o Hospital Presidente e em se aproximar da população beneficiada pelos empreendimentos.

Certa vez, veio nos conhecer o então vice-prefeito de São Paulo, José de Freitas Nobre, e sua visita foi noticiada pela imprensa. Sob o título "Dois realizadores", um jornal de grande circulação publicou uma foto em que estávamos no palanque, à beira das piscinas do Acre.

Com todo esse cartaz, o meu nome ganhou notoriedade no Tucuruvi. Enquanto o alcance das iniciativas restringia-se à vizinhança, os políticos teciam elogios publicamente aos empreendimentos, ficavam impressionados com o modelo de negócios que eu havia criado e me perguntavam quais seriam os próximos passos. É claro que eu já tinha a fábrica de automóveis em mente, mas ainda não era o momento de anunciar. Apenas comentava que seria algo ligado à indústria, provavelmente de abrangência nacional.

Desta forma, com sonhos privados ambiciosos e sem grandes pretensões públicas, acabei entrando na disputa eleitoral. Dos amigos, recebi incentivos para seguir firme no pleito, pois anteviam que as minhas ideias revolucionárias e as minhas iniciativas empreendedoras cada vez mais seriam combatidas com grosso calibre. Fizeram-me crer que um assento na Assembleia Legislativa encurtaria caminhos para alcançar os meus objetivos e me daria maior musculatura para enfrentar grandes resistências e a influência de grupos com interesses contrários aos meus.

Não levei muito a sério esses argumentos. Afinal de contas, os meus ideais como empresário carregavam motivações sociais, inspiradas nas premissas cooperativistas de que a união e a iniciativa popular poderiam suprir qualquer demanda social, econômica e cultural. Que tipo de resistências poderia se levantar contra projetos que visavam o bem comum? Como uma trajetória empreendedora de um mero sonhador poderia despertar a fúria de gente poderosa?

Àquela altura, meu histórico de ataques e perseguições resumia-se a meras rivalidades individuais. Nada que me conferisse qualquer credencial para enfrentar algo menos vulnerável do que a birra de Jessé, a deslealdade de Antonio Rossi e a ganância de Pedro Ricci. Nada também que me fizesse paralisar à espera de algo que não se podia dimensionar.

E fui em frente. O comando da minha campanha política foi entregue ao Paulo Walter Saldanha, meu fiel escudeiro, que teve de assessorar um péssimo candidato por sinal, indisciplinado e nada colaborativo. Saldanha me pedia que eu fosse à casa dos associados do clube e do hospital para lhes pedir voto. Articulava alianças políticas, como a com o professor Evaldo de Almeida Pinto, então candidato a deputado federal por São Paulo, com quem acertamos uma simples troca de apoio. Com muito prazer, eu o convidava a participar das minhas reuniões com eleitores em potencial, mas eu mesmo não comparecia na data marcada. Muito menos participava das dele, oferecidas em retribuição.

Também veio nos visitar e manifestar seu apoio político o senhor Laudo Natel, que era presidente do São Paulo Futebol Clube e concorria à vice-governança do Estado. Nas eleições daquela época, o vice era um cargo eletivo, não fazia parte da chapa do candidato a governador. Natel vinha com frequência ao Tucuruvi para se encontrar com os funcionários do Banco Brasileiro de Descontos, o Bradesco, do qual era diretor financeiro. Fui apresentado a ele por intermédio de João Carlos Athayde Horta, que era gerente da agência do Bradesco na Avenida Tucuruvi, grande amigo de meu pai e um importante aliado no período de vendas dos títulos do Acre.

Em campanha política, a pé e ao lado de Laudo Natel, subi a Avenida Tucuruvi para cumprimentar a população e conversar com os eleitores. Eu estava naquela caminhada muito mais pela honra de tê-lo em minha companhia do que pela busca de prestígio ou de votos, como queriam os meus correligionários.

Conhecer o Acre Clube e o modelo pelo qual fora erguido deve ter sido uma experiência positiva ou até mesmo inspiradora para o senhor Natel. Coincidência ou não, o estádio do Morumbi, que depois seria batizado de Cícero Pompeu de Toledo, foi em parte construído com recursos captados com a venda de carnês e cadeiras cativas, um modelo muito semelhante ao do sócio-proprietário.

Fui apresentado a Jânio da Silva Quadros por um cabo eleitoral. O encontro se deu em seu apartamento em São Paulo. Ele estava à procura de aliados e colaboradores para sua campanha. O ex-presidente estava novamente no páreo. Após a renúncia e um breve exílio em Londres, ele decidira disputar as eleições de 1962 como candidato ao governo de São Paulo, enfrentando novamente o arquirrival Adhemar de Barros. Ao cumprimentá-lo, já quis demonstrar-lhe o meu apoio:

– Muito prazer! Estou aqui para me colocar à sua disposição para, dentro das minhas possibilidades, ajudar no que for preciso.

E ele rebateu com uma pergunta direta e indelicada:

– E o que o senhor quer em troca?

– Eu não quero nada – respondi com aspereza – Eu vim para oferecer ajuda. Se o senhor não quer receber, muito bem.

A minha reação foi acintosamente negativa e ele percebeu na hora. Eu realmente não tinha gostado da forma como ele recebera a minha doação. Dali em diante, ele passou a falar de uma forma diferente comigo, colocou a mão em meus ombros, mudou o tom e tentou reverter a má impressão. E conseguiu. Falei sobre os empreendimentos no Tucuruvi e ele chegou a visitá-los. Em 12 de setembro de 1962, Jânio foi almoçar em minha residência, quando recebi de suas mãos uma carta de recomendação – por sinal, nunca aproveitada.

> Nelson Fernandes é um moço trabalhador, ligado ao povo, e atento às suas necessidades. Seu interesse pelo problema hospitalar, recomenda-o ao respeito de todos.
>
> Será um bom representante na Assembleia. Merece ser eleito deputado estadual porque não trairá a confiança dos humildes.
>
> 12-9-62, Jânio Quadros

Como candidato político, também passei a receber visitas de pessoas influentes do Tucuruvi que poderiam ser importantes aliados para a minha caminhada à Assembleia Legislativa. Porém, quando fui exigido ou provocado, não tive a mesma astúcia de Jânio para contornar situações embaraçosas.

Em uma reunião na casa de meu amigo Álvaro Marinelli, na presença de vários voluntários a cabos eleitorais, uma pessoa se dirigiu a mim e falou abertamente:

– O senhor realmente construiu um grande clube. E, mais importante, um clube que tem um ambiente muito bom, com um público seleto.

Maneei a cabeça, agradecendo pelas palavras, mas ele ainda não tinha terminado seu raciocínio.

– Eu o apoiarei na campanha, Nelson, porque o senhor não admite negros no Acre Clube. E isso é muito bom.

Meu semblante mudou imediatamente e logo o interrompi:

– Quem lhe disse isso? Em que o senhor se julga superior a eles? Eu não tenho problema com isso. Há pessoas de cor no Acre e são muito bem-vindas.

E ficou um ambiente pesado, sem a menor condição de continuar. Criticaram-me por eu não ter tido a habilidade de contornar a situação e feito uma tempestade num copo d'água, pois aquele cidadão era um cabo eleitoral importante. Eu realmente não soube conduzir a situação, faltou jogo de cintura, e percebi que não tinha a menor capacidade ou vocação para a política.

Daquele dia em diante, faltei a todos os comícios e compromissos marcados. Sobrou para o Saldanha, que tinha de comparecer aos eventos para dar uma desculpa qualquer pela minha ausência. Não gastei nem mais um pingo de energia na minha campanha até o dia da votação.

Tanto o professor Evaldo quanto Laudo Natel foram eleitos, respectivamente deputado federal e vice-governador de São Paulo. Eu tive uma boa votação, cerca de 1800 votos, mas insuficiente para me eleger. Jânio também não chegou lá. Foi derrotado por Adhemar de Barros.

Capítulo Onze

O clima no início da década de 1960

A renúncia de Jânio Quadros à Presidência da República, oficializada em 25 de agosto de 1961, com apenas sete meses de mandato, o enfraqueceu politicamente. E eu nunca poderia imaginar que os desdobramentos desse fato histórico poderiam ter qualquer influência sobre o meu futuro como empresário. É óbvio que a renúncia trouxe implicações de largo alcance, gerou instabilidade política para toda a nação e agravou a situação econômica no País, que já se achava debilitada, com enorme deficit público, inflação próxima a 30% ao ano e uma dívida externa impagável. Mas, em meu microuniverso e a julgar pela forma como o meu novo empreendimento foi violentamente atacado por forças públicas e privadas, talvez a minha pequena história teria sido outra se Jânio não renunciasse. Seu mandato seguiria até 1965, quando todos aguardavam o regresso do presidente desenvolvimentista, o bossa nova Juscelino Kubitschek.

Assim como JK, Jânio Quadros era anticomunista. Elegeu a vassoura como símbolo da faxina que faria para acabar com a bandalheira e implementou uma política econômica austera para combater a inflação. Em contrapartida, ao contrário do que se esperava, adotou uma linha de natureza nacionalista e nada conservadora ao assumir a presidência da República. Implementou a Política Externa Independente (PEI), que não privilegiava o alinhamento econômico aos Estados Unidos e deixava o país livre para estabelecer relações de comércio com qualquer nação, capitalista ou socialista. Uma tremenda ousadia. Seis dias antes de sua renúncia, Jânio havia condecorado no Brasil o líder guerrilheiro da revolução cubana, Ernesto Che Guevara. Seu vice, João Goulart, estava fora do País, em viagem oficial à China para tratar de acordos bilaterais de comércio. De lá, recebeu a notícia de que o mandatário oficial renunciara.

Ainda estavam por vir os anos de chumbo, mas o Brasil já vivia um período de intensa perseguição política, imposta pela patrulha anticomunista que se alastrava pelo país, caçando e ceifando iniciativas que pudessem fazer prosperar os ideais marxistas. Embora ainda estivéssemos oficialmente numa democracia, o fato de o presidente eleito ter renunciado, dizendo-se pressionado por "forças terríveis" contra as quais não poderia lutar, fez com que o vice assumisse sob protestos e resistências, enfraquecido por um sistema parlamentarista arranjado às pressas.

Ao retornar do oriente e após passar alguns dias no Uruguai até os ânimos se acalmarem, Jango foi recebido pela hostilidade militar e obrigado a aceitar algumas imposições para assumir o mandato a que tinha direito. Os militares temiam que a veia socialista de Jango trouxesse pigmento vermelho à nossa bandeira verde e amarela, irrigando o coração brasileiro com detritos do regime castrista de Cuba ou do comunista da China. Por ato adicional, institui-se o regime parlamentarista e, com o filtro do primeiro-ministro, atenuou-se a influência do presidente. O parlamentarismo só seria derrubado em 1963, após Jango convocar um plebiscito e conseguir o apoio popular para a volta do presidencialismo, recuperando parte da autonomia que havia perdido e a completa ira da ala dos radicais das Forças Armadas.

De todos esses fatos históricos que antecederiam o militarismo, o que mais me chamava a atenção era o clima favorável ao empreendedorismo, com boa abertura ao capital estrangeiro, é verdade, mas também com fortes incentivos ao desenvolvimento do mercado interno. Vitorioso nas urnas com uma votação espetacular, Jânio Quadros herdara de Juscelino Kubitschek não apenas o Distrito Federal e o descontrole econômico, mas uma indústria acelerada, especialmente a automobilística.

O automóvel, que exercia um fascínio ímpar nos brasileiros e cuja presença no asfalto era o próprio símbolo do desenvolvimento econômico, ganhou notoriedade no Brasil a partir de 16 de junho de 1956, quando, logo em seu primeiro ano de governo, Juscelino assinou o Decreto 39.412 que criou o Grupo Executivo da Indústria Automobilística (GEIA), com o objetivo de restringir a interferência do Estado no setor e, principalmente, estimular a produção e instalação das montadoras multinacionais no Brasil e a consequente e gradual redução da importação de veículos (carros e caminhões). Em seus artigos, o decreto deixava claro que o capital internacional seria privilegiado:

> Art. 9º Consideram-se menos desejável, na fase inicial de criação da indústria automobilística brasileira, a aprovação de projetos fabris que se superponham aos que já encontram em fase de instalação ou produção e sejam capazes de satisfazer, qualitativa e quantitativamente às necessidades estimadas no mercado interno.
>
> Art. 12. Os incentivos reservados à indústria automobilística serão preferentemente dirigidos aos projetos de iniciativa privada, abstendo-se o Governo de estimular a instituição de novas entidades estatais, dedicadas a atividades similares.
>
> Art. 13. O GEIA recomendará aos órgãos competentes a instituição de facilidades para entrada no país de técnicos e operários especializados que se venham dedicar à indústria automobilística.

A partir de então, com incentivos fiscais e isenção de impostos liberados à iniciativa privada estrangeira, os primeiros carros produzidos no Brasil passaram a circular pelas ruas, a começar pelo barulhento e fumacento DKW-Vemag, uma perua com motor de dois tempos e tração dianteira. Fabricada pela nacional Vemag (Veículos e Máquinas Agrícolas S.A), a mesma que antes distribuía os Studebaker no País, a perua teve como base o modelo original alemão DKW F91 Universal, projetado pela Auto Union, grupo que se tornaria conhecido como Audi ao ser adquirido pela Volkswagen em 1967.

Saído das instalações da Vemag no bairro do Ipiranga, em São Paulo, o DKW foi oficialmente o primeiro veículo de passeio a ser fabricado no Brasil pelos padrões do GEIA, uma vez que a minúscula e pioneira Romi-Isetta não se enquadrava na categoria, que previa o mínimo de duas portas e quatro lugares. Depois vieram modelos como a Kombi e o Fusca, também de tecnologia alemã (Volkswagen), ambos com arrefecimento de motor a ar, e o charmoso sedã francês Simca Chambord, com motor V8 dianteiro e tração traseira. O primeiro Chambord a deixar a linha de produção da fábrica da Simca em São Bernardo do Campo, no ABC paulista, foi dado ao presidente JK, em cerimônia no Palácio do Catete, no Rio de Janeiro.

A montadora norte-americana Willys Overland foi um dos destaques no cenário automotivo dessa época, inicialmente com seu Jeep Rural e depois com as celebradas versões urbanas Aero, feito sob a mesma plataforma do jipe. Com ingredientes como robustez, imponência, classe e boa dose de propaganda, o Aero Willys foi um objeto de desejo dos brasileiros.

Outros dois modelos produzidos sob licença da francesa Renault também deram notoriedade a Willys do Brasil: o pequeno e popular Dauphine, rival do Fusca, e o cupê Willys Interlagos, inspirado no Renault Alpine A108, com motor Gordini e carroceria em fibra de vidro. Uma verdadeira obra de arte. O Willys Interlagos foi o primeiro esportivo produzido no Brasil, diretamente da planta de São Bernardo do Campo (atual fábrica da Ford, que compraria a Willys em 1968, já no regime militar).

No total, uma dúzia de montadoras fincou suas estacas no Brasil nesse período. A maior parte delas virou história, não conseguiu criar raízes profundas no nosso solo. Seus veículos, que se tornaram objetos de desejo do consumidor brasileiro, eram montados no Brasil, com bom índice de nacionalização, mas projetados nos Estados Unidos e na Europa. Alguns caíram no gosto do brasileiro, outros não. Mas todos, sem exceção, engordaram os cofres de seus países de origem. Com a explosão do consumo, as filiais das montadoras remetiam às suas matrizes os vultosos lucros obtidos em largas margens do produto final, aumentando a pressão deficitária na balança de pagamentos. Assim como fazem até hoje.

Naquela época, a única indústria automotiva brasileira era a Fábrica Nacional de Motores (FNM), popularmente batizada de "Fenemê". Instalada em Xerém, distrito de Duque de Caxias (RJ), a FNM surgiu em 1942 com ajuda do governo norte-americano para produzir motores para seus aviões durante a 2ª Guerra Mundial. Com o fim do conflito e da demanda pelos motores Wright-Ciclone de 450 cv, o parque fabril teve de ser reaproveitado para não virar sucata. A FNM tornou-se uma sociedade anônima, com 53% do capital social em poder do Tesouro Nacional e o restante pulverizado entre investidores particulares. Após completa reestruturação, em 1947, a FNM mudou de ramo, deu a volta por cima e assumiu a liderança em vendas de caminhões pesados no País, produzidos com alto índice de nacionalização por meio de parcerias com as italianas Isotta Fraschini e Alfa Romeo. Entre as rivais do segmento de caminhões estavam instaladas no País a alemã

Mercedes-Benz, que liderava o mercado de caminhões leves, a sueca Scania e as americanas Ford, General Motors e International.

Com a expansão da indústria automobilística na segunda metade da década de 1950, a FNM passou também a participar do segmento de veículos de passeio, com notáveis lançamentos, como o luxuoso modelo JK, em homenagem ao patrono da indústria. Assim como os caminhões, o veículo tinha sotaque italiano. Era um Alfa Romeo 2000, muito veloz, com câmbio de cinco marchas e motor de quatro cilindros em linha, lançado sem muito sucesso em seu país de origem. A FNM aproveitou o seu contrato com a Alfa de cessão de direitos de montagem dos caminhões no Brasil para importar todo o ferramental da Itália para a fabricação do modelo 2000 JK a partir de 1960.

Na decisiva década de 1960, a Fábrica Nacional de Motores poderia ter sido a nossa bandeira para estabelecer uma indústria de capital nacional que fizesse frente às multinacionais na disputa por parte substancial de nossa riqueza. Infelizmente não vingou, contribuindo para acentuar a desaceleração da indústria como um todo. E, antes mesmo de a FNM ter sido entregue pelo governo militar ao capital estrangeiro em 1968, uma inusitada iniciativa local tentaria ocupar uma vaga que, para dizer o mínimo, merecíamos preservar dentro do parque automotivo brasileiro.

Capítulo Doze

A oficina de vendas

Com a conclusão da venda dos títulos do Hospital Presidente, nós tínhamos novamente a nossa boa equipe de corretores à disposição. As obras do Acre Clube encontravam-se praticamente concluídas e as do hospital em fase inicial, a pleno vapor, o que já era suficiente para fazer girar as engrenagens de retaguarda da nossa operação. Mas, na linha de frente, a pasta dos vendedores estava vazia, à espera de mais um lançamento que os faria sair às ruas novamente.

Para manter a equipe motivada, tínhamos de anunciar o próximo desafio, algo novo, grandioso, com grande apelo de vendas. Reuni-me com Paulo Saldanha e Wladimir Bellagente, que compunham o corpo diretivo da Empreendimentos N. Fernandes, e colocamos sobre a mesa duas opções, ambas no segmento industrial, pois o momento era muito favorável a iniciativas no setor secundário da economia. Àquela altura, em 1962, chegamos a considerar um projeto na área de alimentação, seguindo o mesmo sistema cooperativista. Ergueríamos uma indústria de alimentos que iria beneficiar 400 mil famílias brasileiras. Todas seriam proprietárias de fazendas e armazéns espalhados pelo país, produzindo e estocando mantimento para o próprio consumo.

Pelo projeto, os sócios poderiam adquirir itens de primeira necessidade, como arroz, feijão, batata, alface e tomate, a um preço bem próximo ao do custo. Mas não poderiam revendê-los. Calcularíamos quantas calorias cada sócio consumiria, de acordo com a configuração de sua família, e limitaríamos a compra mensal, correspondente ao suficiente para os 30 dias do mês.

Alguns médicos e agrônomos foram consultados para ajudar no cálculo e na concepção do projeto, que além de fazendas, equipamentos e silos, previa a aquisição de caminhões para o transporte das mercadorias, a construção de casas para os operários e a contratação do fabricante de embalagens para a marca própria.

Naquele tempo, o sistema de autosserviço engatinhava no país, não havia ainda grandes redes de supermercados. Predominavam os armazéns e mercadinhos de secos e molhados. Tínhamos a ideia de montar galpões nas cidades para vender os suprimentos. Seria algo como os grandes mercados atacadistas, que ainda ofereceriam produtos complementares aos de produção própria. Compraríamos em grandes quantidades e depois ofertaríamos aos sócios.

Era um empreendimento grandioso, mas não foi reconhecido pela diretoria da N. Fernandes como a nossa primeira opção. O projeto da indústria de alimentos ficaria na gaveta porque havia uma proeminente lacuna a ser preenchida em outro ramo: o automobilístico. Era o momento do automóvel no Brasil.

Nesta reunião, começou a tomar corpo a ideia de lançar uma indústria de carros projetados e fabricados nacionalmente. Mais do que entrar no competitivo mercado de venda de automóveis, dominado pelas multinacionais, estávamos levando o polêmico modelo do autofinanciamento para a indústria. Um desafio e tanto, a mais ousada de nossas aventuras.

Sabíamos que entraríamos em terreno ardiloso, que iríamos movimentar uma engrenagem gigantesca a partir da venda do primeiro título de propriedade e que, portanto, tudo deveria ser muito bem orquestrado. Não tínhamos dúvida em relação ao êxito comercial desta nova oferta de títulos no mercado. O raciocínio era imediato. Se obtivemos sucesso nas iniciativas do clube e do hospital, o que dizer de uma oferta ligada a um desejo de consumo, à grande paixão dos brasileiros? Ademais, os próprios sócios do Acre e do Hospital Presidente seriam um campo fértil de prospecção. Tínhamos uma carteira de clientes – ou sócios – leais, que conheciam a qualidade, a seriedade e a idoneidade de nossos projetos. Confiavam em nossos métodos e seriam importantes embaixadores do modelo de "socialização do capital democratizado".

Também não tínhamos temor em relação às questões de construção civil e à qualidade do projeto arquitetônico, que ficaria mais uma vez nas competentes mãos de Roberto Medeiros Lisboa, responsável técnico pelos empreendimentos da N. Fernandes.

O gargalo estaria mesmo no escopo do projeto industrial. Planejávamos produzir três modelos: um popular, um utilitário e um de luxo. Como o mercado dos carros de luxo no Brasil estava mais desenvolvido, a ideia era iniciar pelo popular de pequena cilindrada, para fazer frente aos dois mais competitivos modelos do segmento fabricados pela Volkswagen e pela Willys: o Fusca (VW 1200) e o Gordini, sucessor do Dauphine.

Fomos então buscar apoio técnico na própria indústria automobilística. Precisávamos saber se tudo aquilo que estávamos imaginando seria viável, se teríamos conhecimento e ferramental disponíveis no país para produzirmos um modelo genuinamente nacional. E o Wladimir Bellagente indicou o caminho das pedras:

– Nelson, eu tenho amizade com o Fagundes, que trabalha na Willys, na divisão que projetou o Interlagos.

A Willys Overland era uma das maiores montadoras no País na época, e o esportivo Interlagos era a sensação do momento, com design arrojado e carroceria em fibra de vidro. Luiz Carlos Fagundes, também conhecido como Tigrão, era de uma família muito tradicional na Zona Norte, conhecida por sua influência política no município de Mairiporã, onde tinha fazenda, e recém-homenageada no bairro após a morte do avô, o Coronel Sezefredo Fagundes, que em 1960 passou a dar nome a uma importante via no Tremembé.

Apaixonado por carros e preparador de modelos esportivos, Fagundes, o Tigrão, era a pessoa indicada para nos acompanhar nos primeiros movimentos da indústria.

Conseguimos convencê-lo a nos ajudar, valendo-se do argumento de que ele seria um dos responsáveis pelo nascimento do protótipo do primeiro veículo genuinamente brasileiro. Ele continuaria empregado na Willys, mas, em seu horário livre, nos serviria na consultoria e na indicação técnica do projeto.

Nas primeiras conversas com o Fagundes, ficou claro para nós que não teríamos condições de moldar inicialmente as carrocerias dos protótipos em prensas de chapas de aço ou alumínio, pois a complexidade do desenvolvimento do ferramental e os custos da linha de produção seriam inviáveis.

Com o Polímero Reforçado com Fibra de Vidro (PRGV) – nome técnico para o termo comercial fiberglass –, não conseguiríamos atingir grandes volumes de produção, o que consequentemente nos faria alterar os planos iniciais. A fibra de vidro não era a matéria-prima adequada para alcançarmos a produção em série de veículos populares nos volumes similares aos da Volkswagen, Simca e Willys. Mas poderia ser uma alternativa para causar boa impressão com os modelos de luxo, produzidos em menor quantidade, e também para viabilizar rapidamente os protótipos, que nos daria suporte para a venda das cédulas de propriedade. Também proporcionaria flexibilidade para a concepção dos moldes, uma carroceria leve e elegante, maior resistência à oxidação e um chão de fábrica asseado, com baixo acúmulo de resíduos e de fácil limpeza.

O fiberglass, que foi utilizado pela primeira vez na indústria automobilística pela General Motors no lançamento do Chevrolet Corvette em 1953 nos Estados Unidos, ainda não era plenamente conhecido no Brasil, muito menos uma unanimidade entre os consumidores. Muitos desconfiavam da resistência do material e temiam pela segurança dos ocupantes em caso de colisão. O pensamento da época era: quanto mais robusto, mais seguro. Se quiséssemos seguir com as carrocerias em fibra de vidro, teríamos de bolar uma estratégia para enaltecer a qualidade do material.

Fagundes, o Tigrão, começou a abrir o projeto para alguns técnicos da Willys. Precisávamos de uma indicação de peso para ocupar o posto de responsável técnico pelo projeto. Tigrão consultou seu superior, o italiano Fernando Beraldin, um dos principais projetistas da Willys no Brasil, e o responsável pela bem-sucedida adaptação nacional do Interlagos, que teve sua produção elevada em comparação ao seu correspondente francês, o Renault Alpine, graças aos moldes e ao projeto industrial orquestrados por Beraldin no Brasil.

Inicialmente, Fernando Beraldin recusou o convite, mas pouco tempo depois, abalado com a morte precoce em Le Mans de seu parceiro e piloto brasileiro Christian Heims, o Bino, que havia assumido recentemente a gerência do departamento de competição da Willys, reconsiderou e aceitou o desafio.

Com profundo conhecimento técnico e estreito relacionamento com a indústria, com conexões internacionais, Beraldin era peça fundamental para seguirmos em frente. Com ele, teríamos a segurança e o direcionamento necessários para realizarmos o sonho da indústria automobilística brasileira.

Com direção técnica definida, iniciamos a busca por profissionais para compor o time e a imaginar como seriam os primeiros modelos. Definimos que deveriam ter aparência europeia e alma americana, mas, ao contrário do que se oferecia nas concessionárias nacionais até então, veículos perfeitamente adaptáveis ao clima e às condições de pavimentação das ruas e estradas do País.

A inspiração para o primeiro automóvel, principalmente no que se refere às dimensões e à parte mecânica, viria de outro modelo da GM: o Chevrolet Corvair, um sedã médio de luxo que, em 1960, havia sido considerado o "carro do ano" pela revista americana *Motor Trend*, o mais prestigioso veículo da indústria automobilística mundial. Em seu lançamento, o Corvair causou alvoroço em Detroit pela ousadia de suas linhas – mais compactas, destoando do padrão dos "carrões" americanos – e de sua configuração, com motor boxer traseiro e refrigerado a ar. Apesar de inovador, o carro teve vida curta, pois foi alvo de críticas relacionadas à falta de segurança no auge do movimento consumerista norte-americano.

Voltando ao Brasil, os nossos automóveis teriam de ter a melhor relação custo-benefício da categoria. Pela condição que teríamos de indústria de capital nacional e pelo sistema de vendas que desenvolveríamos, teríamos de oferecer um carro mais moderno e mais barato do que os concorrentes. Comprar o nosso veículo teria de ser melhor negócio do que adquirir os contemporâneos Aero Willys, Simca Chambord, Vemag-DKW e FNM 2000.

Um passo de cada vez, em ritmo cadenciado e progressivo, como um dançarino ensaia os seus primeiros movimentos. Assim decidimos ingressar no apinhado salão nacional do automóvel. Antes de iniciarmos a busca por fornecedores de autopeças, travamos conversas no Brasil e no exterior com empresas especializadas em desenvolver projetos de conjunto moto propulsor, como Fiat, Lancia e Mercedes.

Até obter os recursos necessários para adquirir o nosso próprio terreno, instalamo-nos provisoriamente num galpão à Rua Paulo de Faria, 31, uma oficina improvisada para a montagem dos primeiros protótipos. E, com a mesma ousadia e paixão que lançamos o clube e o hospital – e a partir da mesma estaca: a zero –, a Empreendimentos N. Fernandes deu início ao sonho da construção de uma fábrica de automóveis e ao desenvolvimento do protótipo de um veículo totalmente nosso.

Capítulo Treze

A Indústria Brasileira de Automóveis Presidente

"No Brasil, do Brasil, para o Brasil, 100% nacional".

Com esse mote, nasceu a Indústria Brasileira de Automóveis Presidente (IBAP), sociedade civil constituída em 31 de outubro de 1963 nos mesmos moldes da socialização do capital. Seus estatutos foram registrados no 4º Cartório de Registros de Títulos e Documentos de São Paulo, sob número 12.478, do livro "A" 12, de Registro Civil de Pessoas Jurídicas.

Novamente, a escolha do nome "Presidente" para a indústria, assim como fora para o hospital, reforçava a minha admiração por Juscelino Kubitschek – coincidentemente um dos grandes incentivadores do setor automobilístico no Brasil. Para o logotipo da IBAP, elegemos elementos óbvios mas cheios de simbolismos.

Uma engrenagem com o mapa do Brasil ao centro.

Conforme publicado no Diário Oficial do Estado de São Paulo em 13 de dezembro de 1963, criamos inicialmente uma sociedade civil com a intenção de que sua forma jurídica fosse automaticamente alterada para "sociedade comercial por cotas" tão logo se iniciasse a fase de produção. Como ainda não havia indústria, não havia atividade comercial. Entretanto, estava escrito nos estatutos que a sociedade tinha por finalidade "construir e montar inteiramente uma indústria de automóveis de acordo com os projetos aprovados pelas repartições competentes; fabricar automóveis inteiramente nacionais para dar a possibilidade de seus sócios-proprietários adquirirem automóveis no 'Plano Especial'".

Como de praxe, cada associado seria dono de uma fração ideal da IBAP, teria direito a se candidatar à diretoria e participaria dos lucros do empreendimento. Enquanto, nos projetos anteriores, os usufrutos dos sócios do clube e do hospital estavam na esfera do lazer e dos serviços de saúde, os proprietários da indústria de automóveis teriam acesso ao chamado "Plano Especial", que lhes conferiria "o direito de adquirir um dos veículos fabricados pela indústria, com prioridade absoluta, pelo preço de custo acrescido de tão somente 20% e juros normais, de acordo com o plano de financiamento" que poderia variar de 15 a 30 meses. Metade da produção da fábrica seria destinada a atender essa demanda.

Não teríamos rede de concessionárias, pois os revendedores seriam os próprios sócios, que poderiam tirar os veículos com desconto para revendê-los aos interessados pelo preço de tabela. Todos os funcionários da indústria teriam de ser sócios-proprietários da IBAP, fundindo-se em uma mesma pessoa o patrão e o empregado.

Foram praticamente dois anos de planejamento e estudos de viabilidade técnica do empreendimento. Para o grande público, a indústria seria oficialmente lançada no início de 1964, mas as cédulas de propriedade só seriam ofertadas a partir de outubro. Os nossos corretores seriam remunerados com uma comissão de 10% sobre os valores negociados. As cédulas teriam inicialmente duas versões: as cotas beneficiárias, vendidas por 165 mil cruzeiros e com direito à participação de 30% nos dividendos da indústria; e as cotas votantes, que custariam 330 mil cruzeiros, com 60% nos lucros e a possibilidade de se candidatar à direção da empresa.

Tínhamos ainda a ideia de lançar as cotas populares, que seriam fixadas em 45 mil cruzeiros e dariam direito a 10% dos dividendos, mas elas nunca foram ofertadas, pois curiosamente a procura recairia sobre as cotas mais caras. A forma de pagamento era de 10% à vista, sinal que era repassado integralmente ao vendedor a título de comissão, e o restante em 20 parcelas iguais, que alimentariam mensalmente o caixa da N. Fernandes.

Pelo nosso plano de negócios, a construção da fábrica teria início em 1965 e a produção em série, em 1968, de forma progressiva até alcançar uma média de 350 veículos por dia, um ritmo semelhante ao da Volkswagen do Brasil na época. Pelos estatutos e conforme o contrato de incorporação, determinamos que a N. Fernandes, contratada pela sociedade da IBAP para realizar a indústria, deveria comprar um terreno de mais de 700 mil metros quadrados para erguer a fábrica, com 286 mil metros quadrados construídos e dotada de todos os equipamentos necessários para a construção de automóveis em série.

Como de costume, daríamos aos sócios mais do que o mínimo prometido. Já havíamos alinhavado negócio com os proprietários do terreno de nossas futuras instalações fabris, que seriam erguidas em um enorme terreno de 1.026.000 m^2 (área equivalente a 42 alqueires paulistas), no Riacho Grande, em São Bernardo do Campo, no ABC Paulista. Terreno acidentado, mas muito bem localizado, na rota entre a capital e o litoral. Contava com 1.500 metros de frente para o quilômetro 32 da Via Anchieta e 800 metros de fundos para a Estrada Velha de Santos.

Para divulgar o empreendimento, decidimos lançar um concurso para nos ajudar a escolher a carroceria do primeiro veículo, com premiação em dinheiro para os cinco primeiros colocados. De âmbito nacional e anunciado em janeiro de 1964 em páginas inteiras dos jornais de grande circulação, o "Concurso Presidente" convidava as pessoas a enviarem sugestões de desenhos técnicos de carroceria em escala de 1:10 a partir das dimensões detalhadas e bases iniciais pré-definidas por Beraldin. Um carro de passeio, três volumes, quatro portas, de peso aproximado de 1.100 quilos, compacto e sóbrio em suas linhas e adornos, mas com acabamento e conforto por dentro. Obviamente, as bases sofreriam alterações ao longo da execução do projeto, mas tínhamos de partir de um determinado ponto.

Divulgamos a criação da IBAP nesta mesma publicação. "Nova e poderosa indústria de automóveis inteiramente nacional", dizia a manchete do informe publicitário, que enaltecia a capacidade realizadora de Empreendimentos N. Fernandes dando como exemplo o clube e o hospital. E, num discurso inflamado e nacionalista, fizemos o chamado: "É, pois, chegada a hora de mostrar ao mundo que podemos fazer a nossa indústria automobilística própria, sem lançar mão de capital estrangeiro. O ceticismo ficará para os céticos. Os brasileiros de fibra e realmente patrióticos lutarão de armas na mão para um Brasil melhor. A Indústria Brasileira de Automóveis Presidente será o primeiro passo para o verdadeiro patriotismo."

Nova e poderosa indus
automoveis inteiramente naciona

O Concurso Presidente, uma idéia segura

Bases do Concurso Presidente

O Hospital Presidente

Informe publicitário para promover o empreendimento
e lançar o "Concurso Presidente".

O tom exagerado refletia o momento histórico brasileiro e a paixão com que encarávamos aquele projeto. Nós realmente acreditávamos na força popular e em nosso potencial empreendedor. Tínhamos plena convicção de que realizaríamos esse sonho, alicerçados não apenas na experiência da N. Fernandes como incorporadora, com seu sistema de autofinanciamento, mas também na habilidade técnica de nossos engenheiros, conhecidos por aprimorar os modelos originais nacionalizados. Estávamos todos imbuídos de um espírito de luta, determinados a reparar a injustiça de não termos uma indústria automobilística genuinamente nacional e que futuramente pudesse vir a ser relevante no plano mundial. Por que não? "Com a sua participação neste empreendimento, demonstraremos ao mundo o que o povo brasileiro pode realizar", anunciavam os cartazes.

Outro combustível para o nosso ímpeto empreendedor era o preço do automóvel no Brasil, assombrosamente alto. Sofremos pesadas críticas quando anunciamos os nossos alvos nesse quesito. Diziam que não conseguiríamos praticar preços tão baixos e que, portanto, o nosso projeto era inviável. Particularmente acredito que temiam que conseguíssemos provar que era possível reduzir custos. Para os opositores, o risco de a indústria dar certo era maior do que o de estarmos assaltando a economia popular. Em um dos pedidos formais de informações feitos ao Poder Executivo nos primeiros movimentos da indústria, o deputado federal Dias Meneses advertiu que a IBAP tinha "características semelhantes a muitas outras que acabaram por se constituir em malogro para a economia popular". E concluiu: "E, se não se reveste desse risco, pelo menos se apresenta com toda a evidência de um plano altamente temerário".

Em fevereiro de 1964, enquanto aguardávamos a chegada dos desenhos técnicos do concurso, convocamos uma assembleia geral para apresentar a indústria aos sócios dos outros empreendimentos e emitir um número limitado das chamadas "Cédulas Votantes". Reunimos cerca de 350 associados e, como planejado, muitos deles tornaram-se os primeiros sócios da indústria, demonstrando toda a sua confiança e fidelidade às nossas iniciativas.

E fomos em frente. Em março de 1964, sofremos o nosso primeiro revés na mídia.

Antes mesmo de iniciarmos as vendas ao grande público, a revista especializada "Quatro Rodas" estampou em sua edição reportagem de quatro páginas sob o título "E fábrica de automóvel cai do céu?", uma pergunta em resposta à nossa publicidade com o lançamento da IBAP e do "Concurso Presidente". A matéria, assinada de forma ampla e genérica por "Equipe Quatro Rodas", trouxe ironias do título ao ponto final. Disse que "fábrica de automóveis não é clube de campo" e assegurou ao leitor que estava por dentro de tudo: "QUATRO RODAS examinou o assunto. E, como não acredita em milagres deste tipo, duvida da coisa inteira".

Em seguida, os "pesquisadores" da revista apresentaram seus argumentos. Analisaram inicialmente a nossa capacidade de arrecadar o capital necessário para realizar a indústria. Com a chancela – irônica novamente – "A maior e única", escreveram que nossa fábrica seria duas vezes maior do que a Volkswagen e que o capital que pretendíamos realizar – de 50 bilhões de cruzeiros na época – era quase oito vezes o capital da Ford Motor do Brasil. Até aí, confrontando os nossos planos e sonhos, tudo verdade.

ova e poderosa indu
utomoveis inteiramente nacio

O Concurso Presidente, uma idéia segura

Bases do Concurso Presidente

E FÁBRICA DE AUTOMÓVEL CAI DO CÉU?

O anúncio ocupava página inteira dos jornais: "Nova e poderosa indústria de automóveis inteiramente nacional". E seguiam detalhes sôbre a fundação de uma indústria automobilística em bases idênticas às dos chamados clubes de campo. Primeiro a venda de cotas aos interessados e, depois, a concretização do empreendimento. Objetivo: "Construir realmente o primeiro carro inteiramente brasileiro", desde o motor até os últimos detalhes da carroçaria. No mesmo anúncio, inseriam-se as bases para um concurso de carroçaria, a ser aproveitada na construção do futuro veículo.

Ora, como fábrica de automóveis não é clube de campo, a coisa dava o que pensar. Mesmo no Brasil, onde o impossível acontece. Depois das primeiras averiguações soube-se que o responsável direto pelo empreendimento — sr. Nelson Fernandes — já utilizara do mesmo método de venda de cotas, para erguer um clube esportivo, em vias de conclusão, e dois hospitais (Hospital Presidente I e II), ambos ainda a terminar, tudo em São Paulo. QUATRO RODAS examinou o assunto. E como não acredita em milagres dêste tipo, duvida da coisa inteira. Vejamos bem os detalhes.

Pesquisa da equipe QUATRO RODAS

Quatro Rodas, edição de março de 1964.

Depois partiram da errônea premissa de que as cotas mais procuradas seriam as populares, as mais baratas, para chegar a uma soma astronômica no número de sócios da IBAP, sem saber também que havia um limite para as adesões. "Tendo-se que a cota mais fácil de se vender será a (...) popular, e considerando-se o pequeno poder aquisitivo dos possíveis compradores, suponhamos que o capital de 50 bilhões saia somente dela. Resultado: a fábrica ficaria com 1,25 milhão de donos ou cotistas. E ninguém sabe quantos corretores serão necessários para 'trabalhar' essa multidão, igual a 27,7% da atual população de São Paulo (4,5 milhões de habitantes), incluindo-se crianças, mulheres e velhos", concluíram os jornalistas.

Ainda colocaram sob suas lupas as características do automóvel e os dados fornecidos para as bases do concurso de carrocerias. Como eu havia informado que o nosso carro popular seria superior em tamanho, potência e espaço aos DKW e Volkswagen, a revista opinou que não poderia "ser 'popular' um carro maior e mais potente do que os citados, pois custaria mais caro". Por fim, como os dados fornecidos para o concurso eram "aparentemente determinados e precisos", a revista afirmou: "Não se podem fixar medidas e muito menos a potência do carro, a priori. Se assim for, não estamos criando um novo carro, mas apenas vestindo um chassi já existente e com partes mecânicas bem determinadas".

Sem saber que o motivo das dimensões detalhadas era pelo fato de estarmos baseados no Corvair, os ilustres jornalistas tocaram num ponto nevrálgico da minha autocomiseração. Até hoje me penitencio por ter deixado a minha visão marqueteira ofuscar um projeto de longo prazo. É claro que estávamos trabalhando em um modelo original, com motor, câmbio e diferencial próprios. Mas eu não soube esperar. Baseado em minha teimosa premissa de que "as pessoas compram aquilo que enxergam" e contrariando o sábio conselho de meu pai de que "a casa se começa pelo alicerce, e não pelo telhado", decidi utilizar as carcaças de cinco veículos da Chevrolet com o objetivo de aguçar o sentido visual do público e impulsionar as vendas das cédulas da indústria.

Tínhamos a intenção de vender nada mais do que 400 mil cédulas de propriedade, uma meta ousada se comparada ao hospital, que amealhara até então cerca de 65 mil sócios. Para alcançá-la, eu achava que teria de apresentar algo palpável aos futuros sócios. Meu objetivo era mostrar o estilo e o tamanho do carro. No entanto, ao colocar na balança a repercussão negativa que essa estratégia iria desencadear, somada ao ressentimento que carrego por ter confrontado o meu pai no início da construção do Acre Clube para ver as estruturas levantadas rapidamente para que as pessoas visualizassem o empreendimento e se interessassem pela sociedade, colocar a carroça na frente dos bois realmente não foi uma boa ideia. Com boa dose de infantilidade, tomaria essa decisão para ajudar a alavancar as vendas, sem me atentar ao fato de que apresentaria ao mercado um carro inacabado. Não passava pela minha cabeça a possibilidade da rejeição à ideia do protótipo, algo para deixar mais nítido o projeto que seria oferecido aos brasileiros. E aprendi uma lição: na indústria automobilística, a venda pode começar pelo design da carroceria, mas não é apenas o estilo do carro que conta. A mecânica e o interior são fundamentais.

Por intermédio do Cartório Adalberto Neto, como era chamado o atual 3º Registro de Títulos e Documentos e Civil de Pessoas Jurídicas de São

Paulo, enviamos carta registrada à redação da revista "Quatro Rodas" solicitando que fossem publicados os nossos esclarecimentos. Mas não houve retorno. O veículo não se mostrava inclinado a dar voz ao outro lado.

Pois bem, vamos aos fatos. Em maio de 1964, anunciamos os vencedores do "Concurso Presidente", que teve 97 inscritos e um total de 101 trabalhos enviados. A primeira colocação ficou com o artista plástico José Maria Ramis Melquizo, que, como desenhista industrial, já tinha experiência em projetos como o do Aero Willys e do Interlagos – e ainda criaria o logotipo da fabricante nacional de aviões, a Embraer, em 1969. Natural de Barcelona e no Brasil desde os dez anos de idade, Ramis definiu o estilo do carro da IBAP, dentro das especificações requeridas, com linhas modernas e harmoniosas, proporcionando boas condições de estamparia.

Os protótipos construídos a partir do chassi do Corvair seriam utilizados pelos meus oponentes como armas para denegrir a reputação da IBAP. Embora tenhamos anunciado previamente que a mecânica utilizada nos modelos seria provisória, pois o projeto definitivo apenas ficaria pronto em dois anos, a informação entrava por um ouvido e saía pelo outro. Os críticos alardearam que o carro genuinamente brasileiro era uma farsa. Não foi possível evitar os ataques, como se pode ver neste exemplo: "Com que base os empreendimentos N. Fernandes se propõem a fabricar automóveis se seus protótipos são equipados com motores norte-americanos, já com fábricas no Brasil? Se isto não for verdade que o Sr. N. Fernandes submeta seus protótipos, todos eles, a uma perícia".

Esse texto é o trecho de nota intitulada "O golpe do carro", de uma coluna do "Caderno do Automóvel" publicada aos sábados no "Jornal do Brasil". Seu autor é Eduardo Jardim, um dos expoentes da campanha difamatória que sofri. E a publicação é de 24 de outubro de 1964. Para descobrir a "verdade", bastaria o jornalista ter lido a matéria publicada 46 dias antes no "Diário da Noite", de 8 de setembro de 1964 – reproduzida na "*Folha de S. Paulo*" do dia 10, onde se lê: "Para movimentar os protótipos, já que o motor original só estará em condições ideias – testado e garantido – em meados de 1965, serão usados motores de veículos já existentes no mercado automobilístico". Em entrevista a esse diário, eu disse abertamente que lançamos os protótipos "para que o povo tome conhecimento das linhas que nortearão a construção do nosso automóvel". Tudo em vão, as notícias negativas tinham poder avassalador e começaram a minar o projeto, despertando suspeitas quanto à idoneidade da nossa indústria.

E o jornalista do "JB", dotado de premissas falsas e uma vigilância agressiva e parcial, foi em frente. Distribuiu em sua coluna apelos de represálias à IBAP a entidades como a Superintendência da Moeda e do Crédito (Sumoc), órgão predecessor do Banco Central – que ainda não existia mas seria criado em questão de dias, ao final daquele ano: "Gostaríamos de saber que medidas tomou a SUMOC quanto aos papéis vendidos pelo Sr. N. Fernandes com relação à Indústria Brasileira de Automóveis Presidente". E emendou, incluindo, sem o menor critério, nosso outro empreendimento na denúncia: "Será que vai permitir que se repita o escândalo dos Hospitais Presidente, que até agora são arcabouços inacabados, e cujos sócios são enviados a prontos-socorros e hospitais, algumas vezes duvidosos? Que diga o processo da Associação Paulista de Medicina." Ele também clamou pela ajuda das entidades de classe: "E o Sindicato da Indústria Automobilística? Por que não interpela as autoridades pedindo medidas saneadoras contra esse golpe? Será que somente depois que se verificar o logro é que providências serão tomadas?".

Os bombardeios desse colunista apenas iniciaram em outubro de 1964. Não cessariam mais. Eduardo Jardim trazia a cada semana uma nota negativa relacionada à indústria, sem jamais demonstrar real interesse em conhecer as nossas verdadeiras intenções. Logo em sua primeira investida, na edição do dia 17, ele mostrou suas armas e a que veio: "Trata-se do maior golpe contra a economia popular jamais visto no Brasil". Sob o poético título "Uma fábrica engraçada" – e a música "A casa", que "não tinha teto; não tinha nada", ainda nem havia sido escrita por Vinicius de Moares – e com argumentos também baseados no assombro sobre a divulgação dos nossos números, como dividendos de até 60% e meta de produção de 350 veículos por dia, a nota esclareceu: "Queremos lembrar apenas que a Volkswagen do Brasil, a maior indústria da América Latina, ainda não conseguiu atingir aquela marca e que fábricas como a Vemag e a Willys estão produzindo 50 Belcars e 80 Aero Willys por dia". E, ao final, para que não houvesse qualquer suspeita sobre a lisura de seu posicionamento jornalístico, se justificou: "O dever da imprensa é alertar e não permitir que daqui a algum tempo o Sr. N. Fernandes venha com a desculpa de que os trustes o impediram de fabricar automóveis".

Eu desconhecia as motivações, mas, repleto de certezas, o colunista realmente defendia os interesses das multinacionais: "Apesar de já termos atingido um elevado estágio de desenvolvimento, a indústria automobilística brasileira ainda precisa da ajuda estrangeira, e não venha o Sr. N. Fernandes com esta história de nacionalismo, que já estamos prevenidos contra ela".

Era só o começo. A intensidade dos ataques recrudesceria na medida em que a equipe de corretores da Empreendimentos N. Fernandes ganhasse as ruas com a incumbência de vender as cédulas de propriedade.

Capítulo Quatorze

A reviravolta de 1964

Enquanto forças ocultas e contrárias à realização da Indústria Brasileira de Automóveis Presidente (IBAP) começavam a se posicionar para articular um grande golpe, a minha vida sofreria uma reviravolta no campo pessoal. Sob esse ponto de vista, 1964 foi realmente um ano inesquecível. Além de marcar o triste início dos 21 anos de ditadura militar no Brasil e o polêmico lançamento da IBAP, a data traz à minha memória um encontro revolucionário que deu início ao meu romance com a minha segunda esposa.

Marisa Cabral era uma linda jovem de quem me enamorei desde os primeiros banhos de sol na piscina no Acre Clube. A família dela era sócia-proprietária do clube que eu presidia. Sempre que possível, de terno e gravata, eu a observava do alto da sacada do salão de baile. E, mesmo sem receber qualquer olhar em retribuição, eu teimosamente dedicava instantes preciosos dos meus dias nessa prazerosa atividade.

Doze anos mais nova, Marisa pertencia a outro círculo de amizades e ela sabia que eu era um homem casado. Ela diz que notava a minha presença, mas atribui a deferência ao fato de eu ter conquistado grande popularidade no bairro, namorando uma comadre de sua mãe quando solteiro e circulando pelas ruas ao volante de um imponente Oldsmobile conversível vinho, com detalhes em branco.

Pai de dois filhos pequenos, Nelsinho e Nilson, eu não era exatamente o que se poderia chamar de um homem de família. Além de me ausentar de dia em função de uma agenda repleta de compromissos relacionados a três empreendimentos – clube, hospital e agora uma indústria de automóveis –, os embalos da gafieira ainda chacoalhavam as minhas noites e atordoavam a minha vida conjugal com a Leda. Eu mantinha casos fora do casamento e um apartamento clandestino no centro da cidade em sociedade com o também casado Ariel, meu velho amigo das horas boas e ruins. Lá abríamos democraticamente as portas para as nossas amigas e organizávamos animadas festas, uma delas certa vez interrompida por uma "visita" inesperada da esposa do Ariel.

A Leda nem se aventurava a me espionar. Desnecessário seria deflagrar qualquer serviço de inteligência para descobrir o óbvio. Não eram raras as vezes que namoradas ciumentas, contrariadas ou enfurecidas apareciam em frente à minha casa no Tucuruvi para protagonizar cenas que tornavam público o meu pecado. A minha conduta era errada, todavia eu não conseguia me desvencilhar dela. Até que, por uma via dolorosa para a nossa família, comecei a mudar de atitude.

Novamente em cena, o amigo Luiz Carlos Fagundes, que, além de importante aliado na concepção da IBAP, foi corresponsável por mais esta contribuição à minha biografia. Ele namorava a Inês, amiga inseparável da Marisa. Fagundes e eu já havíamos conversado reservadamente sobre Marisa, a quem dirigi rasgados elogios. Certo dia, com a intenção de promover a aproximação do casal, ele teve a iniciativa de sugerir que fizéssemos uma viagem ao Rio Grande do Sul. Achei a ideia fantástica, mas impossível de dar certo, pelo simples fato de que Inês e Fagundes já eram namorados, ao passo que Marisa e eu mal nos conhecíamos.

Como a Inês sabia que a Marisa não aceitaria um convite para uma longa viagem pela serra gaúcha com um par desconhecido, o Fagundes valeu-se de um subterfúgio. Disse à Marisa que estava indo para um evento da Willys em Porto Alegre e que seria muito bom se ela e a Inês pudessem acompanhá-lo. Informou que iriam de carro até Curitiba e, de lá, seguiriam com a turma da montadora até a capital gaúcha. A Inês, que estava empolgada com a ideia de viajar a sós com o Fagundes mas precisava de uma boa história para obter autorização de seus pais, colaborou prontamente com o plano. Sua participação era simplesmente convencer Marisa a acompanhá-la na viagem. O argumento de ser uma saída em turma era suficiente para obter o "sim" de Marisa e também o consentimento dos pais de ambas as moças.

A Marisa topou. Alguns dias antes da viagem, num jantar também armado por Fagundes, eu apareci de surpresa e, naquele momento, ela ficou sabendo que eu estava na mesma viagem. Como, por intermédio de Fagundes e pela minha mais recente empreitada na indústria automobilística, eu tinha uma ligação com o pessoal da Willys, Marisa recebeu a informação com naturalidade. Mais um, pensou ela, para se juntar à turma.

No dia da viagem, Marisa e Inês encontraram-se na Praça Marechal Deodoro da Fonseca, em Santa Cecília, de onde prosseguiram ao local previamente combinado com Fagundes. Ao entrarem no carro, lá estava eu. Marisa parecia nervosa e um pouco apreensiva, mas, ao imaginar que aquela situação se resolveria ao nos juntarmos ao pessoal da Willys em Curitiba, ela foi se acalmando.

Lá pelas tantas na Rodovia Régis Bittencourt, a BR-116, ela começou a suspeitar que tudo aquilo não passava de uma armação. Realmente estávamos a caminho de Curitiba e depois seguiríamos para Porto Alegre, mas não havia nenhum sinal de que nos encontraríamos com qualquer caravana da Willys. Da amiga, veio a confirmação de que ela havia caído na armação. O semblante de Marisa começou a ganhar contornos de raiva e pavor. Mas ela se conteve.

Ao descobrir que haveria um pernoite em Curitiba, com reserva para dois quartos, a Marisa apressou-se em acertar com a Inês para que ficassem no mesmo quarto. Inês consentiu, no entanto, ao chegar ao hotel na capital paranaense, logo se acomodou em uma das suítes com o Fagundes, deixando Marisa e eu a sós.

Sobrou-nos a segunda suíte e uma situação constrangedora.

Ao entrarmos no quarto, Marisa desabou a chorar. Tinha razão para estar chateada. Eu tentei acalmá-la e disse que não precisaria se preocupar, pois não tocaria nela. E foi o que aconteceu. Dormimos no mesmo quarto, porém distantes. No dia seguinte, ao chegarmos ao hotel de Porto Alegre, tomei a frente e pedi quartos separados para nós dois. E, como bons amigos, passamos cinco dias na terra de Leonel Brizola – ex-prefeito de Porto Alegre e governador do Rio Grande do Sul, um dos mais influentes e ferrenhos articuladores de esquerda, além de cunhado do presidente João Goulart.

A nossa viagem ocorreu entre o final de março e o início de abril, exatamente na semana em que as tropas do general golpista Olympio Mourão

Filho, amigo de infância de JK dos tempos de Diamantina, avançaram de Minas Gerais para o Rio de Janeiro para tomar o poder. O país estava em polvorosa. Deposto pelo Congresso Nacional, que, na calada da noite de 2 de abril, declarara vaga a presidência da República e empossara o presidente da Câmara, Ranieri Mazzilli, Jango refugiou-se em Porto Alegre, de onde seguiu para São Borja e depois para o exílio no Uruguai.

De volta a São Paulo, cruzando com tanques do Exército na rodovia e nas ruas, Marisa e eu começamos a namorar. Apesar do constrangimento inicial e da recusa da Marisa em iniciar um romance na viagem, os dias em Porto Alegre surtiram efeito. Eu passei a admirá-la por outros atributos além da beleza. Ela, por sua vez, ficou surpresa pelo apoio que dei a ela, por não ter me aproveitado da situação e passou a me conhecer melhor. Ela estava com 21 anos; eu, com 33. Continuei casado com Leda, passei a levar vida conjugal dupla. Os encontros secretos incomodavam Marisa, e ela se mostrava reticente, dizia que não queria destruir a família. Mas eu dizia que meu casamento já estava deteriorado e que, se não fosse ela, seria outra – ou seriam outras. De fato, eu não queria outra senão ela.

Determinada e autônoma, Marisa começou a participar intensamente das atividades e dos pensamentos que me cercavam, inteirando-se dos empreendimentos, conhecendo os meus objetivos e me impulsionando a seguir em frente. Seu espírito arrojado e sua doçura preencheram os meus dias e esvaziaram as minhas noites de gandaia. Em abril de 1964, por decisão – e não por força – mudei o regime da minha vida amorosa.

Capítulo Quinze

"Senhor sócio-proprietário"

O galpão onde tudo começou.

Primeiro em madeira, depois em barro.

Do molde, sacamos as carrocerias em fibra de vidro. Com elas e sobre os esqueletos dos veículos importados, adornamos em nossa oficina provisória os cinco protótipos do primeiro automóvel Presidente, movimentando as linhas do desenho de José Ramis. E engatamos a primeira marcha rumo à concretização de mais um audacioso plano.

O lançamento das cédulas de propriedade da IBAP coincidiu com um momento histórico conturbado da nação, marcado pela completa falta de estímulo à concorrência no setor automobilístico e por caos e incertezas na esfera político-econômica. Em curva recessiva, após quebrar a barreira do primeiro milhão de automóveis vendidos, o mercado não era mais impulsionado pelos ventos vigorosos da virada da década. Estava, sim, paralisado em meio à crise econômica e pressionado por uma inflação descontrolada.

Adquirir um automóvel, é claro, continuava a ser um sonho unânime do consumidor brasileiro, mas o poder de compra do cidadão médio seguia cada vez mais enfraquecido. A indústria, que conseguira avançar a passos largos no embalo da demanda reprimida e do sopro da pujança iniciada nos anos JK, perdeu fôlego, sofrendo as consequências do descompasso entre oferta e demanda.

Automóvel da IBAP em frente ao Museu do Ipiranga, em São Paulo.

O automóvel consolidou-se como um bem cada vez mais elitista. O Fusca, um carro considerado popular para os padrões europeus e norte-americanos, era um veículo utilizado pela classe média brasileira. As camadas mais baixas da população sequer participavam das estatísticas da indústria automobilística e não eram alvos do marketing das montadoras. Nem mesmo a FNM, que, como estatal, poderia ter dominado o mercado popular, olhou para a classe trabalhadora. Quando anunciou a sua entrada no segmento de veículos de passeio com seu modelo 2000 JK, optou pelo acirrado nicho dos automóveis de luxo, que já apresentava sinais de estagnação.

O panorama da indústria em 1964 era pouco animador. Com pátios superlotados, as montadoras se viam obrigadas a reduzir as jornadas de trabalho e a conceder férias aos funcionários. Para não agravar a capacidade ociosa e tentar aliviar a pressão sobre os custos de produção, o governo do marechal Humberto de Alencar Castelo Branco, que havia sido eleito por votação indireta em 11 de abril de 1964, instaurou um ambiente favorável às fusões – caminho seguido mais tarde por Ford e Volkswagen, que se uniram respectivamente a Willys e Vemag – e hostil à implantação de novas plantas industriais, dando guarida às montadoras estrangeiras.

A julgar por esse pano de fundo, a IBAP surgiu totalmente fora de contexto. Todavia trazia a promessa e a esperança de fabricar um carro nacional de excelente relação custo-benefício que, pelo sistema de cotas de participação societária, poderia ser adquirido por um preço próximo ao de custo pela classe trabalhadora.

Era de se esperar que a aquisição do carro da IBAP fosse vista mais como sonho do que realidade, uma vez que, além de esperar a fábrica ser construída, ainda seria preciso desembolsar alguns milhões de cruzeiros para comprá-lo. Mas – eis o nosso trunfo – a possibilidade de se tornar "um senhor sócio-proprietário" de uma indústria automobilística seria uma possibilidade palpável e imediata.

Graças ao apelo da "socialização do capital democratizado" e ao suporte de uma agressiva equipe de corretores e duas lojas – uma na Rua Barão de Itapetininga e outra na Rua Quinze –, as vendas explodiram e os opositores se multiplicaram. Ao final de 1964, já possuíamos milhares de sócios proprietários e algumas dezenas de inimigos.

Aos vizinhos da região do ABC Paulista, onde estavam instaladas as principais montadoras multinacionais, anunciamos a nossa chegada ao registrarmos em nome da sociedade da IBAP o terreno de 42 alqueires em São Bernardo do Campo.

Começamos a pagá-lo com os recursos arrecadados com a venda das cédulas de propriedade. O terreno, que era facilmente notado por quem passasse de carro pelo quilômetro 32 da Via Anchieta, fora negociado junto a Mário Gomes de Freitas, um dos herdeiros proprietários, por 128 milhões de cruzeiros, a serem pagos em dois compromissos separados: com os maiores e capazes, entrada de 10 milhões de cruzeiros e 15 parcelas de 6 milhões de cruzeiros; e com os menores, dos quais Mário era inventariante, entrada de 8 milhões de cruzeiros e dez parcelas de 2 milhões de cruzeiros. Conheci os proprietários por intermédio da ex-deputada estadual Tereza Delta, que era corretora da IBAP e uma das mais persuasivas embaixadoras do nosso projeto. Por morar em São Bernardo do Campo e ter sido uma das primeiras prefeitas da cidade, ela conhecia as famílias proprietárias de terras naquela região. E me apresentou ao senhor Freitas, qualificando-me com as melhores referências: "um homem extraordinário, dinâmico, honestíssimo".

Um dos mais ilustres sócios-proprietários da IBAP, o jurista Noé Azevedo comprou uma cédula vendida por Tereza Delta. A aquisição muito nos alegrou, pois Azevedo, que era presidente emérito da Ordem dos Advogados do Brasil (OAB), de São Paulo, e fora professor de meu advogado, Luciano Caseiro, analisou os estatutos e o projeto da IBAP antes de comprar a cédula.

Além de ter sido uma excelente vendedora dos títulos da IBAP, Tereza também comprou o seu. No entanto, deixou de pagar as parcelas após a terceira prestação. Contrariada por achar que deveria receber de nossa parte uma comissão de corretagem pela compra do terreno, a ex-deputada substituiria os louvores pelas farpas. E, posteriormente, subiria o tom ao ser convocada pela CPI da IBAP. Ela depôs contra mim, fazendo uma série de insinuações maldosas em sua fala e colocando em dúvida a minha idoneidade perante os parlamentares. Sua inconsistência, entretanto, revelou-se ao ser indagada por um dos deputados sobre a impressão que tinha a meu respeito. Com reservas e impessoalidade, voltou aos elogios, retomando a linha testemunhal ao mencionar a minha amada mãe, dona Perpétua:

> V. Exas. também vão conhecê-lo. Dá a impressão de ser um homem honesto, de boa vontade, que pretende vencer. É a impressão que dá a todos. Mas posso adiantar a V. Exas.: é filho de uma família muito boa, a senhora mãe dele é uma velinha que é um anjo, de muito boa fé e que acredita muito no filho.

Verdade. dona Perpétua era mais do que um anjo. Ela era uma cuidadora de todos. Era conhecidíssima no bairro, por prestar assistência aos vizinhos. Com sua especialização em enfermagem, foi uma fiel colaboradora do Hospital Presidente.

Sempre trazia uma palavra de ânimo para os pacientes e seus familiares. Ela ocupava seus dias distribuindo vida.

Voltando à mais nova vitrine industrial da Anchieta, onde seria erguida a estrutura fabril da IBAP, o projeto arquitetônico foi aprovado pela prefeitura de São Bernardo do Campo. E os movimentos de terraplanagem estavam programados para começar em janeiro de 1965. Fizemos uma concorrência pública e a empresa vencedora, a Rosa Terra Ltda., comprometeu-se a derrubar as matas, fazer o levantamento topográfico para definir os cortes e acelerar as máquinas motoniveladoras, com o objetivo de concluir o trabalho o mais rápido possível. O contrato era da ordem de 1 bilhão de cruzeiros, também pagos em prestações e com a receita dos títulos de propriedade.

Para divulgar o modelo da IBAP, patrocinamos a prova "250 milhas de Interlagos", edição de 1964, que contou com a presença de especialistas, autoridades e milhares de fãs de automobilismo. Todos tiveram contato com o automóvel. No mesmo ano, tentamos apresentar os protótipos ao público no Salão do Automóvel, que era realizado no Ibirapuera, mas os organizadores do evento nos impediram de participar, alegando que somente aceitavam indústrias que estivessem em fase de produção.

Os argumentos não tinham conexão com os fatos, mas, àquelas alturas, a julgar pelo poderio e influência dos oponentes – uns declarados e outros anônimos –, estava claro que nada viria fácil. O combate seria extenuante e as nossas armas seriam limitadas. Por outro lado, nem se quiséssemos, conseguiríamos retroceder. Estávamos em estágio demasiadamente avançado para a realização de mais um empreendimento com participação popular. A nossa causa era justa e digna de ser defendida até o fim. Resolvi então acrescentar o seguinte texto no corpo da própria Cédula Votante Provisória:

> Ao me propor a realizar a IBAP, assumi com o povo um compromisso de honra, o qual seja, de provar ao mundo a capacidade realizadora de nossa gente. Sabia que ferrenhas lutas teria de travar contra aqueles que, não acreditando neles próprios, duvidam de todos. Nada me amedronta, embora esteja convicto de que não terei um instante de

trégua, porque, para esta luta, convoquei o povo. Os covardes ficarão em casa, os fracos me abandonarão no caminho. Porém, com os fortes, atingirei meu objetivo.

Em 1965, levamos um dos protótipos a Brasília. O objetivo era fotografá-lo tendo como cenário o Palácio do Planalto. Era um sábado, a cidade estava praticamente deserta. Enquanto os engenheiros da IBAP posicionavam o veículo na Praça dos Três Poderes, buscando os melhores ângulos para a foto, um funcionário da Casa Civil se aproximou para questionar o motivo de toda aquela movimentação.

Explicaram que se tratava de um veículo que seria lançado em breve e que aquele cenário fora escolhido por se tratar de um carro totalmente nacional. E o rapaz gentilmente os convidou para estacionar na área restrita.

Por uma feliz coincidência, passeava por ali nada menos do que o presidente Castelo Branco, que também se aproximou para ver o carro. Os engenheiros cumprimentaram o presidente e perguntaram se ele poderia tirar uma foto ao lado do carro. O marechal consentiu e ainda chamou os outros dois militares que o acompanhavam naquele momento, o general Golbery do Couto e Silva, chefe e idealizador do Serviço Nacional de Informações (SNI), e o marechal Emílio Rodrigues Ribas Júnior, governador de Goiás. Posicionaram-se à frente do veículo da IBAP, e se deixaram fotografar. A foto seria aproveitada para o nosso material de divulgação e receberia moldura para adornar o meu escritório.

Presidente Castelo Branco, ministro Golberi e Ribas, governador de Goiás.

O projeto era revolucionário e digno de apoio governamental. O seu êxito poderia ter efeitos e repercussão incalculáveis para a nação. Sob a ótica dos opositores, a desconfiança em relação à lisura das nossas intenções era menor do que o temor de a IBAP realmente dar certo. A cada passo que dávamos, demonstrando solidez e compromisso, a campanha difamatória intensificava-se. Os ataques não se limitavam às críticas à indústria e ao carro. Procuravam cada vez mais me desqualificar como empresário, colocando em dúvida a minha honra, o meu caráter e a minha boa-fé. Fui chamado de malandro, picareta e daí pra baixo.

Ladrão, bandido e "Al Capone" foram os termos encontrados pelo deputado estadual Nicola Avallone Junior (PDC) – aquele ex-prefeito de Bauru-SP e fundador do "Diário de Bauru" – para me qualificar. Sua ofensiva iniciou-se na Assembleia Legislativa de São Paulo em 28 de setembro de 1964, lançando dúvidas primeiramente sobre a viabilidade do empreendimento.

> Uma indústria automobilística no Brasil, para ser exequível, necessita produzir na pior das hipóteses 50 unidades por dia. Ora, para atingir essa produção, torna-se necessário e imprescindível um investimento da ordem de 30 bilhões de cruzeiros, acresce salientar que a concretização do projeto de um veículo, em condições normais, ainda depende de um prazo mínimo de 5 anos.

Era uma tese muito frágil, difícil de colar, mas ele abriria ainda mais o leque. Despertava estranheza ao deputado o simples fato de não haver notícias de que a nossa sociedade tinha contratado mão de obra qualificada nem iniciado o processo de importação de maquinário e equipamentos.

> Deve-se salientar que os estampos para carroçaria tem a sua importação proibida e as ferramentarias nacionais não tem capacidade disponível, o que torna necessário criar uma ferramentaria própria, exclusiva, para possibilitar a fabricação do chamado 'Automóvel Presidente'.

Em seu discurso com tiros para todos os lados, Avallone Jr. aproveitou-se de uma parte frágil de nossa operação: a fome de nossos vendedores. Alguns corretores da IBAP agiram de forma antiética e macularam o nosso progresso por não medir esforços – nem invencionices – para vender as cédulas. Eles recebiam integralmente o sinal do pagamento das cotas, portanto não se preocupavam com o pós-venda, apenas com a captação de subscritores. Participavam do treinamento e muitos seguiam corretamente a cartilha comercial. Mas uma minoria dava informações fantasiosas, abreviando a data de lançamento do automóvel e vinculando o meu nome ao do grupo controlador da Vemag, que por coincidência também era Fernandes. Os aproveitadores diziam tratar-se da mesma empresa, o que aumentava a credibilidade ao projeto e as chances de fechar negócio. Esse papo de vendedor obviamente chegou aos ouvidos de Avallone Jr., que despejou:

> O empreendimento é anunciado como N. Fernandes para dar uma impressão de que é uma iniciativa do Grupo Fernandes, grupo majoritário da Vemag S.A., produtora de veículos marca DKW VEMAG e do Banco Novo Mundo S.A.

Para evitar qualquer confusão, tive de publicar informes publicitários nos jornais para esclarecer que se tratavam de empresas diferentes, seguindo o mesmo teor dos anúncios simultaneamente publicados pelo dono da Vemag:

> Quero esclarecer, a propósito de comentários correntes de que Empreendimentos N. Fernandes teria alguma relação com o grupo Fernandes ou Organização Novo Mundo (Vemag), que nenhuma relação comercial direta ou indireta nos une a esse grupo.
> Orgulho-me, no entanto, em ter um homônimo de tão grande destaque no campo industrial.

Avallone Jr. também quis chamar a atenção dos parlamentares para o risco da perda de credibilidade do mercado de títulos e papéis, argumentando que a nossa propaganda era "violenta e desenfreada" e tinha o exclusivo objetivo da subscrição de ações por conta do povo.

> A iniciativa do senhor Nelson Fernandes causará, com certeza, (...) escândalo popular com repercussão desmoralizadora no mercado de títulos e papéis, compelindo o governo federal a grandes esforços para restabelecer a confiança pública.

Para financiar o déficit público e não pressionar ainda mais a inflação, o governo Castelo Branco havia autorizado a emissão a partir de julho de 1964 de Obrigações Reajustáveis do Tesouro Nacional (ORTN), títulos de longo prazo com cláusula de correção monetária. Desta forma, as cédulas da IBAP tornaram-se concorrentes dos papéis do próprio governo, que, por meio de chamamentos na imprensa, convocava o povo para comprar as obrigações e recuperar a nação.

Em seu manifesto, o deputado Avallone Jr. exigiu das autoridades competentes – notadamente o Ministério da Indústria e Comércio e o Conselho Nacional de Segurança – um parecer sobre o projeto de instalação da Indústria Brasileira de Automóveis Presidente. Dirigido ao Grupo Executivo da Indústria Automobilística (GEIA), criado no governo JK e que seria substituído pelo Grupo Executivo das Indústrias Mecânicas (Geimec) no governo Castelo Branco, o requerimento de Avallone Jr. enumerou as seguintes questões:

1. Tem o Geia conhecimento da iniciativa e empreendimento N. Fernandes, que se propõe a instalar a IBAP?
2. Tratando-se de constituição do capital baseado na economia popular, estará esse empreendimento enquadrado nos dispositivos do Geia?
3. Qual seria o capital mínimo indispensável para um empreendimento dessa categoria?
4. Assumirá o Geia a responsabilidade, perante a opinião pública, quanto à idoneidade moral e técnica desse empreendimento?

Avallone Jr. estava disposto a lutar incessantemente pelo fim da nossa iniciativa. Para a minha própria honra, comparou-me ao empreendedor americano Preston Thomas Tucker, cuja biografia eu até então não conhecia. Visionário, Tucker ficou conhecido no final da década de 1940 por ter desafiado o poderio das três maiores montadoras de Chicago (Ford, General Motors e Chrysler) ao projetar e lançar um veículo a frente de seu tempo. Com linhas futuristas, itens inovadores de segurança, mais potente e seguro que os demais, o Tucker Torpedo seria o "sonho americano" porque, além da beleza e da eficiência, seria vendido a um preço popular.

Curiosamente, Preston Tucker recorreu à economia popular para viabilizar o seu projeto. Lançou, em 1946, uma sociedade civil chamada Tucker Corporation, e começou a arrecadar dinheiro de americanos que acreditaram em seu sonho. Dos mais de 300 mil veículos encomendados, só conseguiu produzir 51 unidades. O projeto foi barrado por forte campanha contrária promovida por um político, um promotor de justiça e um jornalista, que utilizava o seu espaço na imprensa para amplificar duras críticas ao Tucker. Em 1948, o empresário foi processado, acusado de fraude aos investidores.

Depois de anos, foi absolvido pela justiça, mas já não era possível resgatar a confiança dos investidores.

Anos mais tarde, Preston Tucker tentou ainda lançar no Brasil o "Carioca", um carro esportivo que trazia algumas das inovações do Torpedo. Mas o projeto do carro brasileiro foi interrompido em seu nascedouro pela morte de Tucker, em 1956, vítima de câncer no pulmão, aos 53 anos. A história deste grande empreendedor foi documentada no filme "Tucker: the man and his dream" ("Tucker: um homem e seu sonho"), estrelado por Jeffrey Bridges, produzido por George Lucas e dirigido por Francis Ford Coppola.

Eis a fala de Avallone Jr.:

> Ao que tudo indica o incorporador apresentará ao GEIA um plano inexequível e não obterá licença para a fabricação. Repetir-se-á entre nós o escândalo Tucker, dos Estados Unidos, que abalou a economia popular da grande nação americana.

A título de curiosidade, no início da década de 1960, Avallone Jr. empregou como *office-boy* em seu escritório um menino chamado José Dirceu de Oliveira e Silva, que mais tarde tornar-se-ia político e expressaria a sua gratidão ao mentor pelo aprendizado.

Capítulo Dezesseis

A força da campanha difamatória

Pelas ondas médias, a campanha difamatória ganhava novos e longos tentáculos.

O discurso de Nicola Avallone Jr. na Assembleia Legislativa fora gravado e transmitido pela Rádio Bandeirantes, veículo que passou a amplificar as vozes contrárias à IBAP durante sua programação diária, especialmente em "O Trabuco", informativo que ia ao ar das 8 às 9 horas com apresentação do radialista Vicente Leporace, que comentava as principais notícias do dia. A vinheta do programa anunciava:

> Seu Leporace, agora com o Trabuco, vai comentar as notícias dos jornais. Seu Leporace, agora com o Trabuco, vai dar um tiro nos assuntos nacionais.

Inflamado por aquilo que lia e ouvia falar, e influenciado pelas cartas que recebia de ouvintes em dúvida quanto à idoneidade do empreendimento, Leporace apontou o seu trabuco para o meu lado e abriu fogo. Franqueava os microfones para qualquer um que lançasse impropérios contra mim ou críticas negativas à IBAP. Em uma de suas entrevistas com Avallone Jr., o apresentador de "O Trabuco" qualificou-me como "um embusteiro que pretende levar o povo a engodo em suas transações".

Repórter da Rádio Bandeirantes, o jornalista Ferreira Neto também se valeu de toda a sua eloquência para me condenar a priori. Com seu "Unidade Volante Persegue a Notícia", Ferreira Neto caçou-me incansavelmente. Tirou o foco dos fatos e elevou as especulações e os insultos ao status de notícia. Em suas entrevistas com deputados, referia-se à IBAP como "indústria-fantasma", "esqueleto" e "barracão".

Acompanhado de Avallone Jr. e outros deputados, o repórter Ferreira Neto chegou a conhecer as nossas instalações provisórias na Rua Paulo de Faria. Tanto que, em seu depoimento na CPI, Avallone Jr. mostrou aos parlamentares algumas fotos do nosso galpão, onde construímos os protótipos, e disse:

> Aqui é que ele montava [os carros], e realmente encontramos lá duas carrocerias lindíssimas, mas, mesmo dizendo que éramos da imprensa, mesmo com um guarda civil que era meu motorista e dizendo que eu era deputado, saímos de lá escorraçados, porque quatro funcionários, com ferramentas na mão, nos impediram de aproximar do carro. Isto recrudesceu nossa luta na rádio. O jornalista Ferreira Neto, um dos mais vibrantes repórteres de São Paulo, aproveitou para apresentar aquilo como um grande escândalo.

Este era o grande escândalo: não deixar que gente contrária à IBAP se valesse de sensacionalismo para confirmar uma tese frágil e sem fundamento de que tudo não passava de um grande golpe na economia popular. Tudo o que eu menos planejava era golpear aqueles que embarcavam em minhas jornadas. Meu objetivo era lotar o barco, compartilhar os sonhos.

Nesse clima e logo após esse episódio, Ferreira Neto convidou-me para integrar uma mesa redonda na rádio, em 9 de outubro de 1964, com a participação de diretores de algumas fábricas de automóveis, deputados e jornalistas. Disseram-me que o objetivo era discutir a viabilidade da indústria de automóveis nos moldes que estávamos propondo. Entre os convidados, estavam Leporace, Avallone Jr. e o ex-presidente do Geia, Almirante Lúcio Meira.

Para a surpresa do jornalista, eu aceitei o convite e me preparei para apresentar os meus argumentos. No dia combinado, cheguei à sede da rádio, em um edifício na Rua Paula Sousa, 181, no Centro, com uma comitiva composta por Dr. Luciano, meu advogado; Lisboa, o engenheiro civil; e equipe técnica da IBAP, incluindo o Beraldin. O ambiente estava pesado, havia policiais no local, pois uma equipe de corretores que sabia da realização da mesa redonda foi à porta da rádio para se manifestar contra a campanha difamatória.

A minha equipe foi barrada na recepção da rádio. Só havia autorização para liberar a entrada dos participantes da mesa redonda, nenhuma pessoa a mais. Eu não me conformei com aquela situação. Vi os outros participantes entrarem no estúdio com pastas, planilhas e estudos sobre a indústria automobilística. E pensei: "Como vou me defender?".

Informei à recepcionista e aos produtores que meus assessores estavam ali para me ajudar com dados e informações sobre os assuntos que seriam colocados em discussão. Depois de muita negociação, consegui a liberação apenas da entrada de meu advogado, que tinha em mãos uma série de documentos que certamente demonstraria a seriedade dos nossos estudos e pretensões.

Entretanto, logo que entrei, ao chegar à antessala do estúdio, comecei a entender que a mesa redonda mais se parecia a uma emboscada. Enquanto aguardava o início do programa, reconheci três pessoas que passaram pelos corredores da rádio. Eram ex-sócios do Acre Clube. Junto deles, uma mulher com quem eu tinha tido um romance.

Tarde demais. Havia entrado numa fria e não tinha como fugir dali. Levantei e fui ao encontro dos ex-sócios e da mulher nos bastidores. Aproximei-me e perguntei a eles:

– O que estão fazendo aqui? Vocês estão ligados de alguma forma à indústria automobilística?

Ao que um deles me respondeu:

– Não, apenas estamos aqui para te ferrar.

Dei-lhe um murro na cara. O alvo de minha reação instintiva foi o comerciário Carlos Manoel Fernandes, que, assim como os outros, desconheciam totalmente o assunto a ser tratado na mesa redonda. Estavam lá para me atacar pessoalmente, eram meus inimigos. Os ex-sócios do Acre Clube haviam sido expulsos por uma assembleia geral do clube, por mau comportamento.

Dei as costas, voltei para a sala de espera, sentei-me ao lado do meu advogado e fiquei aguardando, como se nada tivesse acontecido. Pouco tempo depois os seguranças me abordaram para saber se eu tinha agredido alguém. Eu disse que não, que era pura invenção. Depois, tive de responder a um processo por agressão na justiça.

O deputado Avallone Jr. estava dentro do estúdio, conversando nos corredores. Depois, no depoimento à CPI, ele diria que fora impedido de entrar na rádio, barrado pelos meus "capangas". E acrescentaria que os deputados Levy Tavares e Dias Meneses, que também tinham sido convidados a compor a mesa redonda, não puderam comparecer em razão de compromissos assumidos em Brasília. Eis o trecho da fala de Avallone Jr. na CPI:

> Eu compareci às 8h30, à hora aprazada, quando não pude chegar à Rádio Bandeirantes porque mais de 60 Volkswagen – era a equipe toda de vanguarda dos vendedores – estavam à minha espera para, ao som do Hino Nacional, louvar o senhor Nelson Fernandes e apresentar Avallone Jr. como traidor da pátria, vendido aos capitais estrangeiros (...). Então o deputado apanharia, seria agredido naquele instante e, ao mesmo tempo, apoteoticamente, carregado nos braços dos corretores, o senhor Nelson Fernandes, aclamado, fotografado, ao som do Hino Nacional. Tudo preparado (...) eu tive a prudência de, 48 horas antes, pedir cobertura da segurança policial e coloquei oito elementos que me davam segurança, (...) e fui avisado meia hora antes que o ambiente era aquele. Cheguei e a cem metros confirmei o quadro. Fiz uma ligação telefônica, ao lado, dizendo que não havia condições para entrar, porque havia um grupo organizado, segundo informação que obtivera, e seria imprudência.

Na sequência, Avallone Jr., apesar de estar amparado por reforçada escolta de batedores da polícia, expôs todo o seu temor em participar da mesa redonda, e também deixou escapar que tinha controle sobre a pauta da rádio:

> Conheço a psicologia das massas, da turba. Ali o deputado podia ser morto e não haveria nem assassino – haveria assassino, porém difícil identificar o grande culpado. Baseado na ausência dos dois deputados que, a rigor, eram as vozes esperadas, porque a minha já se havia tornado uma rotina nos pronunciamentos, sugeri que se adiasse a mesa redonda.

Eu sempre estive aberto ao debate e disposto a demonstrar, com argumentos técnicos, que o projeto da IBAP era consistente. Mas não encontrei campo fértil para esse tipo de discussão. O enfoque dos opositores não estava em aspectos da indústria automobilística, mas na comprovação da tese de que Nelson Fernandes era um gangster. Eram praticamente nulas as nossas chances de colocar estudos e planilhas sobre a mesa.

Na Bandeirantes, o objeto de debate não tinha a menor importância para seus organizadores. A mesa redonda era, de fato, um pretexto para me difamar. Por isso, não houve adiamento, e sim cancelamento. Ninguém veio renovar o convite ou propor uma nova data.

Também não adiaram os ataques que seriam feitos naquele dia. Todo o episódio fora narrado na rádio. Ao vivo, informaram aos ouvintes que o deputado Avallone Jr. estava sendo impedido de entrar no prédio pelos "soldados" de Nelson Fernandes. E abriram espaço para as entrevistas com os ex-sócios do Acre, que, além de despejarem toda a raiva alimentada desde a expulsão, disseram-se agredidos "covardemente" e confirmaram a existência de "capangas" fora do estúdio, prontos para linchamentos. Minutos depois, Avallone Jr. afirmou aos ouvintes que Nelson Fernandes não era chefe de um empreendimento, e sim de uma gangue. Demonstrando toda a sua boa vontade, informou que tinha chegado desarmado à mesa redonda, "com espírito fraterno e para um diálogo menos agressivo", pois recebera o seguinte pedido do "eminente e inatacável" deputado paulista Chaves de Amarantes: "Avallone, fui convidado para ir à mesa, mas não vou. Conheço o Nelson, é vibrante, é lutador, mas é um assunto do qual prefiro ficar de fora. Mas você procura poupar, porque o Nelson merece uma oportunidade".

Naquele dia, o deputado federal Dias Meneses também teve a sua oportunidade de falar ao vivo na rádio. Seu voo de Brasília a São Paulo atrasara, mas, apesar de dar o ar da graça noventa minutos após o horário combinado para o início da mesa redonda, os microfones da Bandeirantes ainda estavam abertos. Veja como Dias Meneses, complementando a fala do colega Avallone Jr., narraria o fato aos parlamentares da CPI:

> Quando cheguei à sede da Rádio Bandeirantes, encontrei ali realmente um amontoado de pessoas à porta do edifício, mas pude ingressar, e aí é que fui surpreendido com a informação, segundo a qual a mesa redonda havia sido cancelada, até porque V. Exª não pudera sequer ter acesso, em face do aparato ali armado, de dispositivo urdido pela Organização N. Fernandes, de forma que os deputados viessem a ser desmoralizados na forma que V. Exª explica.

Já que não fora desmoralizado, graças à prudência e aos seguranças de Avallone Jr., Dias Meneses aproveitou o seu espaço na rádio para, mesmo sem ter presenciado coisa alguma, inverter os fatos e me desmoralizar pelos singelos noventa minutos. E, com orgulho diante dos parlamentares em Brasília, descreveria a sua relevante e tardia participação naquela noite:

> E, nesse mesmo momento, os microfones da Rádio Bandeirantes me foram facultados por hora e meia, prazo durante o qual verberei veementemente o abuso que ali se cometia e aproveitei a oportunidade para alertar a opinião pública sobre o empreendimento. Um empreendedor que teme a discussão do seu problema e que se vale de processos dessa natureza já estava condenado, naquele momento, a não poder sequer continuar na sua indústria.

Sim, o grande objetivo era interromper a indústria. A Rádio Bandeirantes levantou essa bandeira e intensificou a campanha contrária. Nos dias seguintes ao debate, em 10, 11 e 12 de outubro de 1964, os radialistas passaram a transmitir com a frequência dos informes publicitários ataques contra a Empreendimentos N. Fernandes. Além de nos desqualificar como empresa, recomendavam às pessoas que tinham comprado as cédulas que não continuassem a pagar as mensalidades. Chegaram ao cúmulo de interromper uma transmissão de um jogo de futebol entre Santos e Corinthians simplesmente para atacar a IBAP, aproveitando a grande audiência do horário. Diante dos ouvintes que acompanhavam o clássico, chamaram-nos de "criminosos de alto bordo" e "assaltantes da bolsa do povo".

Enquanto os desacatos e as injúrias eram propagados pelo ar, o meu advogado trabalhava arduamente nos fóruns para tentar minimizar os prejuízos. Por exceder a sua liberdade de criticar com veemência e ultrapassar os limites do bom senso, os veículos e profissionais de comunicação que me caluniavam tornavam-se alvos de ações judiciais. Foi oferecida queixa-crime de Imprensa contra o jornalista Ferreira Neto, por caluniar, injuriar e difamar a minha pessoa e a IBAP em suas entrevistas. Contra Leporace, foram 26 pedidos de direito de resposta. A Rádio Bandeirantes foi obrigada pela justiça a repetir por 57 vezes durante a programação, de meia em meia hora, o seguinte texto: "O senhor Nelson Fernandes não é vigarista, o senhor Nelson Fernandes é honesto".

Enquanto as vitórias minavam a artilharia dos profissionais de imprensa, o chumbo engrossava nos palanques políticos, pela ação de agentes com imunidade parlamentar. A imprensa então se limitou a abrir aspas para as línguas ferinas dos deputados que atacavam a IBAP.

Na triangulação feita pelos deputados, pela "*Quatro Rodas*" e pela Rádio Bandeirantes, um se calçava na opinião do outro, valendo-se das citações. O teor dos discursos dos deputados era reproduzido em editoriais na revista e sonoras na rádio. Avallone Jr. retribuía a gentileza exaltando os veículos na Assembleia, diante dos colegas parlamentares. Em uma oportunidade, registrada na edição de 17 de novembro de 1964 do DOSP, o deputado leu o editorial "Os milhões do presidente", edição da revista "*Quatro Rodas*" que acabara de sair da gráfica, onde se lia a seguinte opinião do editorialista:

> A impraticabilidade deste empreendimento é patente, e para o fato já chamou a atenção o deputado paulista Avallone Jr., que solicitou esclarecimentos ao Geia, Ministério da Indústria e Comércio e Conselho de Segurança.

Após ler o editorial, Avallone Jr. aproveitou para louvar uma das realizações da revista: o "grande concurso '*Quatro Rodas* – Arquitetura de Moteis'". Avallone Jr. utilizou o tempo dele e emprestou o do deputado Hilário Torloni para ler o regulamento inteiro do concurso, publicado em duas páginas de revista. Encerrou o discurso com o seguinte desfecho:

> Portanto, nossos elogios a esse patriótico concurso que visa estimular a construção de motéis em nossas autoestradas (...) nossos aplausos ao Sr. Victor Civita, diretor da Revista *Quatro Rodas*, que vem acompanhando o extraordinário, o astronômico desenvolvimento de nossas autoestradas.

Por suas declarações na Assembleia Legislativa transformadas em sonoras na rádio, o deputado Avalone Jr. foi processado por difamação e injúria. Na queixa-crime, que veio com uma solicitação à Câmara – nunca apreciada – que concedesse a licença para que o processo corresse pela lei de imprensa, pedimos uma indenização de 100 vezes o salário mínimo vigente (que era de 42 mil cruzeiros).

Um total de quatro milhões e duzentos mil cruzeiros. Não vingou.

Tempos depois, Avallone Jr. retornaria ao púlpito na Assembleia para apresentar aos colegas parlamentares a sua defesa, novamente alicerçada nas matérias da *Quadro Rodas* e dos jornais *O Globo* e *Jornal do Brasil*, que martelavam na tese do "embuste", pois os protótipos estavam equipados com motor do Corvair. A contestação de Avallone Jr. foi publicada no DOSP, de 25 de março de 1965, com o registro do seguinte introito do deputado:

> Tenho a certeza de que a nossa luta, iniciada nesta Casa, dentro em pouco será vitoriosa, face à situação em que se encontra a frustrada empresa que se propõe a fabricar os automóveis "Presidente", fugindo às determinações do governo, numa manobra que primou pela irresponsabilidade e cuja tônica era o espírito aventureiro de seu incorporador (...) Os brasileiros que compraram as ilegais "cédulas votantes" já não estão pagando as prestações, porque reconhecem que caíram no engodo, na farsa, na mistificação, liderada pelo Sr. Nelson Fernandes, que pode ser um grande incorporador de clubes de campo, mas que não se reveste de embasamento mínimo para liderar o lançamento de uma fábrica de automóveis neste país.

A falta de embasamento vinha do próprio deputado, que, para abordar um tema que desconhecia completamente, valia-se de reportagens tendenciosas e reproduzia pensamentos imprecisos e que nem lhe pertenciam. Ele não conhecia as minhas intenções e nem estava interessado em investigá-las. Mas estava coberto de razão quando dizia que a perseguição contra mim prosperaria.

Protótipo do carro da IBAP com motor do Corvair.

Capítulo Dezessete

Jogo de cartas marcadas

Entre os duros reveses que sofri na vida empreendedora, o mais contundente teve origem em 14 de outubro de 1964, cinco dias após o incidente da mesa redonda da Rádio Bandeirantes. Na data, o deputado federal Levy Tavares (PSD-SP) encaminhou à Mesa da Câmara Federal requerimento para constituição da CPI que investigaria a idoneidade da IBAP, com base na Lei de Economia Popular, n° 1521, de 26 de dezembro de 1951, que em seu artigo 3°, item VII, diz que é crime contra a economia popular "dar indicações ou fazer afirmações falsas em prospectos ou anúncios, para fim de substituição, compra ou venda de títulos, ações ou quotas".

Ligado à Igreja "O Brasil para Cristo", o pastor Levy Tavares foi um dos primeiros evangélicos pentecostais a se eleger deputado no País. Os líderes denominacionais que começaram a chegar ao Congresso invariavelmente estavam alinhados aos militares e ao discurso anticomunista. Na abertura da CPI, instalada em fevereiro de 1965 pela Resolução da Câmara dos Deputados n° 83, Levy Tavares explicou aos congressistas que a sua decisão de investigar a IBAP dera-se porque muitos dos membros de sua igreja que adquiriram as cédulas votantes vieram consultá-lo para saber se haviam feito bom negócio. E, imbuído de piedade e responsabilidade pela "sinceridade da pergunta daquela gente humilde", foi em busca de respostas. E a primeira pesquisa de campo que fez foi essa:

> Em contato com o deputado Dias Menezes, S. Exa. também esclareceu que, a seu ver, a IBAP não passava de conto do vigário e que o Sr. Nelson Fernandes é um escroque conhecido.

Depois, ele foi ao Centro da cidade para conhecer o automóvel que lá estava exposto. Estava acompanhado de um técnico do extinto GEIA, que assegurou a ele que o motor era do Corvair. Com a "descoberta", ele partiu então para a sua segunda consulta:

> Diante desses indícios, considerando que N. Fernandes estava vendendo ações e arrecadando dinheiro, estive em contato com o deputado Avallone Jr., que também estava movendo campanha de esclarecimento, mas sofrendo ataques e até ameaças (...).

Levy Tavares informou à CPI que, por ser deputado estadual, Avallone Jr. estava atrás de um deputado federal que solicitasse uma CPI para investigar a IBAP. Pois então, havia acabado a sua busca.

Com relação à fonte técnica de pesquisa, Levy Tavares recebeu das mãos de Avallone Jr. as matérias da revista *Quatro Rodas*, levantando em sua fala na CPI o recorte daquele mesmo editorial "Os milhões do presidente", que sustentava que a fabricação do automóvel da IBAP era inexequível financeiramente.

E, para não parecer que seu requerimento era meramente para destruir a IBAP, e sim investigar imparcialmente, o deputado-pastor despistou, ponderando:

> É bom que nós saibamos que teoricamente o Sr. Nelson Fernandes poderia construir um carro 100% nacional, e qualquer um de nós também.

E, em seguida, escorregou, emendando:

> Quando, porém, partimos para a lógica do problema e para as possibilidades, chegaremos à conclusão de que é impossível fabricar um carro 100% nacional. A Volkswagen do Brasil, para dar um exemplo, com dinheiro da Alemanha, ainda assim não conseguiu fabricar um carro 100% nacional. O Volkswagen é 97% de fabricação nacional, porque a construção da peça que representa os 3% no Brasil demandaria a vinda de maquinarias tão caras e tão grandes que não compensaria a sua fabricação aqui. Ora, se a Volkswagen não pode fabricar um carro totalmente no Brasil, por esta razão, muito menos o Sr. Nelson Fernandes poderia fabricar um carro de luxo, porque, em verdade, o carro Presidente é luxuosíssimo, conforme a propaganda, e fabricado com 100% de matéria-prima nacional.

A fala de Levy Tavares demonstrava claramente que o seu objetivo era desmantelar a IBAP. Se alcançasse êxito, ele poderia dizer que estava coberto de razão quando afirmava que o povo seria lesado. Ora, ao impedir a continuidade do empreendimento, não haveria a menor possibilidade de não causar prejuízo aos sócios-proprietários. Mas de quem seria a responsabilidade pelo crime contra a economia popular? Na opinião de Levy Tavares, do "escroque" Nelson Fernandes:

> A finalidade da minha solicitação é averiguar a idoneidade deste empreendimento e, uma vez tendo uma conclusão, esclarecer o povo de São Paulo, antes que o Sr. Nelson Fernandes parta para outros Estados, conforme está anunciado que vai para a Guanabara, com os mesmos métodos, com o mesmo processo. O povo, ignorando o assunto, poderá certamente perder muito dinheiro em benefício de um homem considerado um escroque, dado os métodos que vem usando até agora.

Sobre "os métodos" usados "até agora", Levy Tavares levantou meus antecedentes, e, sem muitos subsídios, apresentou uma rasa conclusão à CPI. Apenas citou a existência do Acre Clube e informou que o Hospital Presidente fora inaugurado com obras inacabadas. A história conta que os dois empreendimentos do Tucuruvi foram entregues aos sócios, que consequentemente não perderam dinheiro. O Acre Clube e o Hospital Presidente são patrimônios do Tucuruvi, embora atualmente a N. Fernandes não tenha mais qualquer gestão sobre ambos.

Além de Levy Tavares, que foi o primeiro a depor, a CPI ouviu em sua maioria pessoas contrárias à IBAP, figuras como o jornalista Vicente Leporace e políticos como o onipresente deputado estadual Avallone Jr., o intransigente deputado federal Dias Meneses e a oscilante ex-deputada Tereza Delta, que chegou a trabalhar como corretora da IBAP.

Dias Meneses não era membro da CPI, mas atuou como inquirido e inquisidor.

Antes de "sabatinar" o depoente Vicente Leporace, Dias Meneses o exalta ao fazer uma homenagem ao radialista:

> Também desejaria rapidamente focalizar aqui o grande serviço público que empresta à população o nobre jornalista Vicente Leporace, que através de uma verdadeira tribuna popular, deno-

> minada "O Trabuco", da Rádio Bandeirantes, vem se dedicando com grande correção e proficiência à defesa da população, quer no que se refere aos fatos comuns, corriqueiros, que hoje empolgam o nosso povo tão sofrido, quer com relação aos grandes assuntos administrativos que merecem a crítica ou elogio de "O Trabuco". Foi naturalmente levado por este propósito que é aquele que exatamente informa nossa comissão, de preservar a economia popular, de acautelar o bem público, especialmente dos humildes, que o senhor Vicente Leporace através de "O Trabuco" procurou focalizar este Empreendimentos N. Fernandes. Desejo que fique registrada nos nossos arquivos uma palavra de congratulações com o nobre jornalista pela forma altiva com que se vem conduzindo neste particular, lamentando apenas que desgraçadamente, ao invés de vir a ser louvado, tivesse sido, ao contrário, processado e tivesse que, através de um odioso processo, desdizer-se segundo os textos que foram aqui apresentados, quanto às críticas que havia formulado, estas, sim, que tinham o único propósito de acautelar o interesse coletivo.

E só então o parlamentar não-inscrito inicia o inquérito, trazendo à tona novamente o episódio da polêmica mesa redonda na Rádio Bandeirantes, que não havia sido realizada por um motivo que agora ficaria claro:

> Dias Menezes – Desejo fazer-lhe apenas duas perguntas. Os profissionais da imprensa, que se envolveram no episódio Nelson Fernandes, foram ou não vítimas de violências de parte da organização, dos seus assessores ou, em última palavra, de seus capangas, uma vez que, tendo eu chegado de Brasília para participar de um programa da Rádio Bandeirantes, (...) encontrei a área praticamente sitiada pela polícia e, ao ter ingresso no edifício, fui informado de que um grupo de funcionários do senhor Nelson Fernandes havia ali comparecido para impedir que o deputado Avallone Jr. pudesse ter acesso a essa mesa redonda e que o jornalista Ferreira Neto teria sido vítima de agressão pessoal?
>
> Vicente Leporace – A verdade é que a mesa redonda teve impossibilitada a sua execução em virtude de elevado número de funcionários ou pseudo-funcionários da Organização Nelson Fernandes. Inclusive uma testemunha que reputávamos preciosa foi agredida (...). Quanto ao jornalista Ferreira Neto, não foi vítima de agressão.
>
> Apenas houve tentativa de agressão, porque os elementos que compunham a polícia civil convidados pela Rádio Bandeirantes impedi-

> ram que a agressão fosse levada a cabo.
>
> Dias Menezes – Mas esteve sob ameaça da parte de elementos da Organização Nelson Fernandes?
>
> Vicente Leporace – Sim, é verdade.
>
> Dias Menezes – Isto quer dizer que o Senhor Nelson Fernandes procurava apagar por meio da violência, da agressão a palavra jornalística que pudesse esclarecer a opinião pública a propósito do empreendimento?
>
> Vicente Leporace – Sim, e é verdade também no que tange a impossibilidade que encontrou o deputado Avallone Jr., convidado por nós, de comparecer à mesa redonda que, afinal, não houve, porque o elemento mais precioso para a realização da mesa redonda seria justamente o deputado Avallone Jr., autor da denúncia.

O fato é que não havia motivações jornalísticas, apenas uma armação para que Avallone Jr. despejasse a sua ira perante a opinião pública. Ao contrário do que disse, o deputado conseguiu entrar no prédio, mas certamente não esperava que eu estivesse presente. O debate não interessava aos opositores. Seria mais fácil simplesmente despejar a denúncia no ar e explicar aos ouvintes que o Sr. Nelson Fernandes fora convidado mas não compareceu.

Assim como na mesa redonda, o circo da CPI estava armado. Novamente eu encarei o convite – neste caso, uma intimação para depor – como uma oportunidade para finalmente prestar todos os esclarecimentos. Sabia que, além dos parlamentares tendenciosos, havia na Casa deputados honrados e compromissados com a justiça. Depositei neles a minha esperança.

O meu depoimento na CPI foi colhido em 8 de junho de 1965 na Assembleia Legislativa de São Paulo. Ao lado de meus assessores e amigos, entre os quais o Saldanha, o Dr. Luciano e o Lisboa, informei aos deputados que os planos iniciais da IBAP já estavam comprometidos devido à desaceleração das vendas causada pelos ataques contra o empreendimento.

Ao deputado Dias Meneses, que fez infindáveis perguntas sobre as finanças e questionou a "faustosa" divulgação publicitária da IBAP, eu disse:

> Nobre deputado, de acordo com o resultado a que esta CPI chegar, terei que reiniciar – se for favorável a conclusão – a minha promoção para levar ao conhecimento do povo que aquela campanha de difamação que sofri era injusta. V. Exª no início demons-

> trou que nem o deputado Levy Tavares nem V. Exª tinham interesse em destruir, mas esclarecer. Mas V. Exª há de reconhecer que eu sofri uma campanha inclusive de elementos políticos que, sem conhecimento, sem base, me chamam de ladrão, de Al Capone, de picareta etc., sem me conhecerem pessoalmente e sem se darem ao trabalho de conhecer os meus empreendimentos. Quer dizer, esta é uma campanha de destruição. O povo automaticamente tomou conhecimento desta campanha. Agora, para que possa transmitir a verdade, de que Nelson Fernandes é um homem honesto, está munido de bons princípios para a realização deste empreendimento, tenho que desenvolver uma campanha publicitária talvez superior àquela que eu fiz, para apagar toda aquela infâmia que fizeram com respeito à minha organização. Assim, a promoção de uma organização como a minha depende exclusivamente da necessidade de levar ao conhecimento do povo a verdade. (...) Se V.Exª analisar aquilo que foi feito nas minhas promoções e ler os estatutos da minha organização, verá que não procurei fugir à verdade.

Muitos sócios deixaram de pagar as mensalidades, e os interessados em adquirir os títulos estavam recuando, com medo de serem enganados. Para se ter uma ideia, em apenas seis meses, de abril a setembro de 1964, havíamos vendido cerca de 25 mil cédulas provisórias das 400 mil disponíveis. Da receita total esperada, que era de 120 bilhões de cruzeiros – o que representava mais de três vezes o capital social da Willys no Brasil na época –, já tínhamos garantidos cerca de 8 bilhões de cruzeiros em títulos. Nosso objetivo era alcançar um ritmo de venda mensal de 3 bilhões de cruzeiros em títulos. E estávamos muito próximos da meta, pois tínhamos atingido uma receita de 2,4 bilhões em setembro, um mês antes de Avallone Jr. iniciar seus ataques à IBAP.

Se as vendas tivessem continuado nessa toada, alcançaríamos 50% dos títulos totais do empreendimento em meados de 1966. Mas, após a forte campanha contrária, os subscritores desapareceram. Em junho de 1965, quando prestei depoimento na CPI, entre cancelamentos e novas vendas, estávamos com uma receita esperada de 9 bilhões de cruzeiros, totalizando 30 mil sócios – apenas 5 mil a mais num período de nove meses. Como as cédulas de propriedade eram vendidas em 20 parcelas, este montante ainda não estava em nosso caixa.

Havíamos recebido, em prestações mensais, um total de 2 bilhões de cruzeiros até então.

E, num esforço para tentar esclarecer aos sócios-proprietários o destino desse montante, fiz circular nos jornais na época em forma de informe publicitário um artigo intitulado "A bem da verdade", que listava em que produtos e serviços o capital dos sócios havia sido aplicado, a saber:

- aquisição do terreno em São Bernardo do Campo, à Via Anchieta;
- estudos, projetos e execução de cinco protótipos do automóvel;
- estudos e elaboração dos projetos definitivos da construção civil da fábrica;
- estudos e projetos de equipamentos para a fábrica;
- estudos, projetos e execução do conjunto mecânico do automóvel (motor, câmbio, fricção e diferencial);
- perfurações de sondagem da área, estudos de estabilidade de talude e drenagem (obras executadas pela OKAY Sondagens e Perfurações Ltda.);
- execução do levantamento planialtimétrico de toda a área;
- serviços preliminares exigidos para a execução de terraplenagem total, tais como limpeza, raspagem e drenagem de toda a área, escavação, transporte e compactação de 200 mil m³ de terra (execução pela Rosaterra Ltda.);
- publicidade e promoção de vendas através de emissoras de rádio, televisão, jornais, folhetos etc. visando levar ao conhecimento do povo este empreendimento.

Na CPI, os depoentes que estavam a meu favor se resumiram a Álvaro Marinelli e Luciano Caseiro, com suas intervenções e seus esclarecimentos à comissão. Por seu meu grande amigo desde a época do ginásio, Álvaro Marinelli pouco contribuiu para os objetivos da CPI, mas foi uma testemunha importante para que os deputados refletissem sobre a possibilidade de que se tratava de empreendimento sério. Além de prestar esclarecimentos sobre a N. Fernandes, onde trabalhou por um curto período na organização da área de vendas, Marinelli fez diante dos membros da CPI uma confissão de fé: "Acredito piamente nesse homem, homem de bem, decente, honesto. (...) Participo de todos os empreendimentos N. Fernandes. Sou cotista."

O que chamou a atenção na CPI é que os deputados, em nome da defesa da economia popular, citaram empreendimentos fracassados ou conduzidos por líderes mal-intencionados. As vendas de títulos patrimoniais não era uma completa novidade e havia empreendimentos que lançaram mão dessa estratégia para se erguer. Em meu depoimento, fiz essa observação ao deputado Dias Meneses.

> Nelson Fernandes – V. Exa. só citou empreendimentos fracassados. Agora eu gostaria que V. Exa. lembrasse também os empreendimentos vitoriosos. (...) Recorrendo à economia popular, foi construído um dos maiores estádios do Brasil no Morumbi...
>
> Dias Meneses – Devo interrompê-lo aqui precisamente, porque a economia popular não estava correndo absolutamente risco quando ocorreu a construção do estádio do São Paulo Futebol Clube.
>
> Nelson Fernandes – Eles estavam correndo risco, sim.
>
> Dias Meneses – O que se procedeu no Morumbi foi a venda de títulos, de cadeiras cativas, de um estádio que está construído.
>
> Nelson Fernandes – Mas está agora. Na ocasião, não estava. (...)
>
> Dias Meneses – O empreendimento industrial sujeito naturalmente aos azares e à fortuna...
>
> Nelson Fernandes – Todos os empreendimentos estão sujeitos aos azares e à fortuna...
>
> Dias Meneses – Tanto podem malograr como podem ser bem-sucedidos, é muito diferente.
>
> Nelson Fernandes – Não tem diferença nenhuma. Desde que o povo participe e que os responsáveis por esta realização sejam pessoas idôneas e honestas, não há perigo. Pode haver perigo porque ninguém está livre de acontecer alguma catástrofe, mas que existem riscos em todos os empreendimentos, existem.

Em seu depoimento, Dr. Luciano citou como exemplo o primeiro shopping center do Brasil, que seria inaugurado em 1966 nos mesmos moldes da democratização do capital. Para a aquisição de um terreno no Jardim Europa, em São Paulo, foram disponibilizadas 60 mil cédulas para venda. Doutor Luciano argumentou que o cidadão que havia comprado uma cédula era dono de fração ideal de 1/60.000 do empreendimento. Enquanto acompanhava os trabalhos do incorporador, teve de pagar as mensalidades. Apenas quando o shopping estiver completamente pronto é que ele se torna dono da fração ideal do patrimônio. Nesse momento, o incorporador entrega o imóvel aos 60 mil associados, que dividem o lucro daquele empreendimento. Disse o meu advogado na CPI:

> É exatamente idêntico. É o Shopping Iguatemi que tem 60 mil cédulas, todas vendidas em São Paulo, e o senhor Alfredo Mathias está começando a construção na Rua Iguatemi, em São Paulo [atual Avenida Brigadeiro Faria Lima]. É uma ideia de democratização do capital. Eu, por exemplo, não poderia comprar um terreno no Jardim Europa, mas eu compro uma parte pequenina; não poderia construir, espero que o incorporador construa, e quando ele construir então eu passarei a ser sócio de uma sociedade que se formará justamente para obter os seus lucros, os lucros do empate do meu capital. Isso que a IBAP faz.

Os deputados receberam o relatório sobre a IBAP de um perito em contabilidade contratado pela CPI, o Sr. Niemeyer Almeida, do Banco do Brasil, que apresentou um parecer desfavorável, dizendo que:

> A sociedade civil Indústria Brasileira de Automóveis Presidente não possui contabilidade própria, não existindo, desta forma, em seu nome, livros revestidos das formalidades legais ou documentação específica que sirva de base para uma perícia legítima (...) Não contando com esses elementos de um lado, mas por outro, no intuito de trazer a esta Comissão esclarecimentos necessários às suas conclusões, além de contar com o beneplácito do presidente da firma Empreendimentos N. Fernandes S/A, é que me louvei em seus livros e documentos de contabilidade, que sintetizam, se bem que de forma precária, as atividades do empreendimento IBAP, principalmente quanto à descentralização de sua contabilidade, atribuindo a cada empreendimento controle em separado, isso a partir do ano de 1965. Antes desta data, os registros eram feitos através de três contas.

Seguiu-se então um amplo debate sobre a obrigatoriedade ou não de a IBAP ter contabilidade própria nos primeiros meses de incorporação do empreendimento pela N. Fernandes. Mas a CPI já apontava uma decisão alinhada aos laudos oficiais no que tange à questão contábil e também à viabilidade técnica do carro da IBAP, cuja perícia ficou sob responsabilidade do técnico Luiz Gustavo de Souza Rezende, da Fábrica Nacional de Motores (FNM). Para o perito, que questionou o preço pelo qual o automóvel da IBAP seria ofertado no mercado, a estimativa de preço estava três vezes menor do que, segundo ele, era razoável.

Com 66 páginas, publicado em 29 de junho de 1966, no Diário do Congresso Nacional, o relatório final da CPI, sob responsabilidade do deputado Millo Cammarosano, trazia implicações devastadoras para a IBAP que, ao serem votadas, felizmente não foram aprovadas. O relator sugeria que, para resguardar a economia popular, era necessário especificar um órgão fiscalizador para controlar as atividades da IBAP. E o deputado Levy Tavares recomendou o encaminhamento da investigação à Procuradoria Geral da República. Ambos os acréscimos apresentados foram rejeitados pela maioria dos membros da comissão. Para o presidente da CPI, deputado Bias Fortes, o empreendimento era "uma audácia". Era mesmo.

Em contraposição, a CPI terminou com a seguinte sugestão ao Poder Executivo: "a constituição de um órgão que desde logo fiscalize as atividades de todos os empreendimentos de que participe predominantemente a economia popular".

Abaixo, a transcrição da conclusão:

> 1) Diante de todo o exposto e levando em conta que o comportamento do idealizador da Indústria Brasileira de Automóveis Presidente, Sr. Nelson Fernandes, evidencia a insegurança do empreendimento;
> Considerando que a estruturação da aludida indústria não se apoia em bases sólidas de modo a garantir aos tomadores das cédulas votantes a boa aplicação de seu capital;
> Considerando que houve desvirtuamento da sua finalidade em benefício de uma outra entidade – Empreendimentos N. Fernandes S.A. – esta não participante dos riscos decorrentes da implantação da indústria automobilística;
> Considerando ainda as graves irregularidades constatadas na perícia contábil;
> Considerando finalmente que se deva amparar os capitais e recursos da economia popular, sugerimos a esta Comissão Parlamentar de Inquérito:
> a) a constituição, pela Mesa da Câmara de uma Comissão Especial destinada a elaborar projeto de lei que discipline as atividades das indústrias automobilísticas;
> b) ao executivo a constituição de um órgão fiscalizador das atividades da IBAP – Indústria Brasileira de Automóveis Presidente – visto como seu patrimônio será constituído pela venda, ao público, de 400 mil cédulas de propriedade, a fim de ser resguardada a economia popular.

> 2) Submetidas as mencionadas sugestões à outra deliberação da Comissão, foi a primeira aprovada, com a seguinte redação:
> "Sugerir à Mesa da Câmara a constituição, de uma Comissão Especial destinada a elaborar projeto de lei que discipline todos os empreendimentos de que participe predominantemente, a economia popular".
> Quanto à segunda, foi ela alterada, passando a ter a seguinte redação.
> "Sugerir ao Poder Executivo a constituição de um órgão que desde logo fiscalize as atividades de todos os empreendimentos de que participe, predominantemente a economia popular".
> Dita sugestão mereceu aprovação, ficando rejeitados os acréscimos apresentados por nós, na qualidade de relator e pelo nobre deputado Levy Tavares, sendo que o primeiro pretendeu especificar particularmente a IBAP, e o segundo, sugeria o encaminhamento desta investigação à Procuradoria Geral da República.

Embora não houvesse denúncia formal de cidadãos que tivessem se sentindo lesados pela sociedade, a IBAP tornou-se um caso de polícia. Paralelamente à CPI, antes da conclusão acima, Avallone Jr. ainda teve tempo para protocolar um pedido perante a Delegacia Auxiliar de São Paulo para que se pronunciasse sobre a idoneidade comercial da nossa organização. Baseados nessa simples carta de solicitação, os delegados do interior do Estado de São Paulo avançaram o sinal e começaram a prender os corretores da IBAP.

Diante da situação alarmante, compareci à Delegacia Auxiliar para prestar todos os esclarecimentos e entregar farta documentação da N. Fernandes, além de abrir os nossos livros e as portas de nosso escritório. Por um período de quatro meses, fizeram levantamentos contábeis. Tive de mostrar ao delegado Morais Novaes, responsável pelas diligências, contratos sigilosos, como o do motor original. Ele me prometeu que guardaria a sete chaves as informações, conforme expliquei aos parlamentares durante a CPI.

> Existe uma série de segredos industriais que não posso revelar. (...) Não posso revelar de que forma, onde está sendo testado, onde está sendo projetado todo o equipamento do nosso conjunto mecânico. Fiz a revelação a uma só pessoa em São Paulo, que foi o delegado Morais Novaes, porque me prometeu manter sigilo sobre o assunto. (...) Naturalmente existem interesses contrários à realização do meu empreendimento. A revelação (...) para grupos não interessados na realização do meu empreendimento poderia destruir tudo aquilo que estamos fazendo há

> tantos anos. Por esta razão, prometo a V. Exas. que de dezembro [de 1965] a janeiro [de 1966] o conjunto mecânico do automóvel Presidente será exposto no Brasil para todos os brasileiros.

Durante alguns meses do primeiro semestre de 1965, o delegado fez um exame meticuloso de todos os empreendimentos da N. Fernandes: clube, hospital e indústria. E constatou que não havia qualquer "ilicitude penal" em nossos procedimentos. Portanto, em seu parecer final, ficou registrado que não havia motivo para abertura de inquérito policial. Foi uma ducha de água fria para o deputado Avallone Jr. Praticamente na mesma época, fomos investigados pelo repressor Departamento de Ordem Política e Social (DOPS), cujo processo foi arquivado a pedido do Secretário de Segurança de São Paulo, Candido Sampaio, e também pelo Serviço Nacional de Informações (SNI).

No relatório final do delegado Noaves, estava escrito: "Sem querer, neste relatório-conclusão, absolver, isentar ou ilidir Nelson Fernandes de qualquer crime ou ilícito que possa vir a praticar amanhã, circunstância de que não está a salvo, como qualquer mortal, não se pode combatê-lo por tentar realizar".

Esse relatório acendeu ainda mais o meu ímpeto de persistência, de jamais desistir de tentar. Afinal de contas, tínhamos um grande projeto nas mãos. Antes de seguir em frente, porém, decidimos tirar de circulação os primeiros protótipos, com motor do Corvair, ali colocado apenas para movimentar as carrocerias, como repetidamente fora esclarecido. Enterrei os veículos no terreno da Anchieta para, dali a poucos dias, iniciar uma segunda e derradeira investida. Estaria por vir um novo modelo, chamado Democrata, com algumas modificações na mecânica e na carroceria – e já com o conjunto motopropulsor definitivo.

Capítulo Dezoito

O Democrata

Revista *Oficina Mecânica.*

Bateram, mas não nocautearam; macularam, mas não extinguiram.

A IBAP estava grande demais para ser vencida logo no primeiro round. Sem dúvida, sentimos todos os golpes. Os políticos – e os jornalistas a eles associados – tinham minado as nossas forças. Com a campanha difamatória, as vendas dos títulos patrimoniais foram sensivelmente abaladas. A CPI nos levava ao chão. Mas a nossa musculatura, sustentada por mais de 30 mil sócios, mantinha o projeto de pé, oferecendo um tipo de resistência que afrontava cada vez mais os gigantes oponentes.

Ao final de 1965, com a nova identidade do veículo da IBAP, ganhamos fôlego extra e saímos definitivamente das cordas. O layout do Democrata – nome escolhido também por votação popular – foi alterado para atender a duas necessidades básicas e igualmente importantes do projeto: enterrar a imagem do estigmatizado modelo anterior e receber as melhorias identificadas como necessárias e recomendadas por nossa equipe técnica. Desenvolvemos um novo desenho para a carroceria. O sedã perdeu as portas traseiras e virou um cupê. Ganhou linhas mais esportivas, com faróis retangulares e amplas janelas, mantendo o mesmo acabamento de luxo e os seus bancos dianteiros individuais e reclináveis. As medidas finais do modelo de duas portas não se alteraram: 4,68 metros de comprimento, 1,72 metros de largura e 1,39 metros de altura.

Democrata e Presidente. Quanta ousadia! Uma indústria genuinamente nacional que carregava em seu nome uma homenagem a JK, que invadiria um terreno adubado pelo capital estrangeiro, que contaria social e democraticamente com a participação popular e que se propunha a ofertar veículos mais baratos, adequados ao asfalto brasileiro e livre de royalties. O atrevimento não era ainda maior porque, até então, o Congresso Nacional ainda não havia sido fechado e os nossos militares, alinhados aos Estados Unidos na luta contra os "comunistas subversivos", consideravam-se contrarrevolucionários.

Em nosso obstinado plano, sabíamos que tínhamos de vencer quatro fases iniciais para viabilizar estruturalmente a execução da IBAP. A primeira, já superada, era a oficina da Rua Paulo de Faria, no Tucuruvi, de onde saíram os primeiros protótipos que deram apoio inicial às vendas. A segunda, em andamento, era a conclusão das obras da indústria-piloto no terreno definitivo, cuja planta para a construção do complexo industrial fora registrada na Prefeitura de São Bernardo do Campo, com aprovação do Corpo de Bombeiros do Estado de São Paulo, da Secretaria de Saúde Pública e Assistência Social do Estado de São Paulo e da Comissão Intermunicipal de Controle de Poluição do Ar e da Água.

Na terceira e penúltima fase, que era a ampliação da nova sede administrativa da Empreendimentos N. Fernandes, enfrentamos problemas. No final do segundo semestre de 1964, havíamos nos mudado para um belo edifício de sete andares no Cambuci, num terreno situado entre a Av. D. Pedro I e a Rua François Coty, próximo à via Anchieta, com rápido acesso ao local da indústria. Compramos o prédio, onde funcionava uma fábrica de lenços e gravatas chamada Duplex, de propriedade do empresário romeno Nathan Kertzer, e, ainda sem a devida averbação, para lá nos mudamos. Ficamos nesse endereço por pouco tempo, pois fomos surpreendidos pelo Decreto n° 44.474, de 2 de fevereiro de 1965, que tratava da desapropriação do prédio pelo governo de São Paulo para a *ocupação* de uma escola, o Colégio de Economia Doméstica e Artes Aplicadas Estadual Carlos de Campos, que funcionava no Brás.

Mais à frente, descobrimos que a real motivação da gestão de Adhemar de Barros para nos tirar de lá infelizmente não estava ligada à ampliação dos investimentos em ensino profissionalizante, mas à mera retaliação. A escola estadual continuou no Brás e o terreno seria novamente desapropriado em 1966, desta vez pelo presidente Castello Branco, que destinou o imóvel ao Ministério da Aeronáutica, onde está atualmente o 4° Comando Aéreo Regional (COMAR).

Não por coincidência, a primeira notificação de desapropriação veio no período da intensa batalha judicial travada pela Empreendimentos N. Fernandes S.A. contra os jornalistas da Rádio Bandeirantes, que, após o episódio da mesa redonda, bateram bumbo na rádio para nos ofender. Com base na Lei de Imprensa, entramos com sucessivas queixas crimes de difamação, calúnia e injúria contra os profissionais da rádio, que eram intimados pela Justiça a comparecer para prestar depoimento.

Depois eram condenados a nos conceder direito de resposta.

Até que, conforme nota publicada no Diário Oficial de 23 de dezembro de 1964, demos o passo mais ousado no campo judicial e movemos uma ação contra a Rádio Bandeirantes S.A., na pessoa de seu proprietário, o senhor João Jorge Saad, responsabilizando-o pela transmissão em forma de propaganda de calúnias contra a nossa empresa, valendo-se de expressões como "organização fantoche", "refinados malandros", "autêntico conto do vigário", "malandros de alto bordo".

Saad, que seria intimado a comparecer à Justiça em 24 de junho de 1965, ficou furioso e declarou guerra contra a minha organização. A Rádio Bandeirantes passou a veicular aos ouvintes que o nosso escritório estava se dissolvendo e que iria ser fechado.

O empresário João Jorge Saad era genro do governador Adhemar de Barros, que, por sua vez, foi o segundo proprietário da Rádio Bandeirantes, após comprá-la de seu fundador Paulo Machado de Carvalho. Durante seu primeiro mandato como governador de São Paulo, Adhemar passou a rádio para as mãos de Saad, cuja família a transformaria em um grande conglomerado de comunicação. Pelos caminhos da vida, alguns anos depois e por intermédio do desembargador Paulo de Faria, conheci o doutor Albano Costa, que na época era o chefe da Casa Civil do governador e o emissário da notícia da desapropriação, que, segundo ele, havia atendido a um pedido do amigo Saad. Meses depois, no decorrer do processo, eu tive a oportunidade de me encontrar com o próprio João Saad, frente a frente no escritório de seu advogado de defesa, chamado Marco Antônio. Em uma rápida conversa, expus os meus objetivos, contei-lhe sobre a indústria e falei das injustificadas perseguições dos jornalistas da rádio. Ele reconheceu que a campanha contra a IBAP era exagerada e que deveria ser interrompida, desde que não seguíssemos com o processo. Ele cumpriu com a promessa e retiramos a ação judicial.

A desapropriação no Cambuci levou-nos à Av. Ipiranga, 978, na República, num prédio em cima do Cine Windsor, da sobreloja ao 5º andar. Não era o local ideal para o escritório da IBAP, mas era o que tínhamos e demos por cumprida a terceira etapa do nosso plano.

Por fim, a quarta fase era a parte oculta e sigilosa da indústria: o conjunto motopropulsor do nosso primeiro automóvel. Queríamos manter o projeto guardado, conforme já havia esclarecido aos deputados da CPI, longe do alcance das multinacionais instaladas no Brasil, que exerciam forte influência sobre toda a indústria de autopeças. Um veículo 100% brasileiro não poderia ser concebido sem o apoio dos fabricantes de autopeças, mas qual deles estaria disposto a correr o risco de perder grandes clientes em troca de um promissor mas incipiente projeto nacional?

Para nos ajudar nessa decisiva fase, a equipe recebeu um reforço técnico de peso: nada menos do que o piloto Francisco Landi, dono de um currículo invejável no automobilismo mundial, acumulando durante as décadas de 1940 e 1950 importantes vitórias no circuito europeu, como o Grande Prêmio de Bari, por exemplo.

Chico Landi, que era amigo de Beraldin, foi chamado para conhecer o projeto da IBAP e ajudar a concluir a derradeira etapa do nosso plano. Fomos buscá-lo porque sabíamos que não seria possível conquistar o apoio dos fabricantes nacionais nesta fase da indústria. Já aposentado e prestigiado por ter sido o primeiro brasileiro a pilotar na Fórmula 1, Landi possuía bom trânsito na indústria automobilística italiana, uma das mais evoluídas da época. Segundo ele, que era um *expert* em motores, havia na Itália vários projetos à espera de compradores que quisessem deles se tornar únicos proprietários. Era um modelo perfeito para os nossos propósitos, uma vez que seria impossível fazer algo semelhante no Brasil, não apenas pela dificuldade de driblar o lobby local das montadoras, mas também porque o projeto era avançado demais para os padrões nacionais da época.

Nelson (terceiro da esquerda para direita) ao lado de Chico Landi (mais baixo) e Juan Manoel Fangio (ao centro) na sede do Altomovel Clube de São Paulo.

Na Itália, chegamos a considerar parceria com grandes fabricantes, como a Lancia e a Fiat, mas decidimos por contratar os serviços da Scuderia Milano, altamente especializada, de propriedade do engenheiro italiano Arialdo Ruggeri, que era dono no Brasil da Retífica São Paulo, uma das maiores e mais equipadas no País. Antes, porém, de aplicar o dinheiro dos sócios da IBAP nessa empreitada, fiz algumas exigências a

Ruggeri, que concordou em incluir no contrato a sua retífica como garantia de sucesso do projeto.

Sob orientação e penhor de Ruggeri, a empresa encarregada de levar adiante o projeto do motor, câmbio, diferencial e suspensão chamava-se Proggetazione Costruzione Auto Motori (Procosautom), instalada nos arredores de Milão. Fizemos toda a amarração necessária para garantir a transferência tecnológica do projeto, bem como todo o ferramental para posterior produção no Brasil.

Fechamos o contrato com a Procosautom e iniciamos o trabalho, que seria dado como cumprido após a chegada de um carregamento de navio que traria os 500 primeiros motores do Democrata acompanhados dos estampos e moldes para fabricação no Brasil. Dessa forma, a IBAP seria detentora dos direitos sobre os componentes e teria a patente internacional do projeto.

Felizmente nem tudo o que saía na imprensa era campanha contrária à IBAP. Havia profissionais de comunicação interessados em apurar os fatos e publicá-los. Diante disso, tentei me aproximar dos repórteres setoristas bem-intencionados. Enquanto o motor estava sendo desenvolvido na Itália, chamei-os para conversar. E fiz um pacto com eles. Foram convidados por mim a fazer visitas constantes à fábrica, acompanhar o andamento das obras e, assim que possível, testar o carro. A eles, mostrei o cronograma do projeto, disse que poderiam ver tudo de perto e que teriam todas as notícias em primeira mão. Em troca, pedi que, caso tudo fosse realizado como o previsto, noticiassem com isenção os fatos em seus respectivos veículos. Caso o cronograma não fosse cumprido, eles estariam livres para escrever o que quisessem. E todos os meses os jornalistas visitavam a IBAP para averiguar se as ações estavam dentro do programado.

Pelos planos, receberíamos os protótipos dos motores ao final de 1966, quando a linha de montagem da fábrica já deveria estar preparada para produzir os primeiros veículos Democrata, inicialmente com carroceria em fibra de vidro. Conforme anunciamos, na fase da produção em escala, passaríamos a fabricar as carrocerias em chapa, barateando o custo de produção.

O conjunto motopropulsor apresentado pela Procosautom era simplesmente fantástico, anos à frente das soluções em trânsito no Brasil. Instalado na parte traseira do carro e refrigerado a água, o motor do Democrata era convencional, seis cilindros em V, com inclinação de 60°, com medidas próprias, 2500 cc de cilindrada, gerando potência de 120 cv a 4.500 rpm. Suspensão independente nas quatro rodas. Câmbio e diferencial saíam diretamente do motor, com bloco fundido em alumínio, característica inexistente nos modelos fabricados no Brasil até então e uma novidade na Europa. Esse conjunto moveria os 1.150 kg do veículo a uma aceleração de 0 a 100 km/h em apenas dez segundos e a uma velocidade máxima de 170 km/h, patamar também superior aos concorrentes contemporâneos.

Portanto, além de um projeto viável, elaborado por técnicos e parceiros especializados, teríamos um carro tecnologicamente à frente do seu tempo, proporcionalmente mais barato que os concorrentes, e um grande trunfo nas mãos: a participação acionária dos populares, trabalhadores que ainda não tinham pleno acesso ao bem.

Viajei à Itália para assistir ao teste de bancada do motor. Lembro-me de ter sentido grande emoção ao ouvir o palpitar do coração do Democrata, mas o meu nível de ansiedade estava nas alturas e a minha urgência em apresentar o modelo definitivo era maior do qualquer prazer que poderia sentir ao acompanhar cada etapa do nascimento do novo automóvel da IBAP.

Atordoante e intimidadora para a concorrência, a ausência de informação sobre essa importante faceta do Democrata suscitava especulações que prejudicavam ainda mais o projeto. Muitos sequer acreditavam que de fato existia um projeto. A dúvida e a curiosidade já tinham chegado ao ponto de levar um grupo de brasileiros até a Itália para conhecer o motor, sem a nossa autorização, se fazendo passar por meus amigos.

Solicitei aos técnicos da Procosautom que enviassem antecipadamente ao carregamento combinado cinco conjuntos para iniciar os testes em solos brasileiros. Consegui trazê-los por avião de carga.

Um dos jornalistas especializados com quem fiz o acordo de acompanhamento do cronograma da IBAP era o Waldyr Angelo Figueiredo, editor-chefe do caderno de automóveis do *Jornal do Brasil*. Então, cumprindo o acordo, na edição de 27 de agosto de 1966, do alto da primeira página do caderno, com fotos exclusivas do conjunto motopropulsor, Waldyr Figueiredo anunciou: “Motores para o Democrata já estão em São Paulo” e noticiou que os veículos seriam lançados em meados do ano seguinte.

CADERNO DE
automóveis
JORNAL DO BRASIL — Rio de Janeiro, sábado, 27 de agôsto de 1966
turismo

Motores para o Democrata já estão em S. Paulo

Turismo hoje é na Alemanha

(páginas 4 e 5)

TREMENDÃO

Corrida amanhã no autódromo do Rio terá muita coisa boa

Página 5

Jornal do Brasil, edição 27, de agosto de 1966.

Anos mais tarde, em entrevista ao jornalista Roberto Nasser, autor do livro "Democrata – O carro certo no tempo errado", publicado em 2005, Waldyr Figueiredo contou que, logo após a publicação desta matéria, ele foi chamado para uma reunião com a dona do *JB*, a Condessa Pereira Carneiro, viúva do fundador. Nasser registrou em seu livro, à página 25, o seguinte depoimento de Figueiredo:

> Cheguei ao jornal [...] e recebi o recado para subir à sala da Condessa [...]. Lá estava um ex-jornalista e, à época, nascente publicitário, que não se manifestou além do "bom dia" [...] Educada e gentil como sempre, a Condessa elogiou meu trabalho, e o texto sobre o Democrata e a chegada dos motores. Mas disse que não era do interesse do jornal. De modo que ela pedia não dedicasse mais espaço ao novo carro e sua fábrica.

A indústria instalada tinha um porta-voz, um articulador, um exímio jornalista que se transformaria num dos maiores publicitários do País. Seu nome era Mauro Salles, que, no jornal *O Globo*, destacou-se por seu arrojo como repórter na época do governo JK e por rapidamente galgar o posto de diretor de redação do periódico, tendo sido o responsável por criar em novembro de 1959 a primeira coluna especializada sobre automóveis na imprensa brasileira. E Mauro Salles ganhou espaço por isso.

Na edição de 2 de outubro de 1964, sob o título "O 'Sr. Automóvel' Presidente é um Chevrolet Corvair Mal Disfarçado", o colunista informou que teve contato com o protótipo da IBAP na prova "250 milhas de Interlagos" e que se tratava de "uma carroçaria de plástico montada sobre um conjunto Chevrolet Corvair", entoando o mantra dos opositores. Ao final, ponderou:

> Mas não é proibido que o empreendimento do Sr. Nelson Fernandes tenha sucesso e fazemos votos, todos, que tenha, para que os brasileiros que acreditaram nele não se decepcionem nem percam suas contribuições. Se o sucesso vier, renderemos nossa homenagem à sua chegada. No momento, nos resguardamos o direito de duvidar, baseados no fato de que a apresentação do "gato por lebre" já constitui, por si só, um embuste.

Comunicativo e com ótimo trânsito junto às montadoras, o jornalista resolveu mudar de ares. Enxergou uma oportunidade para assessorar a indústria em publicidade e propaganda, filão que se mostrava bem mais promissor do que o jornalismo. Em vez de matérias e furos de reportagem, passou a levar anúncios aos donos de veículos de comunicação. E a história comprova que o publicitário realmente repassou boa receita a eles, dentre os quais os amigos Roberto Marinho e Victor Civita, respectivamente proprietários de *O Globo* e Editora Abril, que em 1960 lançaria a revista *Quatro Rodas*. E Mauro Salles ganhou notoriedade por isso.

Na biografia de Civita, publicada no site do Grupo Abril até 2018, data em que a família ainda controlava a empresa, contava-se a seguinte história:

> O publicitário Mauro Salles teve o primeiro contato com Victor Civita quando trabalhava como jornalista em *O Globo* e fazia uma coluna sobre automóveis. Entrou na redação um senhor de pastinha. "Sabe quem eu sou?", perguntou-lhe o homem. "Sei. O senhor é o editor da revistinha que mais vende no Brasil." Àquela altura O Pato Donald tinha passado os concorrentes. Victor Civita ficou satisfeito de ver-se reconhecido, a si e a seu trabalho. Abriu a pastinha e mostrou o Pato. Falou do plano de fazer uma revista de automóveis. No fim, Salles perguntou se ele não queria ser levado a Roberto Marinho, o dono de *O Globo*. "Não", respondeu Civita. "Ainda não."

A primeira conta da Mauro Salles Publicidade – como era chamada a agência no início – foi a Willys Overland, a montadora americana que trazia ao Brasil os carros da francesa Renault e a mesma de onde pincei Luiz Carlos Fagundes, Fernando Beraldin e vários mecânicos que passaram a trabalhar para a IBAP. Na Willys, as grandes cartadas de Salles deram-se no lançamento do modelo Aero, que foi por ele batizado Itamaraty, e na tropicalização do modelo francês Alpine, renomeado Interlagos também por decisão do brilhante publicitário. As linhas esportivas, a menção ao nome do imponente autódromo de São Paulo e – na frente menos visível do marketing – as essenciais adaptações técnicas feitas por Beraldin fizeram do modelo um objeto de desejo dos brasileiros e, consequentemente, um sucesso estrondoso de vendas. E Mauro Salles ganhou prestígio por isso.

Em outra frente, levantada para preservar e ampliar o market share de seus interesses, Salles passou a mover mundos e fundos para impedir o avanço da IBAP. Eu movi uma ação contra ele, que, ao perceber que seria condenado, veio conversar comigo e se retratar. Eu não tinha noção da importância e da força daquele homem, mas disse-lhe que não queria prejudicá-lo. Apenas pedi que ele tomasse conhecimento da indústria e visse o projeto de perto. A conversa foi amistosa e eu pedi para o meu advogado retirar a ação e arquivar o processo.

Mas Mauro Salles não descansou. Além de contar com sua forte influência editorial perante os ex-colegas de imprensa, passou a experimentar a sua altíssima persuasão publicitária junto à alta cúpula dos mais importantes veículos de comunicação do País. Tinha em mãos uma verba milionária destinada à propaganda em revistas especializadas, jornais, rádios e TVs. E a IBAP perdeu espaço, notoriedade e prestígio por isso.

Assim, os poucos veículos que se aventuravam a publicar reportagens isentas sobre a IBAP sofriam intimidações, não sei dizer se da mesma origem. Certo dia, reuni-me com o proprietário da *Folha de S. Paulo*, Octavio Frias de Oliveira, que simpatizava com a ideia da indústria nacional. Seus periódicos davam notícias isentas sobre o andamento do empreendimento. Fui recebido em uma enorme sala de reuniões, onde Frias me disse que tinha admiração por mim e que reconhecia o meu arrojo. Acrescentou que estava acompanhando as minhas realizações e que tinha publicado matérias a respeito. Mas reforçou que as matérias teriam fim a partir daquele momento, sem explicar por quê.

Entendi o recado e pensei: quem teria forças o suficiente para intimidar um jornal tão importante? Fiz a pergunta e obviamente saí de lá sem a resposta. Dito e feito. A partir daquele dia, nenhuma linha a mais sobre a IBAP.

Capítulo Dezenove

Ver para crer

Enquanto as matérias positivas sumiam das pautas diárias dos jornais brasileiros, fizemos circular nas ruas os Democrata com motor definitivo. Em nossa fábrica-piloto, preparamos cinco novos automóveis, dois deles para testes e três para dar torque às vendas de cédulas de propriedade durante o segundo semestre de 1966.

E ganhamos terreno em duas frentes estratégicas para esta nova fase do projeto da indústria: uma técnica e outra de marketing. Na técnica, os veículos percorreram 120 mil quilômetros de ruas e estradas, passaram pelos caminhos sinuosos da Estrada Velha, pelos altos e baixos da Serra do Mar. Os testes foram importantes para adequar o veículo à realidade brasileira. Alguns ajustes se mostraram urgentes. Na Itália, utilizava-se o mesmo óleo para motor e câmbio. Funcionava muito bem por lá, mas, por aqui, os nossos lubrificantes não tinham especificação adequada para esse sistema, o que causava um superaquecimento do motor. Mas, já prevendo essa dificuldade, o projeto tinha uma divisória no cárter para separar os caminhos da lubrificação, o que facilitou a correção. Testamos então dois tipos de óleo, um para o motor e outro para o câmbio, e resolvemos o problema.

Funcionou perfeitamente. Também tivemos de resolver um problema no câmbio. Como o dente da engrenagem estava um pouco deformado, ouvia-se um ronco estranho ao engatar a primeira marcha. Fácil de consertar.

Na rota marqueteira, preparamos os automóveis para apoiar as vendas de cédulas de propriedade e ainda destacamos uma carroceria que, colocada sobre um cavalete, serviria para ser surrada pelas pessoas. O objetivo era demostrar aos interessados que a estrutura de fibra de vidro não ofereceria qualquer risco adicional aos ocupantes do automóvel. Numa espécie de *test-drive* de resistência, os corretores convidavam os interessados a golpear a carroceria de fiberglass com canos de ferro. Se quisessem, também poderiam tentar atear fogo a ela. Desta forma, conseguíamos demostrar na prática que as pesadas críticas que recebíamos sobre a vulnerabilidade da matéria-prima em casos de colisão e incêndio eram improcedentes.

Publicamos os testes com o Democrata.

Os protótipos foram apresentados na Feira de Rádio e TV, em julho de 1966, no Ibirapuera, em São Paulo. Daí em diante, passaram a acompanhar os corretores e a dar corpo aos argumentos de venda. A presença dos carros definitivos impulsionava adesões, que, por sua vez, despertavam a fúria dos que tentavam nos derrubar.

Sentimos o momento e decidimos empenhar todos os nossos esforços na divulgação do imponente Democrata, com o seu irresistível apelo visual. Montamos um circo – literalmente falando – para apresentá-lo ao público. Nosso salão itinerante do automóvel ia aonde o povo estava. Com dois mastros, uma lona, os protótipos Democrata, faixas, panfletos, cartazes e uma agressiva equipe de corretores, levávamos o circo às cidades do interior de São Paulo e também aos estados vizinhos do Paraná e de Minas Gerais.

Alguns obstáculos se sobrepuseram ao nosso caminho, mas a minha mente voltada para marketing e vendas estava sempre pronta para bolar soluções para superá-los. Já nas primeiras apresentações, o nosso diretor de vendas, José Dyonísio Picchi, me informou que estava encontrando resistência na obtenção da autorização dos prefeitos para instalar o circo nas praças dos municípios. Como estávamos em pleno regime militar, tive a ideia de contratar para os quadros de consultoria da IBAP um almirante e um brigadeiro, respectivamente Antonio Maria Nunes de Souza e Ary Vaz Pinto, ambos aposentados. Afinal de contas, quem poderia negar deferências a oficiais das Forças Armadas?

Com uma Mercedes preta, quatro portas, e um motorista particular, os dois graduados consultores iam à frente do circo para falar com as autoridades locais e abrir caminho para os corretores. Além de obter facilmente a autorização, ainda conseguíamos transformar a exposição em um grande espetáculo na cidade, pois os nossos nobres emissários ainda convidavam o prefeito, os vereadores, os secretários, o padre, o juiz e demais autoridade para comparecerem à mostra do primeiro veículo 100% nacional. E assim voltamos a vender em grande escala.

"Seja dono da IBAP", dizia um cartaz. E o outro: "Com a sua participação neste empreendimento, demonstraremos ao mundo o que o povo brasileiro pode realizar". Fomos tomados por um novo ímpeto. Havíamos recuperado a credibilidade e engatamos um próspero período comercial. Nessa arrancada, conseguiríamos embalo para romper a marca dos 50 mil sócios, contando entre eles os inadimplentes, pessoas que tinham sido convencidas a deixar o empreendimento. Infelizmente, a presença do modelo definitivo do Democrata nas ruas, a retomada das adesões e a fábrica-piloto pronta para entrar em operação não entraram na pauta de grande parte da mídia especializada.

Aos opositores que alegavam que o motor próprio era uma farsa e que o carro nunca existiria restavam poucos argumentos, dentre os quais o de que o preço anunciado para o Democrata era impraticável. Tínhamos a intenção de vender o carro aos sócios-proprietários pelo preço de custo com uma pequena margem de 20%, que em valores da época somaria algo como 4 milhões de cruzeiros. Muito barato, alegavam os especialistas. A primeira voz foi a do perito da Fábrica Nacional de Motores (FNM), o senhor Luiz Augusto de Souza Rezende, que, a pedido da CPI, emitiu relatório concluindo que o automóvel da IBAP não custaria menos do que três vezes o valor anunciado. E a imprensa passou a martelar nessa tese.

Em resposta à carta do leitor Nelson Pereira dos Anjos, que relatou a abordagem de corretores da IBAP em Rebouças, no Paraná, e pediu a opinião da revista a respeito do empreendimento, *Quatro Rodas* publicou reportagem de quatro páginas intitulada "Presidente: esse estranho 'Democrata'", edição de setembro de 1966, a primeira após a chegada do motor definitivo – classificado pela publicação como "bonito mas misterioso". Em tom de deboche e críticas do início ao fim, a reportagem abre com o seguinte relato testemunhado em um dos estandes de vendas da IBAP:

> O vendedor fala com fluência. Ao seu lado, um automóvel luxuoso, cercado de fotografias. De lado, a moça de minissaia, distribuindo sorrisos e folhetos. Os curiosos se agrupam e são convidados a entrar no negócio: como sócios de uma fábrica de automóveis que, a partir de março de 1967, produzirá 350 carros por dia, tão bonitos quanto aquele, com estas vantagens: para os sócios, o carro custará Cr$ 4 milhões; a fábrica pagará 60 por cento de juros por ano sobre a ação, e dará ao acionista prioridade na revenda do veículo.
>
> – Mas Cr$ 4 milhões por um carro assim é barato demais – observa intrigada uma pessoa.
>
> – Essa é a vantagem de possuirmos uma fábrica genuinamente nacional. A IBAP – argumenta o vendedor – vende barato porque não exporta lucros. É de brasileiros como você.

Na página dupla de abertura, uma ampla foto da estrutura metálica da fábrica-piloto, com 60 metros de frente e 40 metros de fundo, e uma outra imagem da versão 4 portas do carro no salão de vendas davam cabeça, tronco e membros para a IBAP, numa bela resposta à própria revista que afirmara que indústria de automóveis não cai do céu.

Da porção do conteúdo que tinha conexão com fatos, a matéria da *Quatro Rodas* noticiava que o Departamento Federal de Segurança Pública (DFSP) – atual Polícia Federal – já tinha um dossiê contra mim e que nada menos do que o ministro do Planejamento, o economista Roberto Campos, havia sugerido o fechamento da empresa. A fonte dessa informação era o incansável deputado Avallone Junior.

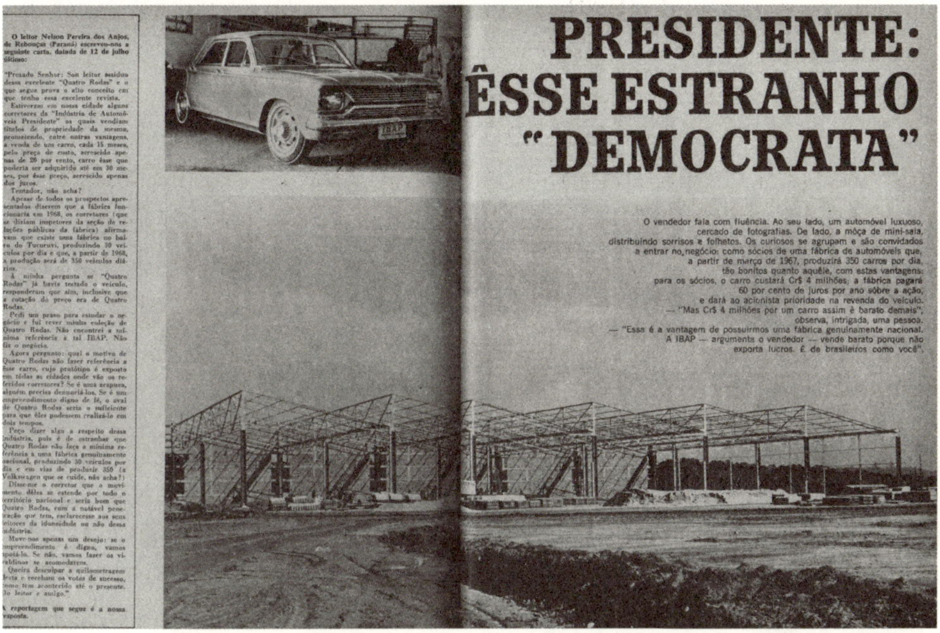

O leitor Nelson Pereira dos Anjos, de Rebouças (Paraná) escreveu-nos a seguinte carta, datada de 12 de julho último:

"Prezado Senhor: Sou leitor assíduo dessa excelente "Quatro Rodas" e o que segue prova o alto conceito em que tenho essa excelente revista.

Estiveram em nossa cidade alguns corretores da "Indústria de Automóveis Presidente" os quais vendiam títulos de propriedade da mesma, prometendo, entre outras vantagens, a venda de um carro, cada 15 meses, pelo preço de custo, acrescido apenas de 20 por cento, carro êsse que poderia ser adquirido até em 30 meses, por êsse preço, acrescido apenas dos juros.

Tentador, não acha?

Apesar de todos os prospectos apresentados dizerem que a fábrica funcionaria em 1968, os corretores (que se diziam inspetores da seção de relações públicas da fábrica) afirmavam que existe uma fábrica no bairro do Tucuruvi, produzindo 30 veículos por dia e que, a partir de 1968, a produção será de 350 veículos diários.

À minha pergunta se "Quatro Rodas" já havia testado o veículo, responderam que sim, inclusive que a cotação do preço era de Quatro Rodas.

Pedi um prazo para estudar o negócio e fui rever minha coleção de Quatro Rodas. Não encontrei a mínima referência à tal IBAP. Não fiz o negócio.

Agora pergunto: qual o motivo de Quatro Rodas não fazer referência a êsse carro, cujo protótipo é exposto em tôdas as cidades onde vão os referidos corretores? Se é uma arapuca, alguém precisa denunciá-los. Se é um empreendimento digno de fé, o aval de Quatro Rodas seria o suficiente para que êles pudessem realizá-lo em dois tempos.

Peço dizer algo a respeito dessa indústria, pois é de estranhar que Quatro Rodas não faça a mínima referência a uma fábrica genuinamente nacional, produzindo 30 veículos por dia e em vias de produzir 350 (a Volkswagen que se cuide, não acha?)

Disse-me o corretor que o movimento dêles se estende por todo o território nacional e seria bom que Quatro Rodas, com a notável penetração que tem, esclarecesse aos seus leitores da idoneidade ou não dessa indústria.

Move-nos apenas um desejo: se o empreendimento é digno, vamos apoiá-lo. Se não, vamos fazer os vigaristas se acomodarem.

Queira desculpar a quilometragem desta e recebam os votos de sucesso, como tem acontecido até o presente. Do leitor e amigo."

A reportagem que segue é a nossa resposta.

PRESIDENTE: ÊSSE ESTRANHO "DEMOCRATA"

O vendedor fala com fluência. Ao seu lado, um automóvel luxuoso, cercado de fotografias. De lado, a môça de mini-saia, distribuindo sorrisos e folhetos. Os curiosos se agrupam e são convidados a entrar no negócio: como sócios de uma fábrica de automóveis que, a partir de março de 1967, produzirá 350 carros por dia, tão bonitos quanto aquêle, com estas vantagens: para os sócios, o carro custará Cr$ 4 milhões; a fábrica pagará 60 por cento de juros por ano sôbre a ação, e dará ao acionista prioridade na revenda do veículo.
— "Mas Cr$ 4 milhões por um carro assim é barato demais", observa, intrigada, uma pessoa.
— "Essa é a vantagem de possuirmos uma fábrica genuinamente nacional. A IBAP — argumenta o vendedor — vende barato porque não exporta lucros. É de brasileiros como você".

Quatro Rodas, edição de setembro de 1966.

Sentíamos cheiro de conspiração no ar. Enquanto angariávamos novos sócios e tornávamos o projeto cada vez mais concreto, a imprensa, os políticos, os órgãos de governo e os representantes da indústria preparavam a nossa cova. Todos os nossos passos estavam sendo observados. Tínhamos de andar na linha, dentro de todas as regras do setor. Qualquer desvio de rota poderia ser fatal ao projeto.

A urgência em entregar o empreendimento aos sócios-proprietários me impulsionava a pensar em um atalho para apaziguar os ânimos. A pressão vinha de todos os lados, inclusive dos sócios, tornando insustentável a espera pela construção completa da fábrica e a produção em série a partir de 1968.

Capítulo Vinte

"Fenemê": atração fatal

Como indústria de automóveis, a IBAP deveria estar sujeita às regras do Ministério da Indústria e do Comércio; como arrecadadora de fundos na economia popular, às normas do mercado de capitais, regulado pelo Ministério da Fazenda. A burocracia para tornar a companhia regular em ambas as atividades tomava grande parte do nosso tempo. E a resistência e o desdém demonstrados pelos órgãos competentes em nos dar aval para seguir adiante nos obrigavam a operar com uma certa desproteção legal, dedicando o que restava da nossa disponibilidade para preencher formulários, prestar contas, solicitar laudos técnicos, preparar apresentações e esclarecimentos sobre os já detalhados projetos.

Tentamos honrar todos os nossos compromissos concernentes à indústria. Protocolamos o projeto da IBAP no GEIMEC em 19 de outubro de 1966, detalhando a fabricação progressiva dos três tipos de automóveis de passageiros: o de luxo, o popular e o utilitário. Enviamos o planejamento global, com informações, previsões financeiras e aspectos técnicos de todas as fases do empreendimento. Além da aprovação dos planos para a fabricação dos carros, pleiteávamos junto ao órgão o aval para a importação do maquinário da Itália. Um mês depois, informaram-nos que o descritivo do projeto não estava em conformidade com as normas internas e nos pediram para trabalhar em uma nova versão.

Desde os tempos de JK, o governo brasileiro imbuiu-se do objetivo de fomentar a indústria automobilística de capital privado internacional e se abster de qualquer estímulo a entidades estatais que se dedicassem a atividades similares. Após os rápidos mandatos de Jânio Quadros e João Goulart, que tentaram remar contra a maré impondo medidas restritivas e nacionalistas, as fronteiras ao investimento estrangeiro foram definitivamente abertas no período seguinte.

Com a sua filosofia cada vez mais alinhada ao modelo norte-americano, o primeiro governo militar aprofundou-se no pensamento liberal para tentar recuperar o desenvolvimento, conter a inflação, atrair investimentos externos e elevar o Brasil a uma potência mundial.

Um dos mentores do novo Plano de Ação Econômica do Governo (PAEG), o ministro do Planejamento, Roberto Campos – o mesmo que, segundo noticiou *Quatro Rodas*, havia sugerido o fechamento da IBAP –, era favorável à presença das divisas internacionais no País e defendia que a remessa de lucros ou de royalties para as matrizes era benéfica para a economia, pois estimulava os investimentos e os resultados cambiais. No campo social, o PAEG foi responsável pela criação do Fundo de Garantia por Tempo de Serviço (FGTS) e do Banco Nacional da Habitação (BNH), ambos importantes para entendermos o que se segue.

Segundo o próprio Roberto Campos, o FGTS fora criado para satisfazer o desejo do presidente Castelo Branco de vender a "interesses particulares" a Fábrica Nacional de Motores (FNM), que, apesar de todo o seu potencial industrial e a sua importância social, era considerada pelo governo militar um elefante branco da iniciativa estatal no setor automobilístico. Havia cerca de 4 mil funcionários da FNM que moravam em vilas operárias construídas ao redor do parque fabril de Xerém. Tratava-se de um amplo complexo habitacional, cercado por escolas, hospital e área de lazer, tudo suportado pela máquina estatal. Ter estabilidade na FNM era um excelente negócio para o trabalhador, pois, além do almejado emprego, os funcionários garantiriam moradia de qualidade e segurança para suas respectivas famílias.

As cooperativas que abrigavam as casas dos funcionários da Fenemê seriam transferidas para o BNH, na estruturação da banda financeira do País. O BNH passou a gerir os recursos oriundos do FGTS e distribuídos pelo Sistema Financeiro de Habitação (SFH).

Pela instituição do Sistema Financeiro Brasileiro (SFB), o PAEG ainda criou entidades de vital importância nos dias de hoje e que regulariam as normas de quem, assim como a IBAP, se aventurasse a mexer com a economia popular: o Conselho Monetário Nacional (CMN), subordinado ao Ministério da Fazenda e novo responsável pela política monetária; o Banco Central do Brasil (BACEN), designado a executar o plano elaborado pelo CMN e a regular o funcionamento dos bancos; e a Comissão de Valores Mobiliários (CVM), administradora dos mercados primário e secundário de ações.

Contra o orgulho nacional e a favor dos interesses das multinacionais, o marechal estava mesmo determinado a privatizar a FNM. Pediu então ao ministro Roberto Campos que avaliasse a possibilidade. Em seu livro de memórias "A Lanterna na Popa", Campos narra que, após "rudimentar análise", retornou a Castelo Branco com a conclusão de que a estatal era invendável. "Quem a comprasse, compraria um gigantesco passivo trabalhista", escreve, referindo-se ao direito de estabilidade conquistado pela maioria dos empregados da FNM.

Até então, o regime da estabilidade decenal prevista no Código de Leis Trabalhistas (CLT) assegurava ao trabalhador o direito a não ser demitido sem justa causa após dez anos de serviços contínuos na empresa. Era uma situação que causava desconforto na relação patrão-empregado. Para ter o direito de demitir seus funcionários, se assim o desejasse, o empregador só poderia ter empregados com menos de dez anos de casa. Para não pagar a pesada indenização prevista em lei, cortava aqueles que estavam próximos a conquistar a estabilidade, causando prejuízos para ambos os lados. Os bons funcionários pagavam pelos maus, e os que conquistavam a estabilidade atavam-se confortavelmente à empresa.

Ou seja: enquanto o emprego na estatal significava ascensão social para os trabalhadores, era um grande entrave da privatização para o governo. "Daí se originou a fórmula do FGTS, de substituição da estabilidade por um pecúlio financeiro, em conta nominal do empregado, que ele poderia transportar consigo de empresa para empresa", conta Roberto Campos em seu livro. Os moradores da vila operária poderiam comprar suas próprias casas pelo BNH, com grande facilidade e prazo para pagamento.

O setor automobilístico passava por uma fase recessiva. A ordem dos militares era reservar ao máximo o mercado para as indústrias já instaladas e estimular fusões entre elas. A concentração poderia ser o caminho para sobreviver a uma grave situação de escassez de consumo. Mais do que caros, os veículos tinham se tornado bens inviáveis para a população. Um luxo a que poucos tinham acesso.

Nesse contexto, a popular Fenemê, que já detinha a liderança do mercado de caminhões pesados no País e era superavitária até 1966, poderia nadar de braçada no ainda inexistente mercado dos carros populares. Imaginei estar diante de uma bela oportunidade. Pensei em repetir a estratégia adotada no empreendimento hospitalar que consistia em antecipar o atendimento aos sócios a partir da compra de uma outra unidade em plena atividade, como fizemos com a aquisição do Hospital da Vila Formosa.

Tomar posse de uma fábrica já equipada para produzir os nossos veículos poderia ser uma ótima saída. Anteciparíamos o lançamento dos carros populares, que seriam estampados em chapas de aço e teríamos produção em larga escala.

As máquinas da FNM estavam encostadas. Eram seminovas e mais atualizadas do que as prensas convencionais disponíveis até então no Brasil. A FNM não ia para frente por problemas políticos e de gestão. Parou no tempo com o sucesso de vendas dos fumacentos caminhões Fenemê e do automóvel de luxo JK – FNM 2000 –, que já tinha perdido competitividade.

Estávamos definitivamente inclinados a participar da concorrência. Com a força de nossos milhares de sócios, poderíamos capitalizar o valor para fazer uma oferta de compra. Até dezembro de 1966, quando soubemos da intenção de Castelo Branco em vender a FNM, havíamos vendido 75 mil títulos de propriedade, dos quais 25 mil não estavam ativos por motivos de inadimplência ou desistência.

Procurei o presidente da estatal, o coronel Jorge Alberto Silveira Martins, para demonstrar o nosso interesse na concorrência e para convidá-lo a nos visitar e a experimentar o Democrata. Especialista em teste de automóveis, o coronel Silveira conheceu as dependências da IBAP e dirigiu o Democrata. Ficou encantado com o projeto e nos pediu para levar à FNM um motor para testes. Oficialmente não manifestava preferências, principalmente aquelas contrárias aos interesses do governo, mas, entre nós, mostrou-se claramente receptivo à ideia de manter o controle da FNM em mãos do capital nacional.

Conforme havíamos definido em assembleia, cada um dos 50 mil cotistas ativos daria um valor de 30 mil cruzeiros em 60 parcelas iguais para participar da concorrência da FNM. A nossa oferta seria, portanto, de 150 milhões de cruzeiros, firmada por meio de notas promissórias.

Walter Nicoli, um dos diretores da IBAP que nos acompanhava desde os tempos do Acre Clube, foi ao Rio de Janeiro em 4 de janeiro de 1967 para levar a proposta ao Ministério da Indústria e Comércio. Chegando lá, tentou protocolar a oferta, mas não obteve sucesso. Cansou de esperar pelo carimbo no documento. Simplesmente devolveram-lhe a carta, sem qualquer justificativa. E Walter regressou a São Paulo.

Dois dias depois, os agentes federais invadiram os escritórios da IBAP.

Capítulo Vinte e Um

A intervenção do Banco Central

O ESTADO DE S. PAULO

1,5 trilhão para casas

DFSP investiga a N. Fernandes

IBAP quer comprar FNM

A fórmula CLD foi suspensa

O "Estado" divulga S. Bernardo

Comércio vai ser decidido

S. Casas recebem 1 bilhão

Prêsa a ex-Casa Militar

Vagas só se elevam em 68

Operários protestam

O Estado de São Paulo, edição de 7 de janeiro de 1967.

A contracapa de *O Estado de S. Paulo*, edição de 7 de janeiro de 1967, parecia ligar um fato a outro. A manchete principal anunciava: "DFSP investiga a N. Fernandes"; logo abaixo, a submatéria complementava: "IBAP quer comprar FNM".

Na manhã do dia 6, inspetores do Banco Central do Brasil e agentes da Divisão de Polícia Fazendária do Departamento Federal de Segurança Pública (DFSP) – atual Polícia Federal – fizeram diligências em nossa sede à Avenida Ipiranga. Reviraram o escritório, entregaram-nos o "Termo de Início de Investigação" e apreenderam 20 livros fiscais, dinheiro em espécie e projetos técnicos da Empreendimentos N. Fernandes S.A. Levaram até mesmo a foto emoldurada em meu gabinete, aquela do presidente Castelo Branco à frente do Democrata, acompanhado do general Golbery e do marechal Ribas.

Por ordem do BC – que se baseou em uma sindicância antiga, ocorrida em 1965 em nossa empresa –, o delegado Roberto de Mesquita Sampaio Jr. mandou lacrar as portas da sala 205 – onde funcionava a contabilidade –, suspender as vendas de cédulas de propriedade e bloquear as contas da empresa e dos diretores, a saber: Nelson Fernandes, Paulo Walter Saldanha, Wladimir Bellagente, Roberto Medeiros Lisboa, David dos Santos Costa Filho, João Francisco da Silva Lopes e Renato Miguel Caraciola. Casado com a minha prima Neide Fernandes, filha do meu tio Antonio, Caraciola era diretor administrativo, responsável pela arrecadação dos valores de quem tinha se comprometido com o empreendimento.

A operação se estendeu para os endereços residências de todos os dirigentes indiciados, com apreensão de documentos. A intimação dirigida a N. Fernandes ordenava que:

> Sob as penas da lei, cesse imediatamente suas atividades de intermediação na distribuição e colocação, nos mercados financeiros e de capital, de títulos ou valores imobiliários, especialmente as denominadas "Cédulas de Propriedade" ou quaisquer outros títulos da Sociedade Civil Indústria Brasileira de Automóveis Presidente, sediada nesta Capital, à Avenida Tucuruvi n° 995, bem como de outras sociedades, visto tratar-se de atividade privativa das instituições compreendidas no art. 5°, da Lei n° 4.728, de 14/7/65.

Impossibilitados, portanto, de realizar novas subscrições, tivemos de fechar o nosso estande de vendas na 1ª Feira Nacional do Abastecimento do

Ceasa, no Jaguaré, em São Paulo, que havia iniciado naquele mesmo dia. O bloqueio das contas prejudicou os trabalhadores da IBAP e do Hospital Presidente, que não receberam seus salários no dia 10 daquele mês.

A IBAP tinha duas importantes fragilidades, uma de ordem jurídica e outra regulamentar, ambas passíveis de correção, mas igualmente explosivas nas mãos de quem queria nos tirar de circulação. A primeira estava ligada ao fato de sermos uma sociedade civil, e não uma sociedade anônima. Se fôssemos uma S.A., não teríamos instrumentos à mão para limitar o número de sócios e a quantidade de cédulas votantes para cada um, permitindo assim que a IBAP, realizada a partir da economia popular, caísse nas mãos de grandes conglomerados empresariais.

A "Lei das Sociedades Anônimas" (Lei n° 6.404, de 15 de dezembro de 1976), que regulamenta a constituição das empresas de capital aberto, ainda estava longe de ser criada e sancionada. Também não existia a Comissão de Valores Mobiliários (CVM), principal órgão fiscalizador do mercado de capitais brasileiro, criado pela Lei n° 6.385, de 7 de dezembro de 1976. Não tínhamos contratos como os de hoje, que contam com dispositivos sofisticados de proteção contra tomadas hostis de controle, algo que não passava nem pela imaginação mais fértil dos advogados da época.

Na sociedade civil, com todo sócio reconhecido em sua Pessoa Física, poderíamos impedir que uma montadora multinacional assumisse o controle da IBAP. Porém, do ponto de vista legal, sociedades civis não podem exercer regularmente atos de comércio, o que seria necessário na etapa em que a indústria iniciasse a produção. Estávamos conversando com juristas de renome sobre estratégias para resolver essa equação e, entre tantas, uma das saídas – sugerida pelo então deputado federal Gastone Righi (MDB-SP) – era abrir uma sociedade comercial e colocar a sociedade civil como dona de 99% das ações.

A nossa segunda vulnerabilidade era a falta de registro no Banco Central para o "sistema de distribuição de títulos ou valores mobiliários no mercado de capitais", como consta do artigo 5° da Lei de Mercado de Capitais, motivo alegado para a repentina busca dos agentes federais em nossa empresa. No entanto, não havia a menor necessidade de tamanha truculência, afinal de contas, auditorias e investigações não eram exatamente uma novidade para a N. Fernandes. Nunca negamos abrir os livros contábeis para as autoridades e a ausência de registro naquela época não era exatamente uma omissão.

A Lei de Mercado de Capitais era muito recente. Criada em 14 de julho de 1965, posterior, portanto, à constituição da IBAP, ainda necessitava de regulamentação. Não haviam sido expedidas pelo Conselho Monetário Nacional (CMN), criado pela Lei n° 4.595, de 31 de dezembro de 1964, as normas gerais a serem apresentadas (informações e documentos) para obtenção do registro inicial para empresas como a nossa. Como resultado, nenhuma empresa congênere, como consórcios ou clubes que vendem títulos por meio de subscrição popular, possuía tal registro. Pelo sim, pelo não, havia cerca de um ano, em 30 de dezembro de 1965, tínhamos entrado com a solicitação do registro no Banco Central, sem que houvesse retorno até então.

Além da falta de registro no BC, as outras acusações dos agentes federais – aparentemente leitores das matérias publicadas pela *Quatro Rodas* – eram ainda mais inconsistentes, levantando suspeitas a respeito das verdadeiras razões da interdição:

- Inexistência de quaisquer componentes para a produção ou mesmo montagem do veículo motorizado;
- Inexistência de contratos com quaisquer das fábricas de veículos ou autopeças no Brasil ou no exterior;
- Ausência de técnicos em quaisquer das numerosas especialidades essenciais à fabricação de automóveis ou à elaboração de projetos;
- Desvirtuamento das declaradas finalidades da indústria;
- Falta de critério na aplicação dos recursos.

Contra tal abuso de poder, impetramos um mandado de segurança contra ato do Banco Central e do DFSP na 1ª Vara dos Feitos da Fazenda Nacional e, após dez dias, o juiz Jurandyr Nilson nos concedeu liminar para reabrir o escritório, reaver os livros e desbloquear as contas pessoais e da empresa. Alguns documentos ligados ao projeto do Democrata não foram devolvidos. Também retiveram a moldura com a foto do Castelo Branco com o Democrata. Os federais não apenas ficaram com o quadro, como me acusaram de fraude. Disseram que aquilo se tratava de uma fotomontagem e me processaram por isso. Como a imagem era real, não foi difícil provar inocência, pois arrolamos como testemunhas as três autoridades militares fotografadas. Golbery confirmou a autenticidade da foto.

No entanto, as investigações não cessaram. Seguiriam firmes na busca de crimes tanto por parte da minha empresa como do empreendimento. Perdemos o mandado de segurança e o juiz determinou que deveríamos obter registro junto ao Banco Central, sem, no entanto, nos prestar qualquer orientação de como fazê-lo. Estava claro que o objetivo da intervenção era frear a IBAP e nos levar à corte. "A partir de agora, começará uma investigação severa", declarou o delegado Sampaio ao *Estadão*. "A rigor, trata-se de uma sindicância, que será imediatamente transformada em inquérito e processo, caso se comprove a existência de ilícitos penais".

Conforme publicado no DOSP, de 9 de março de 1967, o promotor Fábio Roberto Sydon Pinheiro foi designado a trabalhar no "inquérito policial requisitado ao Departamento Federal de Segurança Pública em face da representação do Banco Central da República do Brasil contra a sociedade civil IBAP e Empreendimentos N. Fernandes S.A., bem como na eventual ação penal". Sobre a continuidade das vendas das cédulas de propriedade da IBAP, enquanto não conseguíssemos o registro no BC, não poderíamos retomá-las.

A bem da verdade, a privatização da FNM, oficializada por meio do Decreto-lei n° 103, de 13 de janeiro de 1967, não era uma oportunidade aberta a qualquer concorrente. Eu pensei que fosse. O governo queria se ver livre da estatal, entretanto jamais viria com bons olhos a sua privatização para uma empresa nacional de "capital democratizado". Com a aquisição, a IBAP seria rapidamente alçada ao patamar das multinacionais presentes no País. E ainda havia algumas notórias, como Fiat e Alfa Romeo, por exemplo, que estavam à espreita de uma abertura para entrar no mercado brasileiro. O setor automobilístico nascera sob o domínio do capital internacional e, na visão dos militares, assim deveria permanecer.

Sobre a nossa proposta, o Ministério da Indústria e Comércio limitou-se a dizer que a IBAP não tinha respaldo econômico-financeiro para participar da concorrência.

Também no páreo, a estatal italiana Alfa Romeo já mantinha acordos de operação com a FNM. Com a interdição da Polícia Federal, as nossas chances, que já eram mínimas, transformaram-se em bilhetes de loteria. Mas eu, que sempre acreditei em milagres, estava disposto a ir até o fim do processo licitatório.

No período da invasão, estávamos trabalhando na nova redação do projeto da indústria para nos adequarmos às normas do GEIMEC, que já havia declarado ao Banco Central que a IBAP era um empreendimento inviável. Cheguei a conversar pessoalmente com o secretário executivo do GEIMEC, o Dr. Alberto Tangari, a quem informei sobre o andamento do nosso processo, que estava em revisão e cujas adequações requisitadas seriam entregues em março de 1967. Para a minha surpresa, o secretário não estava inteirado do assunto. Perguntou-me se o motor do Democrata era Chevrolet. Ou seja, nem sequer conhecia o projeto que havia sido dado como inviável pela própria instituição da qual era líder.

Cheguei a procurar em meados de 1967 o ministro da Justiça Luís Antônio da Gama e Silva, recém-chegado, que recebeu com estranheza a atitude do Banco Central.

Ele, que era presidente de um clube que vendia títulos de propriedade, me disse que estava operando sem registro, pois a lei ainda não havia sido regulamentada. Jurista e caçador de comunista, Gama e Silva seria o redator do Ato Institucional n° 5_(AI-5), de 13 de dezembro de 1968, por meio do qual o presidente da República teria o direito de fechar o Legislativo e cassar mandatos parlamentares.

Como poderiam fechar uma empresa por falta de um registro que ainda não estavam aptos a dar? Como cumprir uma exigência que não estava estabelecida? Por que simplesmente não deram um retorno à solicitação que havíamos feito? O sentimento de injustiça, que já era latente, ficaria insuportável.

Diante dos fatos, restou-nos a opção de dar continuidade às nossas atividades com a receita proveniente do recebimento das prestações dos títulos que já haviam sido vendidos. Como dependíamos do registro no BC para retomarmos as vendas de novos títulos, voltamos a solicitá-lo junto à instituição. Somente em 14 de novembro de 1967, o banco respondeu que o registro não seria concedido porque estávamos *sub judice*. Ou seja: o BC não nos concedia o registro porque o caso estava pendente de julgamento requerido pela própria instituição e cuja alegação era exatamente a falta de registro.

A regulamentação do tal registro para emissão de títulos apenas seria baixada um ano após a invasão e interdição da IBAP, por meio da Resolução n° 88, de 30 de janeiro de 1968, evidenciando tarde demais a arbitrariedade daquela ação do Banco Central.

O desenrolar da nossa relação com o GEIMEC também foi infrutífera. Após mais idas e vindas, entregaríamos os novos complementos solicitados em junho de 1967. Ainda encaminharíamos em setembro uma cópia completa de um laudo da Polícia Técnica de São Paulo, contemplando todas as nossas atividades. Em dezembro, o órgão se manifestaria, afirmando que as perguntas não tinham sido respondidas satisfatoriamente. Em 1968, o GEIMEC rejeitaria final e oficialmente o nosso projeto.

Capítulo Vinte e Dois

A contribuição dos especialistas

Alguns poucos – porém seletos – jornalistas dedicaram o precioso espaço de suas edições a resenhas positivas sobre o Democrata. Aqueles que testaram o carro atestaram o projeto, considerando-o factível. Foi o caso do conceituado e especializado jornalista José Luiz Vieira, engenheiro automotivo e, à época, editor da revista *Indústria Automotiva*. Convidado a conhecer as novas instalações da IBAP na Anchieta, Vieira dirigiu o Democrata e relatou não apenas a sua experiência, mas também a sua respeitada opinião na edição de junho de 1967 da revista:

> Há muito ouvíamos e líamos todos os tipos de comentários, de elogiosos a profundamente desabonadores, a respeito da IBAP. [...] Até mesmo nossos colegas de jornalismo técnico estavam divididos a respeito da nova firma que o Empreendimentos N. Fernandes lançava. [...] Reunimos nossa coragem e fomos ver o leão em sua toca. Saímos mais confusos do que entramos: a facilidade de argumentação dos funcionários da casa, capazes de convencer múmias egípcias de que ainda estão vivas, contrastava com as atitudes dos órgãos oficiais dos governos, com quem diversas vezes debatemos a questão, e de quem recebemos sempre a mais fria das recomendações.

Com sensibilidade, o jornalista realmente captou um traço marcante do início da fábrica-piloto em São Bernardo do Campo. Tínhamos cerca de 50 funcionários que lá trabalhavam e, como sócios proprietários, adotavam a postura de "donos".

Cuidavam de cada detalhe com entusiasmo e satisfação. Zelavam pelos nossos ativos, não desperdiçavam material e trabalhavam com empenho. Recebiam salário por sua atividade e conseguiam enxergar os dividendos que viriam quando a indústria estivesse em funcionamento.

No curso de sua carreira, José Luiz Vieira tornou-se um dos mais respeitados jornalistas especializados em automóveis do Brasil, com passagens pelos jornais *Diário de S. Paulo* e *O Estado de S. Paulo* e pelas revistas *Motor3* e *Auto Esporte*. Em entrevista concedida ao autor do livro "Democrata – O carro certo no tempo errado", Vieira lembrou que os profissionais de imprensa eram contrários ao projeto do Democrata, mas não apresentavam argumentos suficientes para sustentar a sua posição.

Pura verdade. Eu fazia questão de trazer os jornalistas para conhecerem de perto a IBAP, mas muitos preferiam as críticas à apuração. Eram contra porque eram contra. Vieira não era assim. Na época em que teve a oportunidade de escrever sobre a IBAP, valeu-se da imparcialidade para relatar o que viu:

> Vimos as carroçarias saindo do molde, ouvimos o ronco gostoso de um motor cujo tipo não esperávamos ver em carros nacionais. [...] A qualidade técnica, pelo menos do projeto – e não há por que duvidar de quem é capaz de projetar tão bem poderá certamente produzir, em pequena escala, igualmente bem – era acima de toda a expectativa. [...] Ficamos francamente entusiasmados com o carro.

E, antes de encaminhar um extenso texto técnico sobre o carro, ilustrado com fotos tiradas durante a sua visita à fábrica, Vieira deu uma valiosa sugestão, que, como a própria história conta, não seria adotada por seus colegas:

> Não sendo economistas, doutos em leis, nem possuidores de bola de cristal, não nos consideramos aptos a passar julgamento sobre a empresa. Como entusiastas e – pelo menos um pouco – conhecedores de automóveis, achamos que o carro que vimos e ouvimos merece uma cobertura jornalística razoavelmente extensa.

Além de não ter a obrigação de remeter royalties ao exterior por ser nacional, o Democrata fora concebido para custar menos do que seus concorrentes. Até mesmo na fase da modelagem do plástico com fibra de vidro, pensamos em baratear os custos. O projeto da carroceria era inteligente, inovador e economicamente viável, características percebidas e apontadas por Vieira em sua reportagem:

> Inteiramente feita de fiberglass, tem uma característica toda especial: foi projetada e executada tendo em vista custar o mínimo sem deixar de oferecer vantagens de conforto e conveniência. Beraldin conseguiu realmente soluções simples para problemas complexos. [...] Muito mais do que o estilo da carroçaria, ou sua estética interna, o que nos impressionou foram "sacadas" como a do acabamento superior das janelas: numa só peça em alumínio, conseguiu resolver o problema de calhas contra chuva, sem ter de soldá-las à carroçaria; vedação superior, numa porta que não tem elementos estruturais que vão até a capota; encaixe e vedação do vidro da janela; e acabamento lateral para a forração do teto, sem para isso precisar de recorrer a cordões. A facilidade de montagem oferecida é enorme, a economia em peças e mão de obra maior ainda. Para maior economia também, desenhou as maçanetas das portas de maneira a poderem ser construídas com apenas uma ferramenta industrial – e apesar disso o conjunto pegador-botão é bonito e extremamente cômodo para o usuário.

Tanto no meu escritório da Avenida Ipiranga quanto na fábrica-piloto da via Anchieta, passei a receber muitas visitas de aficionados por carros, jornalistas especializados, curiosos e celebridades, como Erasmo Carlos, Emerson Fittipaldi e – a mais marcante de todas – o casal Elza Zoares e Garrincha. Foi inesquecível não tanto por quem os dois representavam, verdadeiros ídolos nacionais no futebol e na música, mas pelo fato que ocorreu nas dependências do meu escritório. Convidados pelo diretor Walter Nicoli, Elza e Garrincha estavam acompanhados de um senhor mulato, troncudo e mau encarado que me foi apresentado como protetor e anjo da guarda de Elza Soares. Disse-me ela que o rapaz era mais do que um segurança:

– Eu não faço nada sem consultá-lo.

– Muito prazer! – cumprimentei-o.

– E ninguém bota olho gordo em mim porque ele me protege. Ele tem uma força de pensamento incrível, é capaz de matar um passarinho à distância.

– Ele é capaz de quê?

Fiz a pergunta e fechei os ouvidos. Tinha escutado perfeitamente. Por um instante, a minha mente viajou no tempo e foi buscar na infância as memórias da traumática e misteriosa morte da minha égua Estrela, amaldiçoada e sentenciada à distância pelo meu vizinho. Ao me recompor, perguntei:

– Mata mesmo?

E a própria Elza se *interpôs* e ofereceu:

– Se você tiver um passarinho aí, ele pode lhe mostrar.

Eu não tinha o passarinho, mas não podia deixar de conferir se ela realmente estava falando a verdade. Pedi ao Walter Nicoli que providenciasse a compra de um passarinho no Mercado Municipal. Em menos de 20 minutos, ali estava diante daquele homem um canarinho da terra dentro de um saquinho de papel com furinhos. Quando fui entregar o passarinho ao homem, ele me disse:

– Eu não quero tocar o saquinho. Abra-o e coloque o passarinho em uma das mãos. Ele não vai fugir.

Fiz o que o homem mandou, e sobre a palma estendida da minha mão esquerda, o canarinho ficou imóvel. O homem olhou firmemente para o passarinho por alguns segundos, concentrou-se e, de repente, uma força invisível fulminou aquela indefesa ave, que desfaleceu sobre a minha mão. Fui checar e o bichinho estava duro e sem respiração, literalmente morto.

Triste mas verdadeiro. Por mais fantasioso que possa parecer, esse fato aconteceu comigo, diante dos meus olhos, e me fez entender que há poderes sobrenaturais capazes de matar a minha égua, o passarinho do Mercadão e os sonhos de muita gente.

Não sei se por forças ocultas ou visíveis, recebi outra visita na IBAP que me causou muita surpresa. Procurou-me nada menos do que o jornalista Victor Antonio Gouveia, um dos redatores da polêmica reportagem "E fábrica de automóvel cai do céu?", da edição de março de 1964 de *Quatro Rodas*, assinada genericamente pela "equipe" ou pelos "pesquisadores" da revista. Na época da publicação, Gouveia era redator-chefe, portanto um dos cabeças da "equipe". Logo após o golpe militar, o diretor de redação da revista, Mino Carta, o despediu preventivamente por detectar em Gouveia "pendores direitistas", como o próprio Mino narra em editorial intitulado "A tentativa de ser víbora", publicado na *Carta Capital*, edição de 4 de abril de 2014.

Por arrependimento ou interesse, Gouveia – que já tinha ocupado a presidência da Federação Nacional dos Jornalistas Profissionais e passado pela revista *Autoesporte*, onde se notabilizou por uma entrevista exclusiva com Enzo Ferrari – me procurou na condição de editor de automóveis do influente *Diário da Noite (São Paulo)*, do conglomerado Diários Associados, fundado por Assis Chateaubriand. Apesar da inusitada visita, abri as portas a ele e o resultado disso foi publicado na edição de 10 de outubro de 1967. No alto da página, o título anunciava: "O Impossível aconteceu: Está pronto o Democrata". Mais uma matéria positiva sobre o Democrata, desta vez escrita por um de nossos algozes do passado. Se o meu objetivo fosse experimentar o doce sabor de ver o ex-redator-chefe da soberana *Quatro Rodas* se retratando de uma injustiça, o nariz de cera da reportagem já seria um bálsamo para a alma:

> Enfrentando a descrença dos pessimistas, constituiu-se uma empresa nacional, com capitais coletados na poupança popular, para a fabricação do carro brasileiro.
> Surgiram "ondas" e campanhas de descrédito, mas a IBAP – Indústria Brasileira de Automóveis Presidente – tornou-se realidade, e, o que é mais importante, já fez o carro prometido, o DEMOCRATA, que apresentamos nesta reportagem.

Um raro momento de glória da IBAP. Como se estivesse escrevendo para ele mesmo, Gouveia prosseguiu:

> Essa é a resposta a todos aqueles que duvidaram da possibilidade de criação de uma indústria automobilística com capitais inteiramente locais. É resposta aos negativistas. Aos céticos. [...] Eis porque não mais se justifica a maliciosa pergunta:
> "Sai ou não sai o automóvel?" O "Democrata" já saiu. [...] Os que não acreditaram na realização do empreendimento, os que o julgaram impossível, absurdo, irrealizável, constatam agora que estavam enganados.
> Hoje a ninguém mais é lícito duvidar da capacidade que tem o Brasil em edificar a sua própria indústria automobilística, liberta de royalties e de remessas de lucros para o exterior.

Eu recebi com entusiasmo o jornalista. Aliás, como fazia com todos os setoristas. Eram sempre muito bem-vindos. Queria tê-los por perto. Tão perto que fiz uma proposta à Gouveia. Convidei-o para trabalhar para mim. E ele aceitou.

Contratei o jornalista para cuidar do departamento de comunicação da IBAP. Alertavam-me que eu estava colocando a raposa para tomar conta do galinheiro. Mas eu argumentava que, com os protótipos na rua, não tínhamos o que temer. O motor já havia sido anunciado. Se o objetivo dele fosse atuar como informante dentro da IBAP, não haveria problema. Eu queria que ele divulgasse mesmo tudo o que tomasse conhecimento, ainda que fossem segredos.

Gouveia editou o órgão de imprensa *Notícias em Foco*, cujo logotipo baseava-se na sigla "NF", que coincidia com as iniciais do meu nome. Em uma das edições do informativo, distribuído gratuitamente, produziu textos apaixonados sobre o Democrata, a partir de sua própria experiência ao conhecê-lo por fora e por dentro. Neste trecho, Gouveia descreve as suas primeiras impressões ao se aproximar do carro:

> Para quem nunca viu o Democrata, o primeiro contato com o carro quase causa espanto – no bom sentido, é claro – porque as linhas agradam em cheio. As medidas adotadas para fazer dele um carro familiar são realmente magníficas. Sedan, de duas portas, com motor e conjunto de transmissão na parte ré, sóbrio, ainda assim o Democrata dá aquele ar de esportividade. Calçado sobre pneu de aro 15, muito em voga no Brasil, a suspensão dianteira torna o rodar macio, porque, além dos amortecedores de ação simples, as barras de torção garantem razoável aderência.
>
> Para que este seja maior, no modelo que irá para o consumo, é pensamento dos técnicos colocar, em substituição às barras, molas helicoidais. Com tal solução, o rodar será sobre plumas, independentemente do estado do piso. [...] O estilo do carro, como ficou dito, tem concepção moderna. Um carro com cinco lugares e muita bossa. Traseira truncada para melhorara a aerodinâmica, grade dianteira de bom gosto, com elemento decorativo, rodas de liga leve e bonitas, além dos faróis retangulares, chamam a atenção de todos. [...] O trinco e fechadura são, sem dúvida, um passo à frente.
>
> Quase não apresenta cromados, que, em exagero, empobrecem as linhas. No Democrata, o perfil é de uma beleza pura, com linhas harmônicas. Poderíamos até dizer que sua parte de trás tem uma caída tipo "fast-back".

Em seguida, do ponto de vista de quem abre a porta e acomoda-se no banco do motorista, Gouveia dá a sua opinião:

> A área de visão é ampla. (...) Quanto aos limpadores de para-brisas, além de abrangerem grande área, têm fixação das melhores. As cores do Democrata, assim como seu acabamento, são de primeira qualidade. Lá dentro, a posição do motorista é das melhores. (...) Boa visibilidade frontal e lateral, com ótima visão pelo espelho retrovisor. (...) No banco de trás, três pessoas vão muito bem acomodadas, em viagens curtas ou longas. Não existe aquele incômodo tubo de transmissão no centro do assoalho, que tanto atrapalha as pernas dos passageiros. Ainda aí, para quem viaja no banco de trás, não aparece o problema dos encostos dos bancos dianteiros ficarem sobre os joelhos do passageiro, este nem precisa fazer aquela ginástica para achar posição mais cômoda. É só uma questão de sentar na posição natural, que tudo corre normalmente.
>
> Para arrematar, diríamos que os bancos dianteiros são separados (para duas pessoas) e, no traseiro, existe um pequeno console para descanso do braço, evidenciando-se assim a preocupação de conforto de quem o construiu. O painel é estofado, prevendo eventuais choques, isso, aliás, segundo as modernas normas de segurança recomendadas nos Estados Unidos. Embora forrado, o requinte é dado não só pelos instrumentos, como também pelo acabamento, todo em jacarandá da Bahia, acompanhando o console central, onde ficam o rádio e a alavanca de mudanças. Para orientação do motorista, no painel, bem visíveis com seus números brancos sobre um fundo preto, estão, da esquerda para a direita, os seguintes instrumentos: marcador de temperatura (em graus centígrados), velocímetro com odômetro total, marcador de gasolina (sobre este, luzes de indicação da direção, e, embaixo, as luzes da bateria e faróis altos), conta-giros para até 7.000 rotações do motor e marcador de pressão do óleo.

E Gouveia convida os leitores a dirigirem o Democrata. Em segunda pessoa do plural, ele engata a primeira e acelera em longo trecho de serra:

> Sentimos o seu torque de imediato. Numa saída brusca como a que fizemos, o corpo vai de encontro ao encosto do banco. O motor sobe gradativamente de giros. Para isto, estamos com um olho na estrada e outro no tacômetro. À pressão do acelerador, a velocidade aumenta. Passamos à segunda. Estamos subindo para os 85 quilômetros por hora. O giro do motor continua aumentando. Vamos para a terceira. Estamos aos cem. Que delícia. Motor elástico. As relações de câmbio são formidáveis. A direção é macia. Os cronômetros marcam 10 segundos para chegarmos 0 a 100. Continuamos a acelerar. Nada de quarta.

> O carro está firme na terceira. Cinco mil giros, colocamos a quarta. A velocidade ainda sobe.
>
> Os ventos laterais não afetam o carro, principalmente em altas velocidades. Muito bom. Giros a 5000. Velocidade a 140. Temos ainda um terço de acelerador. Não forçamos mais, mas o carro chega fácil aos 170. O trecho da reta está no final. O desenho dela vem aparecendo aos poucos. De repente, ela surge toda. Curva. Levamos o pé ao freio. Leve toque. Em punta-taco, cambiamos para a terceira. Os giros caem para 4.500. Aceleramos para sair da curva. Aí o carro sai ligeiramente de traseira. Consertamos na direção. Estamos no meio da curva. A frente está grudada no chão. A traseira volta a jogar, agora com mais violência. Consertamos mais uma vez. Saímos da curva e estamos a 130. Nova curva para a esquerda. Não tivemos tempo para colocar a quarta. Entramos em terceira mesmo. Travamos ligeiramente à boca da curva. O ponteiro do velocímetro namora os 120. Tomamos a curva esperando o início da derrapagem, motivado pela saída da traseira. Nada acontece. Aceleramos. Saímos da curva. Trecho reto à frente. Passamos a quarta. Iniciamos uma curva de alta para a esquerda, mas em declive. Começa a garoar. Agora é que vamos ver se o Democrata é bom de fato. Não tiramos o pé. Tudo em quarta e a 135, mais ou menos. O conta-giros assinala 4500. É nesta faixa que o motor apresenta maior torque. A curva termina e o carro a desenha de forma satisfatória. Sai um pouco de traseira. Depois de mais de um trecho de declive, uma reta interminável. Paramos e fazemos meia volta. Vamos subir a serra. Tudo de novo e agora chove forte. Curva à direita, câmbio e aceleração. Cinco mil giros. Leve tendência sobre-esterçante. Correção. O Democrata gruda no chão e vai despachando o carro-auxílio que nos acompanha no teste. A temperatura está abaixo do normal, o que é de se esperar, uma vez que chove a cântaros. Os limpadores são muito bons, mas a velocidade pode ser um pouco mais alta. Novas curvas e todas em terceira. Se não estivesse chovendo, talvez pudéssemos subir em quarta.
>
> Todavia, para maior segurança, ficamos nos 100 quilômetros por hora. Acelerador ainda há de sobra, o qual impressiona de verdade. A marcha parece nunca acabar. Fim de serra e trecho reto à frente. Nova parada e meia volta.

E a avaliação final dos testes:

> A suspensão satisfez plenamente (...) Os freios foram duramente castigados, uma vez que as frenagens foram feitas acima dos cem quilômetros e em tempos relativamente longos. Não notamos o chamado *fading*

> e, quando descemos a serra, todas às vezes os freios foram acionados quase sem parar, não dando tempo para que houvesse um resfriamento das lonas e panelas. Como agravante, ainda chovia em grande parte da duração do teste. Depois que nos acostumamos à alavanca de mudanças, as passagens de marcha foram mais fáceis. O consumo de gasolina observado foi da ordem de 12 litros para cada 100 quilômetros, o que deve ser melhorado em condições normais de uso. O Democrata apresenta um motor elástico e tem grande reserva de potência, como ficou demonstrado no teste. A vedação é das melhores, embora um pouco de chuva tivesse entrado pelo quebra-ventos do motorista. Em resumo, o Democrata transcende qualquer expectativa.

Na mesma edição do *Notícias em Foco*, talvez para se redimir de sua postura oposicionista do passado, Gouveia publicou um texto-resposta a seu próprio trabalho na *Quatro Rodas*. Por sua abrangência e relevância, a matéria "Uma fábrica caiu do céu" nem de longe minimizava os estragos causados à época pela revista especializada, mas tinha efeito didático e trazia um bom resumo de tudo o que havia ocorrido até aquela época.

> Uma fábrica, escreveram certa vez, não cai do céu... Em especial, um complexo industrial destinado a compor do nada uma máquina para sair roncando. Com essa argumentação escondendo uma outra verdade que, em cada dia desses quatro anos de cerrada campanha de descrédito, se foi tornando cristalina, os inimigos da Indústria Brasileira de Automóveis Presidente tentaram destruí-la. De que, sem a força do dólar, um empreendimento como uma fábrica de automóveis seria totalmente inviável, os inimigos da IBAP, sentindo que sob esse flanco o ataque resultaria em nada, partiram para a desmoralização pessoal, assacando as mais infamantes injúrias contra a honestidade de Nelson Fernandes. E também com essa técnica se deram mal, pois as onze sindicâncias, CPI e investigações acerca da vida da empresa e a particular de seu diretor-presidente acabaram por avalizar a lisura e a perfeita viabilidade do empreendimento.
>
> Depois de todas essas investidas, afinal impõe-se a pergunta: qual a razão para essa gente temer a Indústria Brasileira de Automóveis Presidente como o diabo teme a cruz? A resposta, apesar de parecer difícil, desde o início aflorou como evidente: as ideias de Nelson Fernandes, que já haviam resultado no Hospital Presidente – a assistência médico-hospitalar ao alcance do povo – são excessivamente "pra frente". E desastrosas – para eles – num regime de livre con-

> corrência. Principalmente em função do mercado cativo da fábrica, constituído por 400 mil sócios com prioridade para a aquisição de automóveis ao preço de custo. Além dessa concorrência no mercado, existirá a da produção, graças ao regime de trabalho do operário-sócio, com seus interesses diretamente ligados à fabricação do automóvel, implicando isso na consequente redução de tempo, de material etc. A esses conceitos revolucionários de produção e comercialização, somam-se outros de causar verdadeiro pavor na tradicional estrutura empresarial – a da real integração do povo no capital, propriedade, administração, lucros, em tudo da empresa. Por causa disso, abriram a boca no mundo, apelaram para o desespero.
>
> Mas, a despeito do alarido, a caravana vai passando. Hoje a fábrica da IBAP, por milagre verdadeiro e força de expressão, está "caindo do céu". Pouco a pouco, ela vai brotando da terra e aparecendo aos olhos dos incrédulos e inimigos de ontem que, agora, ao passarem pela via Anchieta, têm de tirar o chapéu para o que já está feito e prenuncia o que será a indústria na manhãzinha do amanhã.

Em nosso convívio diário, Gouveia passou participar das decisões e a ter acesso a todas as informações da indústria.

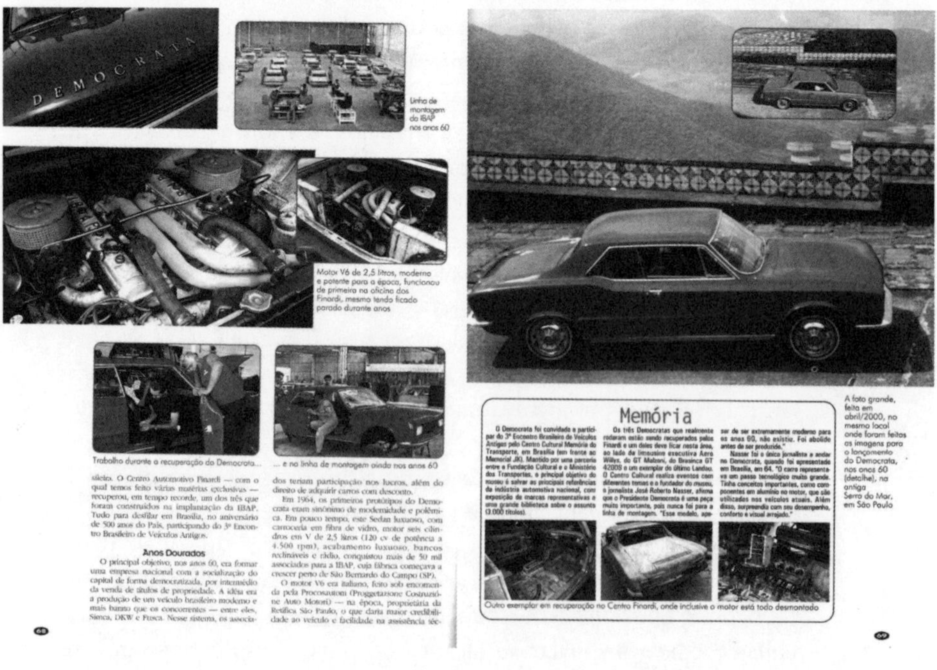

Linha de montagem da IBAP nos anos 60

Motor V6 de 2,5 litros, moderno e potente para a época, funcionou de primeira na oficina dos Finardi, mesmo tendo ficado parado durante anos

Trabalho durante a recuperação do Democrata...

... e na linha de montagem ainda nos anos 60

sileira. O Centro Automotivo Finardi — com o qual temos feito várias matérias exclusivas — recuperou, em tempo recorde, um dos três que foram construídos na implantação da IBAP. Tudo para desfilar em Brasília, no aniversário de 500 anos do País, participando do 3º Encontro Brasileiro de Veículos Antigos.

Anos Dourados

O principal objetivo, nos anos 60, era formar uma empresa nacional com a socialização do capital de forma democratizada, por intermédio da venda de títulos de propriedade. A idéia era a produção de um veículo brasileiro moderno e mais barato que os concorrentes — entre eles, Simca, DKW e Fusca. Nesse sistema, os associados teriam participação nos lucros, além do direito de adquirir carros com desconto.

Em 1964, os primeiros protótipos do Democrata eram sinônimo de modernidade e polêmica. Em pouco tempo, este Sedan luxuoso, com carroceria em fibra de vidro, motor seis cilindros em V de 2,5 litros (120 cv de potência a 4.500 rpm), acabamento luxuoso, bancos reclináveis e rádio, conquistou mais de 50 mil associados para a IBAP, cuja fábrica começava a crescer perto de São Bernardo do Campo (SP).

O motor V6 era italiano, feito sob encomenda pela Procosautom (Proggetazione Costruzióne Auto Motori) — na época, proprietária da Retífica São Paulo, o que daria maior credibilidade ao veículo e facilidade na assistência téc-

Memória

O Democrata foi convidado a participar do 3º Encontro Brasileiro de Veículos Antigos pelo Centro Cultural Memória do Transporte, em Brasília (em frente ao Memorial JK). Mantido por uma parceria entre a Fundação Cultural e o Ministério dos Transportes, o principal objetivo do museu é salvar as principais referências da indústria automotiva nacional, com exposição de marcas representativas e uma grande biblioteca sobre o assunto (3.000 títulos).

Os três Democratas que realmente rodaram estão sendo recuperados pelos Finardi e um deles deve ficar nesta área, ao lado da limousine executiva Aero Willys, do GT Malzoni, do Brasinca GT 4200S e um exemplar do último Landau. O Centro Cultural realiza eventos com diferentes temas e o fundador do museu, o jornalista José Roberto Nasser, afirma que o Presidente Democrata é uma peça muito importante, pois nunca foi para a linha de montagem. "Esse modelo, apesar de ser extremamente moderno para os anos 60, não existiu. Foi abolido antes de ser produzido."

Nasser foi o único jornalista a andar no Democrata, quando foi apresentado em Brasília, em 64. "O carro representava um passo tecnológico muito grande. Tinha conceitos importantes, como componentes em alumínio no motor, que são utilizados nos veículos atuais. Além disso, surpreendia com seu desempenho, conforto e visual arrojado."

Outro exemplar em recuperação no Centro Finardi, onde inclusive o motor está todo desmontado

A foto grande, feita em abril/2000, no mesmo local onde foram feitos as imagens para o lançamento do Democrata, nos anos 60 (detalhe), na antiga Serra do Mar, em São Paulo

68

69

O Democrata e a IBAP em São Bernardo.

Capítulo Vinte e Três

O Democrata em Brasília

Nosso apelo ao poder federal.

Meus últimos movimentos para tentar salvar a IBAP foram quase atos de desespero. Com as vendas suspensas desde o início de 1967, estávamos sobrevivendo da fidelidade dos sócios que, cientes das nossas intenções, honravam seus compromissos e mantinham o fluxo de pagamento das cotas da indústria.

Nossos ônibus e peruas transportavam diariamente os associados para visitarem o terreno e a fábrica na Anchieta. Mensalmente, fornecíamos informações a todos sobre o andamento das obras. Já havíamos feito terraplanagem em cerca de 40 mil m² de terreno e a indústria-piloto já estava quase de pé, com 3.500 m² de área construída, equipada com máquinas, ferramental e dezenas de carrocerias prontas à espera dos conjuntos motopropulsores.

Entretanto, sem novas subscrições, a situação ficava cada vez mais complicada. Em agosto de 1967, decidi levar o Democrata ao Distrito Federal. Montamos uma exposição no Hotel Nacional, com dois automóveis, uma carroceria sobre o cavalete, um motor sobre a bancada e a intenção de sensibilizar as autoridades para o fato de que o carro era uma realidade. Ainda alimentávamos a esperança de obter o registro e o aval do Banco Central e assim elevar as vendas a um patamar inédito em nossa trajetória.

Foi nesta oportunidade que o jovem Roberto Nasser – que viria a ser o idealizador do Museu do Automóvel, em Brasília – aproximou-se de nosso diretor, o Picchi, para conhecer o Democrata. Em seu livro, ele narra como foi esse momento:

> Um dia o livreiro da galeria do Hotel Nacional comentou que ali exporiam um carro novo. [...] Era o Democrata. [...] A exposição ocorria em período igual a um festival de cinema, evento ao qual o *Correio* dava dedicada cobertura.
>
> Estruturada a mostra, criação de um fato para que a alta administração tomasse conhecimento do veículo que alguns órgãos do próprio governo diziam não existir, pedi ao encarregado para dirigir o automóvel. Negou de pronto. Eu disse ter uma proposta a fazer à diretoria. Consegui falar com José Dyonísio Picchi, diretor de vendas da IBAP.
>
> A incontinência da pouca idade – tinha 21 – e o entusiasmo pelo novo trabalho, levaram-me a alinhavar argumentos para quebrar a proibição:
>
> Que se a presença da IBAP em Brasília tinha a leve pretensão de influenciar o Governo, isto passaria pelo *Correio Braziliense*, o único jornal lido pelo Presidente da República – às 5h da manhã um Jeep do Batalhão da Guarda Presidencial passava pelo *Correio* e recolhia exemplares para o presidente e ministros militares [...];
>
> Usaria o Democrata para fotos com moçoilas cinematográficas querendo aparecer na mostra. E obter maior divulgação que apenas minha coluna;
>
> Pensou, ligou para São Paulo. [...] Concordou, sob condições:
>
> Nem sair ou chegar dirigindo ao Hotel Nacional – todas as voltas com autoridades eram com gente da IBAP ao volante – *ok*;
>
> Não explicitar ter dirigido o automóvel – a empresa não queria se arrepiar com jornais e revistas que haviam solicitado a experiência, sem atendimento – *consultei o editor, que mandou tocar*;
>
> Fizesse uma apresentação da IBAP ao diretor do Departamento de Trânsito. Queriam licenciar o Democrata aqui – *apresentei*.

> A exposição, na pequena praça na galeria em frente à portaria do Hotel Nacional, então único 5 estrelas da cidade, envolvia dois automóveis, um conjunto de motor e câmbio para ser visto e apreciado e uma carroceria tira-dúvidas. Gerou bons resultados, chamou atenção especialmente do público brasiliense, mais esclarecido, culto e com maior capacidade de influir e formar opinião. Conquista fática, importante, foi o licenciamento de duas unidades em Brasília. Significava que o poder maior reconhecia a existência do Democrata.

A minha ida a Brasília tinha também um outro propósito.

Àquela época, o preço do veículo nacional estava *sub judice* pelos governantes. Com tantos incentivos fiscais, cambiais e creditícios concedidos pelo governo brasileiro no período da instalação da indústria, suspeitava-se que as margens de lucro se mantinham em níveis abusivos, acima do aceitável, sem as contrapartidas em termos de aperfeiçoamento dos veículos, de transferência tecnológica e de investimentos de capital estrangeiro no País. O tema, de relevância nacional, foi alvo de uma nova CPI em Brasília, que havia sido instalada em 23 de agosto de 1967. E surpreendentemente fui convocado a depor, desta vez como testemunha, não como investigado.

Em 21 de novembro de 1967 – pela segunda vez em menos de 3 anos em uma CPI –, prestei meus esclarecimentos aos deputados, que buscavam entender as causas do alto preço dos automóveis produzidos no País. Em meu depoimento, tentei tirar o foco do custo e demonstrar as razões pelas quais a IBAP poderia produzir um carro mais barato para o consumidor:

> O nosso motor é nosso. Suspensão, direção, freio, tudo, tudo é da IBAP. É a única indústria brasileira que tem todos os seus componentes próprios, não dependendo de empresas estrangeiras. As que estão instaladas no Brasil, V. Exas. sabem, são a Volkswagen, da Alemanha, a Ford, dos Estados Unidos, e assim por diante. Esta não. Todo o conjunto mecânico, todas as peças que compõem a carroçaria são de propriedade da Indústria Brasileira de Automóveis Presidente. Não pagamos royalties nem remessa de lucros para país nenhum. É por esta razão que nós poderemos futuramente, com a total realização da indústria, fazer preços bem inferiores aos das indústrias instaladas aqui no Brasil. Porque a nossa indústria será equipada com máquinas modernas, mão de obra barata e inclusive com a possibilidade de se

> construir o nosso carro popular e utilitário, projetado de maneira tal que possa ser produzido em grande escala, com muito mais facilidade, com muito menos operações do que carros que foram projetados há dez ou quinze anos.

Entre os depoentes, estavam técnicos, especialistas e os presidentes das subsidiárias de grandes montadoras instaladas no País, como Ford (John C. Goulden), Volkswagen (Friedrich Wilheim Shultz Wenk), General Motors (Damon Martin Jr.), Mercedes Benz (Zygmunt Tadeusz Koszutski), Toyota (Kiwamu Ashida) e Chrysler (Victor Garfield Pike Jr.).

Alguns deputados estranharam a minha convocação em meio a executivos desse calibre, uma vez que a IBAP ainda não havia vendido carro algum. De qualquer forma, aproveitei a nobre audiência parlamentar para falar sobre os meus ideais e as fontes de minha inspiração para a iniciativa da socialização do capital democratizado. Contei a todos a minha história empreendedora:

> Senhores deputados, foi por esta razão que idealizei e lancei em São Paulo, um clube, um hospital e uma indústria automobilística. Para poder demonstrar que os meus ideais não são simples sonhos, mas sim realidades que provam que o povo pode por si só construir grandes empreendimentos sem ajuda do governo ou de quem quer que seja. E isto eu provei ao convocar duas mil e quinhentas famílias para a construção de um clube, pois verifiquei que a formação moral e cultural de um povo se faz, inicialmente, com a criação de um meio ambiente de recreação salutar e honesto, onde as famílias possam se reunir e colaborar definitivamente na educação social de seus filhos.
>
> O Acre Clube é hoje um dos maiores e mais bonitos clubes de São Paulo, construído por duas mil e quinhentas famílias que reuniram seus pequenos capitais, de forma democrática, todos possuem o direito de propriedade, o direito de mando e, o que é mais importante, a solução do problema para todos esses pais, que agora têm onde levar seus filhos para se recrearem. O Acre Clube hoje já é árvore que dá frutos.
>
> Ao lançar o Hospital Presidente, plantei mais uma semente para demonstrar que um dos problemas mais graves, o de assistência médico-hospitalar, poderia ser resolvido com a simples democratização do capital. Ao idealizar e lançar pela primeira vez no mundo esse sistema hospitalar, busquei além da demonstração de que

> o povo unido, participando com sua pequena economia, poderia construir seus hospitais. Poderia também ter sobre os hospitais que construíssem o direito de propriedade, o direito de administração, contratar os seus próprios médicos, enfermeiros e demais funcionários, livrando-se, desta forma, definitivamente da comercialização que alguns médicos e hospitais inescrupulosos fazem.
>
> Para realização dos hospitais, convoquei, até a presente data, sessenta e cinco mil famílias que tenho a certeza sentem-se orgulhosas de haverem participado desses empreendimentos, pois o Hospital Presidente de Tucuruvi já se encontra parcialmente em funcionamento, com seus treze andares em acabamento, e que dentro em breve estará abrigando trezentos leitos, sendo considerado um dos maiores hospitais particulares do País. Em Vila Formosa, o Hospital Presidente Segundo já abrigou e atendeu a mais de cem mil pessoas em seus cinco anos de atividade. Lá nascem em média mil e duzentas crianças por ano, todas filhas de sócios-proprietários.

E, em seguida, desabafei:

> Todo homem que tem ideias e as transforma em realidade sofre críticas de opiniões contrárias. Mas nunca neste meu querido Brasil, sem ser político, alguém sofreu tão violenta campanha difamatória e desumana como eu sofri. Fui intensamente atacado por emissora de rádio e por alguns deputados, que procuraram por meio da injúria e da difamação desmoralizar meus empreendimentos, quando lancei a Indústria Brasileira de Automóveis Presidente. Mesmo alguns órgãos de governo, baseados em toda a campanha difamatória, agiram criminosamente contra minha empresa, ao ponto de fechá-la sem amparo legal, e hoje esses mesmos órgãos estão em dificuldades para dar solução ao meu pedido de registro, em caráter precário, no Banco Central do Brasil. [...] Ao lançar a indústria, sabia que ela teria o mesmo êxito de meus empreendimentos anteriores. Ninguém atira pedras em árvores sem frutos. Os ataques que me fizeram e farão se justificam porque eles também têm a certeza desta realização, que é contrária aos seus interesses particulares. Este empreendimento é inédito pela forma em que foi estruturado.

O deputado federal José Lurtz Sabiá (MDB-SP), autor do requerimento para a instalação da CPI, considerou inoportuno o convite a mim dirigido pelos seus pares. Apesar de alegar que a IBAP não poderia contribuir com a comissão para "fornecer os elementos indispensáveis ao funcionamento de uma empresa", Lurtz Sabiá foi impiedoso nas críticas aos nossos empreendimentos, colocando-os no mesmo balaio que iniciativas vigaristas que furtaram o dinheiro da economia popular sem devolver ao povo aquilo que prometeram, como o Hospital Independência, lançado para concorrer com nosso empreendimento por Di Franco sob consultoria do nosso ex-corretor Pedro Ricci, e a Santapaula Melhoramentos, que vendia títulos para financiamento da casa própria. Munido de dados imprecisos e conceitos papagaiados pelos opositores, disse que o Acre Club estava funcionando parcialmente e que o Hospital Presidente só estava acabado por fora.

> Nelson Fernandes – V. Exª entrou no hospital?
> Lurtz Sabiá – No prédio, não.
> Nelson Fernandes – V. Exª está fazendo uma alegação um tanto leviana. Gostaria de dizer, também, que o clube que V. Exª alega não estar concluído, se encontra totalmente terminado.
> Lurtz Sabiá – O clube está funcionando.
> Nelson Fernandes – Quero perguntar a V. Exª, que talvez tenha feito até um estudo profundo com relação a essa espécie de empreendimento, se existe em São Paulo um clube com número de associados como este. Temos 2.500 sócios, 8 mil metros de área construída e 15 mil metros de terreno de propriedade dos associados. É um dos maiores clubes de São Paulo. Foi feito com a participação de 2.500 famílias, e foram arrecadados, tão somente para realização, aproximadamente 320 milhões de cruzeiros. Este clube está pronto e funcionando.
> Lurtz Sabiá – Relativamente ao hospital, de quanto V. Sª. precisará para colocá-lo em funcionamento? Quantos leitos possui?
> Nelson Fernandes – Com relação ao Hospital Presidente, que V. Exª. declara estar pronto por fora e não existir nada por dentro, asseguro que ele está funcionando há mais de dois anos. Existem lá, inclusive, uma farmácia, dois consultórios dentários e 22 médicos que trabalham na assistência médico-hospitalar a 250, 300 pessoas por dia.
> Lurtz Sabiá – Quantos leitos tem?
> Nelson Fernandes – Esse hospital tem cinco leitos, por enquanto, porque funciona como pronto socorro. Em abril [de 1968] estarão concluídos mais três andares.
> Possivelmente V. Exª. não terá entrado e visto que ele está totalmente pronto. Antes da campanha, vendi aproximadamente 900 milhões

de cruzeiros de ações desse hospital. Vendi 40 mil cédulas, restavam ainda 10 mil. Com a campanha que sofri, V. Exª. acompanhou, foi-me impedida a venda de títulos desse hospital, por haver um descrédito com relação à indústria como também ao Hospital Presidente. Não encontrei facilidade no mercado para a venda dos títulos. Esta a razão por que o hospital ainda não está concluído.
Lurtz Sabiá – Mas os contribuintes do hospital pagaram?
Nelson Fernandes – Os 40 mil, sim. Isso prova a idoneidade da empresa. Eles estão sendo beneficiados pelo empreendimento. Caso contrário, deixariam de pagar. O meu caso não é idêntico ao da Independência, como V. Exª. citou muito bem. E o que estranho é que eu, que dou atendimento aos associados, que aplico o seu dinheiro, sou constantemente atacado; entretanto, essas "arapucas" que V. Exª. acabou de discriminar ainda não sofreram um processo. O Hospital Independência vendeu mais de 30 mil títulos, no entanto, ninguém foi para a cadeia nem processado; continua lá. A Santapaula, que V. Exª. citou, lançou o plano da casa própria e vendeu mais de 70 mil títulos. Recebeu o dinheiro do povo, contudo não construiu uma casa sequer. Até hoje, não houve um processo.

Do deputado Gastone Righi, responsável pelo requerimento do meu depoimento por sugestão do deputado federal Dorival de Abreu (MDB-SP), recebi a seguinte advertência que acolhi como um incentivo:

> Ninguém tem o direito de usar o sonho popular para o seu locupletamento, para vantagens de ordem pessoal. Espero que V. Sª Saiba respeitar a esperança e o sonho do brasileiro; e que algum dia o seu carro, efetivamente, esteja a serviço daqueles que confiam em V. Sª. Não sei se deveria fazer a confissão, duvido mesmo das intenções primeiras, ao se lançar o empreendimento, mas eu lhe digo que, depois que tantos milhares subscreveram títulos, só se eu admitisse que um homem pode se tornar um monstro, um deformado moral, poderia aceitar que alguém quisesse esmagar aqueles que nele confiaram. Mesmo que essa confiança não fosse justificada, não admitiria que se pretendesse esmagar essas esperanças e essa fé.
> Espero que V. Sª esteja de acordo comigo e procure envidar seus esforços no sentido de dar cumprimento e realização do empreendimento.

Com as oitivas e as planilhas fornecidas pelas montadoras, os parlamentares investigaram a fundo os custos diretos e indiretos na composição do preço do veículo nacional, mas não chegaram a conclusões inesperadas, nem houve algum ganho prático ao final de mais esta CPI.

Em seu relatório, o deputado Emílio Gomes, da Arena, listou algumas obviedades, como o despreparo empresarial, a incompetência administrativa e fiscal, a desorganização da cadeia produtiva, a incapacidade na formação da mão de obra qualificada, a baixa concorrência, a ausência de políticas econômica e setorial e o alto custo dos insumos e dos tributos. Mas o último item da lista foi o mais emblemático:

> Finalmente, o Governo não tem interesse que o veículo seja vendido pelo seu real preço, pois é duplamente sócio no lucro das empresas e na incidência dos impostos indiretos.

Capítulo Vinte e Quatro

O fim da IBAP

Em 1968, levei adiante a ideia de comprar a Fábrica Nacional de Motores (FNM). Chegamos a fazer uma segunda oferta pelo terreno e o maquinário da indústria. Nossa proposta, de 150 milhões de cruzeiros novos (cerca de 45 milhões de dólares), foi entregue no protocolo do Ministério da Indústria e do Comércio, no Rio de Janeiro, e previa um prazo de pagamento extenso de sete anos, com 72 parcelas mensais e carência de um ano para o primeiro pagamento. No entanto, nos comprometemos a, num prazo de 120 dias, apresentar um termo assinado por todos os associados, garantindo que estavam dispostos a adquirir tantas cotas ideais quantas fossem necessárias para atingir o preço oferecido na proposta da IBAP para aquisição da FNM.

Cobriríamos qualquer oferta que fosse maior do que a nossa. Ou seja: para descobrir se a proposta era firme ou um blefe, bastaria aguardar os quatro meses. E era, no mínimo, importante avaliar se seria prudente deixar um patrimônio localizado em área de segurança nacional nas mãos do capital estrangeiro, como proclamou certa vez o deputado Marcos Kertzmann na tribuna:

> Constitui motivo de satisfação para todos os brasileiros o fato de que uma empresa paulista, a Indústria Brasileira de Automóveis Presidente, tenha-se dirigido às autoridades do país propondo-se a adquirir o acervo da Fábrica Nacional de Motores, [...] Nessa proposta, que o Sr. Nelson Fernandes já fizera ao passado governo, a IBAP afirma oferecer 150 milhões de cruzeiros novos pagáveis em 72 prestações, pelo acervo da FNM, importância essa superior ao

> do grupo italiano [...]. O melhor a ser feito, portanto, é examinar com seriedade a proposta do empreendimento liderado pelo senhor Nelson Fernandes. Na medida em que questões de segurança estão sendo invocadas neste momento, parece-nos que a própria prudência nos aconselha a tentar conservar em mãos nacionais instalações e terrenos tão importantes como os da Fábrica Nacional de Motores.

Entre adesões e desistências até 1968 – acumulávamos mais de 30 mil cédulas de propriedade cujos pagamentos haviam sido sustados em função das campanhas adversas –, tínhamos 50 mil sócios que se mantinham firmes com os compromissos da sociedade. Por força da interdição do Banco Central, estávamos impedidos de vender as cerca de 350 mil cédulas disponíveis. Então, em assembleia realizada no dia 11 de maio de 1968, os sócios remanescentes se comprometeram a comprar as cotas restantes da IBAP, a fim de garantir o caixa para honrar os compromissos mensais da compra da FNM. As notas promissórias recebidas pela IBAP para pagamento das prestações das cotas ideais vendidas, devidamente vinculadas ao contrato de compromisso firmado entre IBAP e os sócios, seriam depositadas para cobrança no Banco do Brasil.

No plano estabelecido para a compra, estava previsto um capital de giro e de investimento necessário para a perfeita manutenção do funcionamento da fábrica, nas diversas etapas pelas quais deveria passar até a sua plena operação. Incluímos no planejamento o lançamento de um novo produto: o aguardado carro popular, a grande lacuna do mercado brasileiro à época.

Pelo valor e pela forma como foi protocolada, a nossa proposta chamou a atenção da mídia e causou desconforto ao general Edmundo de Macedo Soares e Silva, então ministro da Indústria e do Comércio e o encarregado de comandar a privatização da FNM. Foi amplamente noticiada pela imprensa e comparada aos entendimentos que vinham sendo mantidos com a Alfa Romeo. As conversas com a montadora italiana já estavam bem avançadas, o que levava as chances de a nossa proposta ser aceita a algo próximo a zero.

Macedo Soares mostrava-se totalmente incrédulo na capacidade da indústria automobilística de capital nacional. Dizia que era uma ingenuidade pensar que existiam recursos técnicos e financeiros em nosso país capazes de manter em produção uma grande fábrica de automóveis. E dava como ilustração de sua posição a recente venda da Vemag-DKW para a Volkswagen.

E também argumentava que a própria Willys, por não dispor mais de matriz automobilística nos Estados Unidos, tratou de ser absorvida pela Ford.

Àquela época, havia muitas montadoras multinacionais que estavam à procura de uma oportunidade para fincar suas estacas no País. Fiz contato com algumas delas. Firmar acordo com uma estrangeira era um passo muito arriscado, mas eu não tinha escolha. Tal como era, o projeto inicial já se tornara inviável. Tanto fizeram para comprovar que a IBAP se tratava de um golpe contra a economia popular que emperraram a indústria, transformando-a numa real arapuca.

Com a situação em níveis alarmantes e sem ajuda, eu dificilmente conseguiria realizar o empreendimento. A minha última cartada seria tentar uma sociedade com uma indústria alienígena. Eu fui à Alemanha para me reunir com a diretoria da Mercedes, que fabricava por lá um carro pequeno produzido havia muito tempo e já obsoleto. Queríamos trazer esse carro popular para o Brasil, mas não deu negócio. Então fomos à Itália para uma reunião com a Fiat.

A Fiat tinha uma fábrica de tratores em Riacho Grande, no ABC. Fernando Beraldin conhecia os diretores italianos da montadora que, convidados por ele, visitaram a IBAP e testaram o Democrata. Por intermédio deles, levamos à Itália uma proposta ao mesmo tempo ousada e ingênua. Ousada porque dissemos que gostaríamos de comprar uma fábrica da Fiat a ser construída em nosso terreno no Brasil. Eles montariam a fábrica na Anchieta, ficariam por dez anos como administradores e eu teria de pagar uma importância pela fábrica. Com os insumos fornecidos pela montadora italiana, produziríamos os automóveis Fiat 850, modelo popular que poderia vingar no mercado brasileiro.

Ingênua porque a IBAP certamente seria usada pela Fiat como porta de entrada para se estabelecer no Brasil. A italiana ainda não fabricava automóveis por aqui e, pouco tempo antes, havia tentado comprar a Vemag.

A Fiat aceitou seguir em frente, muito provavelmente porque não acreditava em nossa capacidade de realizar a indústria e já imaginava que futuramente assumiria a planta. Eu defendi que fechássemos o negócio, mesmo tendo a possibilidade de perdê-lo. Era a nossa última chance. Para a concretização do acordo, era necessário obter a autorização do governo para seguir com os entendimentos, sem a necessidade de participação de banco de desenvolvimento, empréstimos ou financiamentos. Bastava o aval da autoridade federal. A garantia daquilo que a Fiat iria realizar sobre o nosso terreno era suficiente para iniciarmos a parceria.

Por meio do deputado federal Cantídio Sampaio (Arena-SP), consegui uma audiência em Brasília com o presidente Arthur da Costa e Silva. Ao encontrar o marechal em seu gabinete, contei a ele que estava construindo uma indústria de automóveis e, que para viabilizá-la, precisava da autorização do governo para um acordo de cooperação com a Fiat.

Carrego lembranças fraternas de Costa e Silva, casado com Yolanda, uma morena elegante e companheira. A audiência foi muito breve, finalizada com um conselho e uma indicação. O general fitou-me, um jovem empreendedor de 37 anos, e aconselhou com ternura, como um pai se dirige a um filho:

– Meu filho, por que você não constrói algo menor, um empreendimentozinho? Vai mesmo fazer uma indústria desse porte?

Sorri e fiquei sem resposta. O que eu iria falar para ele? Já havia ido muito longe. Uma fábrica menor já não era uma opção.

Em seguida, Costa e Silva me encaminhou ao ministro Macedo Soares. Disse que era dele a prerrogativa de autorizar operações como a que estávamos reivindicando. E assim prosseguimos para a segunda audiência.

Antes de me encontrar com Macedo Soares, tive o cuidado de deixar dois carros Democrata estacionados no pátio do Ministério da Indústria e do Comércio.

Acompanharam-me nessa ocasião os dois diretores da Fiat. Explicamos ao ministro qual era o objetivo da transação, mas estava reticente a autorizar de pronto a parceria. Simplesmente não deu abertura, mas se mostrou simpático à ideia de ter a Fiat no Brasil. De qualquer forma, disse que iria analisar a minha proposta e que, num prazo de 30 dias, daria uma resposta.

Antes de me despedir de Macedo Soares, eu o convidei para conhecer os automóveis. Ele agradeceu e disse que não poderia descer. Eu insisti, convidando-o a, ao menos, olhar pela janela.

– Daqui de cima, o senhor pode ver! Aproxime-se para ter uma ideia! Os carros estão estacionados lá embaixo.

Ele desconversou, esquivou-se e nem se deu ao trabalho de olhar pela janela.

Saí do gabinete do ministro Macedo Soares certo de que tinha amealhado mais um opositor. Ele nunca deu um retorno sobre a minha solicitação. Mas continuou as conversas com a Fiat.

A FNM foi vendida à estatal italiana Alfa Romeo por 92 milhões de cruzeiros novos (cerca de 35 milhões de dólares), o que gerou muita desconfiança por parte dos brasileiros sobre a lisura das negociações. O ministro Macedo Soares foi intimado a depor na CPI criada por meio da Resolução n° 73/1968, de 10 de julho de 1968, para apurar os critérios adotados para a venda da FNM. Em 12 de setembro do mesmo ano, o general prestou esclarecimentos. Foi questionado sobre a legalidade da venda, uma vez que a FNM havia sido entregue a uma empresa cujo controle majoritário pertencia ao governo italiano e por uma oferta inferior à das concorrentes – além da IBAP, a Centauros também colocou uma proposta para arrematar a FNM.

Em sua defesa, o ministro justificou que vendeu a FNM, amparado pelo Decreto-lei n° 103/1967, instituído pelo presidente Castello Branco para transferi-la ao capital privado. Isso porque, segundo alegou, o governo não tinha condições de arcar com a necessária modernização da estatal, que acumulava perdas financeiras por atraso tecnológico, má qualidade dos produtos e incapacidade administrativa. E, embora tenha conduzido o processo em sigilo, sem o conhecimento dos congressistas, disse que o fez com o consentimento do presidente da República:

> Em despacho de 8 de maio, apresentei documento ao [...] Presidente da República expondo toda a ação desenvolvida para a aplicação do Decreto-lei 103. Sua excelência aprovou-o na mesma data.

Confrontado nos termos do Decreto-lei n° 4.657/1942, que proibia que empresas estrangeiras, com capitais predominantemente públicos, adquirissem, no Brasil, imóveis frutos de desapropriações, Macedo Soares explicou aos parlamentares que, antes da intervenção do governo de Benito Mussolini para salvá-la da falência, a Alfa Romeo era uma sociedade anônima e assim permaneceu juridicamente após a Segunda Guerra. Não convenceu o deputado Floriceno Paixão, que se mostrou contrariado com a justificativa, pois, em seu entendimento, o Estado italiano, por ser majoritário, escolhia os diretores e determinava as suas ações. Para o deputado, apenas o Congresso poderia autorizar a venda das ações da FNM nesse caso.

Por fim, para responder aos parlamentares os motivos pelos quais não considerou as propostas maiores dos concorrentes, Macedo Soares informou que nenhum grupo capaz havia demonstrado interesse. Sobre a oferta da IBAP, ele disse que a proposta era engenhosa em sua forma, mas decidiu não levar adiante com base nas denúncias do Banco Central e em reportagens da revista "Quatro Rodas". Sobre a IBAP, o ministro afirmou que, se houvesse carro na linha de montagem, "era feito a canivete". Segundo ele, faltavam respaldo financeiro e idoneidade técnica à nossa indústria. Sobre a Centauros, que também enviou proposta, justificou que a empresa estava em processo de falência e não tinha registro no Banco do Brasil.

Macedo Soares foi questionado também pela ausência de abertura de licitação pública. E, em tom militar, informou que a venda da fábrica já estava resolvida no exato momento da publicação do decreto, em janeiro de 1967, que autorizava a sua alienação. A nossa primeira proposta havia sido feita antes do decreto e da intervenção do Banco Central na IBAP, mas, como não houve protocolo, foi ignorada pelo Ministério.

Quando enviamos a nossa segunda oferta, o acerto com a Alfa Romeo já existia, como explicou o ministro na CPI:

> Meu Deus do céu! Houve um teto, de janeiro do ano passado, houve entrevistas e referências dadas aos jornais. A alienação da Fábrica estava resolvida ou aconselhada desde janeiro do ano passado. Assim não houve concorrência porque não era necessário. Se tivesse havido, esses dois grupos não teriam sido recebidos pelas razões que acabei de dar.

A CPI terminou inconclusa porque os deputados que a presidiam tiveram seus mandatos cassados pelo AI-5, do qual Macedo Soares foi um dos signatários. A documentação colhida foi destruída e desta forma encerrou-se a atuação da indústria nacional no setor automobilístico.

A Alfa Romeo assumiu a FNM, em uma negociação boa apenas para a parte italiana. Além de o governo ter aceito a oferta mais baixa, houve abatimentos, pagamento facilitado e manutenção de favores fiscais e tributários. Do valor total da oferta, de oitenta e dois milhões, quatrocentos e sessenta mil cruzeiros novos por 82% das ações, com opção de compra das demais, houve um acerto referente ao patrimônio imobiliário da estatal brasileira, que, pela lei, não poderia ser vendido a empresas estrangeiras. Portanto, a União ficou com os ativos e aceitou receber 30 milhões de cruzeiros novos a menos.

Os cinquenta e dois milhões, quatrocentos e sessenta mil cruzeiros novos restantes poderiam ser pagos também em sete anos, com dez prestações semestrais e dois anos de carência a contar da data de assinatura do contrato. E tem mais: o governo concedeu à Alfa Romeo o benefício de liquidar a dívida da FNM junto ao BNDE com parte do valor que deveria ser pago pela aquisição. Seriam usados praticamente a metade do saldo a ser pago no abatimento da dívida da FNM. Portanto, foi um péssimo negócio para a parte pública.

Na análise da "Quatro Rodas", edição de junho de 1968, a negociação abria "uma série de perspectivas quanto à entrada de novos carros no mercado brasileiro". E, conforme pontuou a revista, já estavam em curso os entendimentos entre Alfa Romeo e Fiat. "A situação mudará totalmente se for confirmada a notícia de que a Alfa Romeo estaria sendo comprada pela Fiat ou associando-se a ela. Nesse caso, a Fiat teria encontrado a fórmula para entrar no mercado brasileiro, depois de ter perdido a oportunidade de se instalar aqui na época da implantação da indústria automobilística ou, posteriormente, através da compra da Vemag".

A história fala por si só.

Após a privatização, uma das primeiras do país, a nova controladora da FNM não lançou carros populares, como era esperado. E ainda acabou com a hegemonia dos caminhões Fenemê. A montadora perdeu a liderança em venda de caminhões pesados. E qual montadora assumiu a liderança desse mercado? Foi a Mercedes Benz, que viria a ser presidida pelo próprio Macedo Soares logo após ele deixar o Ministério da Indústria e do Comércio, em outubro de 1969, quando o general Emílio Garrastazu Médici assumiu a presidência da República.

E a FNM desceu ladeira a baixo. Pela porta que abrimos no Ministério da Indústria e do Comércio, a Fiat instalou-se em Betim (MG) na década de 1970. Mundialmente, a Fiat adquiriu o controle acionário da Alfa Romeo e passou a controlar a FNM em 1976. Em 1979, a Fiat encerrou a produção do último modelo Fenemê 180 e pôs um ponto final à trajetória da marca.

***

Em outubro de 1968, a "Quatro Rodas" deu o golpe de misericórdia nas pretensões da IBAP, com a matéria "Cuidado, este carro não existe", que repercutia as posições do ministro Macedo Soares com a seguinte abertura:

> Se você o vir passando na rua, ou em exposição em qualquer galeria de muito movimento, cercado de bandeirinhas, faixas, cartazes e rapazes simpáticos prontos a prestar quaisquer informações, não lhe dê a menor importância, olhe para o outro lado e vá em frente. De fato, como diz a sua publicidade, ele é um grande negócio – mas para Empreendimentos N. Fernandes e para a Indústria Brasileira de Automóveis Presidente, não para você.
>
> O Democrata simplesmente não existe [...] Suas linhas são mesmo muito bonitas, talvez mais do que as de muitos carros de verdade fabricados no Brasil. Mas, para o ministro da Indústria e Comércio, deputados, o terceiro procurador da República, o Banco do Brasil e o Próprio GEIMEC, ele nunca será fabricado, porque:
>
> "É um gigantesco e bem urdido plano de captação de economias populares em proveito próprio dos seus idealizadores." – Procurador Mário de Vasconcelos Ribeiro;
>
> "As referências bancárias do Sr. Nelson Fernandes não são abonadoras." – Ministro Macedo Soares;
>
> "Não se mede um empreendimento apenas por uma carroçaria bonita." – Deputado Dias Menezes.

De todas as informações a que o jornalista Victor Antonio Gouveia, ex-colaborador de "Quatro Rodas", passou a ter acesso por trabalhar do nosso lado do balcão, a mais estratégica estava ligada à minha decisão de mandar trazer às pressas da Itália todo o nosso ferramental. As dificuldades enfrentadas pela IBAP já estavam em níveis alarmantes e eu sentia a necessidade de iniciar a fabricação do Democrata, iniciando a entrega dos carros aos associados a partir de junho de 1968. Ao Fernando Beraldin, que estava trabalhando na Itália para fazer valer o compromisso de fabricar os 500 primeiros conjuntos motopropulsores do automóvel, pedi que nos enviassem com a máxima urgência os moldes, as matrizes e os conjuntos de ferramentas necessárias para a fabricação dos motores no Brasil. Meu objetivo era terminar o trabalho aqui a fim de movimentar ainda mais a nossa fábrica-piloto, em cuja linha de produção já descansavam 30 carrocerias prontas do Democrata.

Texto de Silvano da Silva Fotos de Oswaldo Maricato

CUIDADO ÊSTE CARRO NÃO EXISTE

Até o ministro da Indústria e Comércio já afirmou que o Democrata não é um automóvel para ser levado a sério.

Se você o vir passando na rua, ou em exposição em qualquer galeria de muito movimento, cercado de bandeirinhas, faixas, cartazes e rapazes simpáticos prontos a prestar quaisquer informações, não lhe dê a menor importância, olhe para o outro lado e vá em frente. De fato, como diz a sua publicidade, êle é um grande negócio — mas para N. Fernandes Empreendimentos e para a Indústria Brasileira de Automóveis Presidente, não para você.

O Democrata simplesmente não existe. Você pode, se quiser, vê-lo e apalpá-lo. Suas linhas são mesmo muito bonitas, talvez mais que as de muitos carros de verdade fabricados no Brasil. Mas, para o ministro da Indústria e Comércio, deputados, o terceiro procurador da República, o Banco Central e o próprio GEIMEC, êle nunca será fabricado, porque:

"É um gigantesco e bem urdido plano de captação de economias populares em proveito próprio dos seus idealizadores". — **Procurador Mário de Vasconcelos Ribeiro;**

"As referências bancárias do Sr Nélson Fernandes não são abonadoras". — **Ministro Macedo Soares;**

"Não se mede um empreendimento apenas por uma carroçaria bonita" — **Deputado Dias Menezes.**

UMA VELHA ENCENAÇÃO

O fechamento da IBAP pela Justiça poderá acontecer no próximo mês. O processo que está correndo na Primeira Vara Federal de São Paulo só está na dependência dos laudos dos peritos, cujo prazo de apresentação está para se esgotar.

Assim mesmo, a IBAP continua em sua promoção. Na tentativa de impressionar deputados e autoridades, ⊕

Quatro Rodas, edição de outubro de 1968.

Ao saber desse nosso plano, Gouveia aproximou-se e pediu que eu o enviasse à Itália para ajudar Beraldin no que fosse necessário para agilizar a remessa de todo o material e principalmente para preparar uma matéria esclarecedora sobre o assunto. Era de conhecimento público que o conjunto motopropulsor estava sendo projetado na Itália, mas os detalhes ainda não haviam sido divulgados. Parecia ser uma boa ideia. Já era tempo de, aos sócios e à imprensa, ficar esclarecida a nossa estratégia.

E assim fizemos. Gouveia embarcou para a sede da Procosautom com a missão de agilizar a importação e apurar as informações. Alguns dias se passaram, recebi uma ligação de Beraldin informando que estava tudo em ordem. O navio cargueiro havia zarpado para o Brasil com os 500 motores, ferramental, estampo e moldes.

Estávamos muito ansiosos para receber a carga. No entanto, fomos surpreendidos pela imprensa local que noticiou a apreensão pela Polícia Federal de um navio cargueiro que, conforme as manchetes, estava transportando contrabando de máquinas e peças de automóveis da IBAP. Foi um tremendo baque.

De alguma forma, os federais foram informados que estávamos trazendo essa carga para o Brasil. Claramente não foi uma apreensão rotineira, aleatória. Já estavam aguardando a aproximação do navio. E qual era a trama? Simples. Caberia agora a nós, por meio de nosso departamento jurídico, pleitear na Justiça a liberação da carga. Seria algo contornável, pois bastaria apresentarmos a documentação, que estava em ordem, para provarmos que não se tratava de contrabando, e sim de uma importação legal. Isso é o que nós pensávamos.

O setor alfandegário tratou de esvaziar as nossas esperanças. A carga havia sido apreendida em águas internacionais e a liberação não seria tão simples assim. Se não bastasse o recente episódio da intervenção do Banco Central na sede da IBAP, que culminou no sequestro de nossos bens, agora tínhamos todo o nosso investimento do conjunto motopropulsor em poder da Polícia Federal. O material foi encaminhado para o Porto de Santos e lá ficaria até virar sucata.

Este foi, sem dúvida, o pior período da minha vida. Ver um dos meus sonhos naufragar pela força de quem poderia nos sustentar. Encontrar-me impossibilitado de pedir a mão de instâncias superiores, pois ela estava ocupada em nos empurrar para baixo. A repentina apreensão em alto-mar, aparentemente premeditada, tratou de eliminar os últimos pontos de interrogação que ainda pairavam sobre a minha cabeça. Não me restavam mais dúvidas de que o próprio governo remava contra a realização do empreendimento. Sobrava-me apenas o fôlego suficiente para sobreviver ao inevitável naufrágio.

Capítulo Vinte e Cinco

Condenado a trabalhar no escritório

O Governo Federal ceifou definitivamente o nosso sonho do carro nacional.

Em 30 de novembro de 1968, foi publicada no Diário Oficial do Estado de São Paulo a ação ordinária de dissolução movida pela União contra a Sociedade Civil Indústria Brasileira de Automóveis Presidente.

Com as nossas forças totalmente exauridas, não oferecemos qualquer resistência ao processo. Além de não haver mais ambiente para o desenvolvimento da indústria, as famílias dos diretores estavam sob ameaças. Colaborador da IBAP à época das viagens ao interior do Estado com o salão itinerante do automóvel, o almirante Antonio Nunes de Souza, então chefe da Superintendência do Desenvolvimento da Pesca (Sudepe), alertou-nos que tinha informações de que sofreríamos represálias caso não aceitássemos "pacificamente" a dissolução da indústria.

Pela ação, que foi homologada por sentença pela Primeira Vara Federal de São Paulo, a IBAP se extinguiu e teve seu patrimônio arrestado. Os portões da fábrica se fecharam. Os funcionários perderam o emprego. Por outro lado, os sócios proprietários não se surpreenderam, nem se sentiram enganados, pois estavam acompanhando o desenrolar dos fatos e perceberam que o fechamento da indústria era uma medida injusta e que fugia ao nosso controle. Eu entrei como fiel depositário dos bens da sociedade e designei o vigia João dos Santos – que trabalhara por muitos anos na casa da minha mãe – para morar no terreno da Anchieta.

Paralelamente, também por representação de uma autarquia federal, o Banco Central, fui alvo de uma ação cível na Justiça Estadual por crime contra a economia popular. O processo, de nº 211/67, corria perante a 17ª Vara Criminal – as varas criminais ficavam no Palácio de Justiça, atual sede do Tribunal, belíssimo prédio de arquitetura de Ramos de Azevedo – e também incluía como réus os demais diretores da Empreendimentos N. Fernandes, que à época da instalação da indústria eram Paulo Walter Saldanha, Wladmir Bellagente, David dos Santos Costa Filho, Roberto Medeiros Lisboa e Renato Miguel Caraciola.

Com base na Lei de Economia Popular, todos nós fomos acusados da infração de "coleta irregular de poupança popular sob falsa alegação de construir uma fábrica de automóveis". E o processo se arrastaria por quase 20 anos na justiça, o suficiente para frear a minha trilha empreendedora e eliminar qualquer vestígio de indústria ou automóvel.

Nesse intervalo, tentei recompor a minha vida e acertar alguns ponteiros que estavam fora de ordem. Após passarmos um breve período em uma chácara em Suzano, mudamos para uma espaçosa casa com piscina e quadra de tênis no Tremembé, na Rua Raul Vicente, num terreno cercado por castanheiras e muito verde.

No Tucuruvi, o Acre Clube já andava com as próprias pernas e a N. Fernandes estava concluindo as obras no Hospital Presidente, que funcionava parcialmente. Mas, na esfera pessoal, um outro fim se avizinhava: o do meu casamento. A minha convivência com a Leda se desgastara ao extremo. Com nossos filhos crescidos, era hora de colocar um ponto final à minha vida dupla e assumir o meu relacionamento com a Marisa, que se fortalecia dia a dia. Ao contrário de Leda, Marisa participou intensamente de minha jornada empreendedora. Teve papel decisivo na administração do hospital e no redirecionamento de minha trajetória após a dissolução da indústria.

Em 1972, portanto, quando Nelsinho e Nilson já estavam na adolescência e eu com 41 anos, chamei-os em meu escritório para lhes contar que eu iria me separar da mãe deles. Contando os sete anos de namoro, Leda e eu já acumulávamos 24 anos de convivência. Ela já esperava por esse momento, mas, ao saber da minha decisão, entristeceu-se profundamente. Comecei a preparar a minha saída definitiva. A casa do Tremembé ficaria para ela e meus filhos. A separação seria mais um traumático capítulo da minha história.

Abatido, retomei as minhas atividades no Hospital Presidente. Não havia mais espaço para trabalhar com a venda de títulos. Pelo contrário. Com a notícia da dissolução da IBAP, muitos sócios do hospital, com receio de que pudesse ocorrer algo semelhante com o destino de suas cotas, procuraram-me para devolvê-las. E passei a recomprar títulos de sócios desistentes.

Embora, ao contrário da indústria, o hospital já fosse uma realidade, o povo brasileiro tinha motivos de sobra para se sentir inseguro quanto à manutenção de seus direitos. Assim, tornei-me majoritário da sociedade e passei grande parte dos meus dias na administração do Hospital Presidente, no Tucuruvi, e da unidade na Vila Formosa.

Queria fugir dali. Se não podia vender mais cotas, comecei a pensar em estratégias para aumentar o movimento do hospital da Vila Formosa. No início da década de 1970, coloquei a Marisa na administração, ao lado de minha mãe, e ainda convidei o meu velho amigo Ariel para dar suporte.

Com o objetivo de conseguir o convênio com o recém-criado Instituto Nacional de Assistência Médica da Previdência Social (INAMPS), contratei o general Tito Livio Maia. Infelizmente era uma prática comum ter nos quadros das empresas pessoas ligadas ao regime militar. Sem isso, não se conseguia sair do lugar.

O general era peça importante para esse objetivo, mas ele não era soberano dentro do hospital. Jamais poderia admitir que ele ditasse as regras e agisse com preconceito ou subjugasse pessoas. É claro que seria uma questão de tempo para as primeiras incongruências de objetivos.

Certa vez, o Ariel recebeu no hospital a visita de um médico negro que lhe pedia emprego. Era um baiano chamado Carmelito Rocha Pitta. Por puro preconceito, o general e os médicos do hospital posicionaram-se contra a contratação. Eu, porém, ao saber que se tratava de uma pessoa extremamente simpática, bem-humorada e competente, resolvi admiti-lo. E Carmelito foi trabalhar na Vila Formosa.

Ao colocá-lo em uma posição de destaque na hierarquia do hospital, ganhei a confiança de Carmelito e a reprovação dos médicos. Um clima tenso se instaurou no hospital. Como poderia um médico de cor gerir o corpo clínico?

E, ato contínuo, o general Tito resolveu dispensar o Carmelito. Ao saber de sua intenção, chamei o general para conversar. Após discorrer sobre os rasos motivos que o levaram à posição contrária a permanência do Carmelito, o general me disse que deixaria a administração do hospital se a demissão não se concretizasse. Eu não pensei duas vezes:

– Então o Carmelito fica e o senhor sai.

Tempos depois, vendemos o Hospital da Vila Formosa, a Marisa assumiu definitivamente a administração do Hospital Presidente e o Carmelito tornou-se o nosso diretor clínico.

Por essas e outras, a rotina no hospital era insuportável para mim. Os dias se passavam, o patrimônio da IBAP virava sucata e tudo isso corroía a minha alma. Eu sentia muito orgulho de tudo aquilo que havíamos feito. Ver aquele imponente e moderno prédio de hospital em operação me dava muita alegria.

Certo dia, uma enfermeira me procurou e disse que havia um paciente que gostaria de me ver. Não era um fato incomum. Como eu era muito conhecido no Tucuruvi, muitos pacientes internados solicitavam a minha presença, alguns por me conhecerem de longa data e outros porque tinham interesse em me cumprimentar pelo empreendimento.

Como de costume, atendi ao pedido e fui ao quarto onde, para a minha surpresa, estava o senhor Odilon, o mesmo da chácara na Vila Pedrosa cuja luminária era alvo de nossas estilingadas. O senhor Odilon estava internado no hospital. Não nos víamos havia mais de 30 anos.

Ele estava acompanhado de pessoas de sua família. Ao me ver entrar, abriu um sorriso e os braços e, num abraço, me disse:

– Nelson, como eu poderia imaginar que um daqueles moleques que me causaram tanto aborrecimento ao quebrar as minhas lâmpadas fosse construir um hospital tão grande e tão bonito como esse! Hoje estou aqui, internado neste hospital, recebendo um excelente atendimento.

Encheu-me de emoção aquele reencontro. Juntos, relembramos com muita alegria daqueles dias memoráveis. Pedi desculpas pelas estilingadas e ele me abençoou:

– Que Deus lhe proteja em sua trajetória de realizações!

Agradeci e saí do quarto, com os bons momentos de infância renovados na memória.

Capítulo Vinte e Seis

O refúgio da hípica

Após o período de 1968 a 1973, intervalo do milagre econômico para o País e do meu inferno astral após o fechamento da IBAP, os céus me concederam uma nova ocupação e a mudança de ares de que eu precisava para atravessar uma fase turbulento.

Se há sempre um lado positivo nas situações adversas, pode-se destacar a oportunidade que o exílio dos negócios me proporcionou: a volta ao convívio doméstico. Impossibilitado de atuar em vendas para realização de empreendimentos, aproximei-me de meus filhos Nelsinho e Nilson, que até então não tinham espaço em minha agenda. E, em minhas andanças com o mais velho, abriu-se uma porteira que há tempos estava esquecida.

Assim como eu, Nelsinho era apaixonado por cavalos. Ele me pediu para frequentarmos uma escola de equitação chamada San Michele, numa linda porção da Serra da Cantareira. Prontamente aceitei o convite. Fizemos a inscrição e passamos a desfrutar de um tempo de qualidade juntos. Pai e filho montados sobre os cavalos, saíamos a galopar pela serra em meio a uma paisagem deslumbrante. Dia após dia, os passeios funcionavam como uma terapia para mim. A natureza e a distância das responsabilidades me acalmavam e me faziam bem. E isso era o bastante.

Nelsinho tinha objetivos mais claros e arrojados. Além das cavalgadas, que incluíam paradas na casa dos Marinelli ao longo da trilha, ele empenhou-se nos treinamentos, destacou-se no esporte e logo começou a ganhar prêmios em competições de equitação.

Assim como meu pai fez comigo, dei de presente ao Nelsinho um belo cavalo negro, um puro sangue inglês. Não era um cavalo muito apropriado para saltos, mas nos afeiçoamos a ele. De certa forma, comecei a reviver os bons tempos das montarias com a minha égua Estrela e das aulas de equitação que recebi do meu pai no campo de futebol no Tucuruvi.

Nelsinho e o puro sangue passaram a conviver intensamente. Certo dia, o cavalo, que ficava na hípica, sofreu um sério acidente e machucou uma das pernas, próximo ao curvilhão. Abriu-se ali uma enorme ferida que o impediria de galopar. O veterinário, a quem pedimos ajuda, fez alguns exames no animal e, muito pessimista, disse-nos que o caminho menos dolorido seria o sacrifício. Nelsinho ficou desolado e inconformado. Sacrificar o puro sangue estava fora de cogitação.

Levamos o cavalo para a nossa casa no Tremembé, em cujo terreno tínhamos uma edícula que estava desocupada. Ali fizemos uma cocheira para o cavalo e improvisamos um suporte de madeira para descanso e alívio de peso em suas articulações. No hospital, conversei com o Dr. Carmelito, expliquei-lhe o caso e perguntei se seria possível preparar uma equipe para salvar o animal. Ele ficou entusiasmo com o desafio e prontamente convocou uma junta médica para visitá-lo na cocheira.

Após o diagnóstico, com dedicação e zelo, os médicos iniciaram um tratamento intensivo com o animal e, em pouco tempo, foi possível concluir que o *veredito* do veterinário fora precipitado e irresponsável. Os dias se passaram, a ferida cicatrizou e o cavalo recuperou a velha forma. Antes, mal conseguia trotar. Agora, saía da edícula e galopava pelo quintal, em terreno íngreme e acidentado. Virou dono do pedaço. Alimentava-se pela janela da cozinha, onde deixávamos sua comida sobre a bancada, participava dos nossos churrascos de fim de semana e tirava uns cochilos no gramado.

Totalmente recuperado – e um pouco mal-acostumado –, o cavalo voltou para a San Michele.

Já acumulávamos muita experiência no trato de cavalos. Nesse tempo em que tivemos contato mais próximo com o pessoal da hípica, tomamos conhecimento de como se davam a compra, a preparação e a venda dos cavalos, animais xucros que vinham do Uruguai e da Argentina. Decidimos atuar nesse nicho.

Fizemos do nosso lazer um negócio. Partimos em busca de montar uma hípica para alojar e domar os cavalos selvagens. O local escolhido foi

Mairiporã, também à beira da represa. Compramos o terreno e iniciamos a construção de nossa própria *manege*, com 42 cocheiras, pista de salto, local para ferragem e veterinária.

Em seguida, investimos em um veículo para transportar os cavalos. Em vez de caminhão, optamos por comprar um ônibus usado da Cometa, modelo Dinossauro, e adaptá-lo. Criamos o nosso "motor-home". Em uma metade do veículo, tínhamos sete baias para acomodar os cavalos, e na outra, uma espécie de trailer para levar a equipe nas longas viagens.

Paralelamente contratamos os melhores ginetes do Brasil para dar suporte na escolha dos cavalos mais apropriados para saltos e para treiná-los para as competições. Os cavaleiros profissionais e o Nelsinho inscreveram-se em concursos por todo o País. Com ótimo desempenho, os nossos cavalos chamavam a atenção e atraíam interessados em comprá-los. Nossa equipe acumulou 52 prêmios em apenas um ano. Ou seja: um troféu por semana. Vendemos muitos cavalos, prosperamos e compramos o Dinossauro II, com acomodações para levar toda a família.

Mas a família ainda não estava pronta para viajar unida. Nilson estava distante, dando suporte à mãe. Enquanto Leda e nossos filhos moravam no Tremembé, eu formava um novo lar num sítio em Mairiporã, perto do Centro Hípico, ao lado do reservatório, com a vinda do meu terceiro filho.

Newton Cabral Fernandes, o unigênito de minha união com Marisa, nasceu em 13 de junho de 1978 e me deu mais uma chance de exercer a paternidade. Minha tendência era a de seguir o modelo que aprendi, o do pai provedor, machista, que saía cedo para trabalhar, não tinha tempo para afetos ou para participar do crescimento dos filhos. Mas, para que esse modelo vingasse, era necessário o papel da mulher dedicada exclusivamente aos afazeres domésticos e ao cuidado dos filhos.

Esse não era o perfil da Marisa, proativa, dinâmica e cuja colaboração profissional era imprescindível para a N. Fernandes. Até a chegada do Newton, enquanto eu rodava as estradas do País em busca de rentabilidade na compra e venda de cavalos, a Marisa estava literalmente morando no Hospital Presidente, empenhando-se na administração da sociedade. Por muitas vezes, ela dormia no hospital, onde mantinha um quarto residencial. Na nova realidade, seria humanamente impossível cuidar de um bebê, de um hospital e ainda ter de percorrer cerca de 50 quilômetros para ir e voltar no trajeto Mairiporã-Tucuruvi-Mairiporã.

A nossa dinâmica de vida tinha de mudar. Marisa passou a ficar mais em casa; eu, a dar maior apoio no hospital, dividindo o meu tempo entre as demandas da hípica e os novos desafios de pai pré-moderno. Nem é preciso dizer que era praticamente impossível conciliar todas as tarefas. Algumas ficavam mancas.

Com personalidade forte, certo dia Marisa decidiu sair de casa porque a vida em Mairiporã atendia às minhas necessidades, não as dela. Fez as suas malas e levou o Newton para o apartamento em Perdizes, onde morava anteriormente. Antes de sair, prometeu nunca mais voltar para o sítio.

E Marisa não era de quebrar suas promessas. Novidade em meu currículo, eu tive de ceder. Mudei-me para Perdizes e consegui convencê-la a, juntos, escolhermos um novo local para a nossa residência, mais próximo possível do Tucuruvi.

Por consenso, optamos pela Serra da Cantareira, localizada no meio do caminho entre a hípica e o Hospital Presidente. Encontramos um terreno em uma localização privilegiada, com visão de 160º na serra. Lá, já havia uma bela casa em construção. Seu proprietário era um piloto de helicóptero que tinha sido responsável pelo levantamento planialtimétrico dos lotes. Por uma sorte muito grande, ele estava interessado em adquirir um imóvel bem localizado na Zona Oeste da cidade. Marisa então ofereceu o seu apartamento de Perdizes e, apenas na base da permuta, fechamos negócio.

Alguns anos depois, decidimos investir em uma casa na praia de Caraguatatuba, no litoral norte de São Paulo, numa paradisíaca praia chamada Tabatinga, onde Marisa e eu costumávamos acampar nos tempos de namoro. Quando soubemos que ali seria erguido um residencial, resolvemos comprar um lote e construímos uma majestosa casa no condomínio, batizado de Costa Verde Tabatinga.

Aos poucos, fui me afastando da hípica e, para dividir o fardo, encarei de frente a labuta no hospital. Transformamos a hípica em uma empresa de treinamento para bombeiros, chamada Setre, que seria tocada pelo Nelsinho e pelo seu sogro, o coronel Jonas Flores Ribeiro Júnior, famoso comandante do Corpo de Bombeiros no início da década de 70 que trabalhou nos maiores incêndios na cidade de São Paulo, como os dos edifícios Joelma e Andraus. As cocheiras foram reformadas e viraram quartos da hospedaria; a pista de saltos tornou-se um campo de treinamento.

Com o fim da hípica e a retomada das atividades no hospital, as coisas começaram a entrar nos eixos. Apesar da minha separação, meus dois primeiros filhos moraram temporariamente conosco. O Nilson passou um breve período no apartamento das Perdizes e o Nelsinho veio morar na casa da Serra da Cantareira no período em que se casou com Regina, em 1982.

Vida melhor organizada, estávamos morando confortavelmente na Cantareira, com um belo refúgio de fim de semana em Caraguá. Poderíamos viver assim por anos. Mas, como não nasci para me acomodar ou para cuidar do dia a dia de uma organização, as nossas belas e confortáveis casas seriam meros instrumentos para viabilizar a minha próxima jornada empreendedora.

Capítulo Vinte e Sete

Nasci para realizar

Em 1985, o destino nos levou para Curitiba.

Não poderia imaginar que, aos 54 anos, a vida me levaria para fora das cercanias da Zona Norte de São Paulo.

Cheguei à capital paranaense para realizar mais um empreendimento. Como sempre, engajei-me num projeto ligado a descomplicar ou popularizar algo que até então era de difícil acesso. Mas, desta vez, ao contrário de todas as outras, sem a participação popular, sem venda de títulos de propriedade. O sonho da "socialização do capital democratizado" ficara enterrado no passado.

Tudo começou em uma das conversas que tive com o Saldanha em minha sala no Hospital Presidente. Encontrávamo-nos com frequência para falar do nosso processo na justiça. Naquele dia, ele me encontrou cabisbaixo, profundamente desanimado, e quis saber o que se passava. Eu disse a ele que não estava mais aguentando aquela rotina. Sem as metas que me faziam levantar da cama com entusiasmo todos as manhãs, os dias estavam pesados. E, sem rodeios, ele perguntou:

– Por que você não lança um cemitério?

Dei risada. Pensei que ele estivesse de gozação ou tentando fazer piada para levantar o meu astral. Esperei pela reação dele, mas vi que ele permanecia com um semblante sério.

– Que ideia, Saldanha! Você deve estar brincando!

– Claro que não! Eu já estava para lhe sugerir isso. Ouvi dizer que é um bom negócio.

– Sim, pode ser, mas não é adequado pra mim.

Depois que ele deixou a minha sala, aquela ideia maluca passou a ocupar os meus pensamentos e comecei a me afeiçoar a ela. Fiquei pensando na possibilidade de lançar um cemitério. E aquilo me animou. Mas, se a aceitasse, teria de lançar um cemitério diferente, inovador. Por que alguém iria se interessar por algo que representa aquilo que todos rejeitam? Qual seria o apelo de vendas? Como criar um discurso atrativo quando não se está convocando as pessoas a uma associação de um clube local, ao atendimento médico de qualidade ou à participação em uma indústria nacional de automóveis? Falar em cemitério seria jogar luz sobre a realidade da morte.

Chamei o Saldanha e disse que iria mesmo lançar um cemitério. E teria de ser no Tucuruvi, berço de todos os meus empreendimentos. E começamos a elaborar o projeto.

Inicialmente pesquisei muito sobre o tema. Li o livro "Os Enterrados Vivos", do médico francês Perón-Autret, e descobri que, ainda nas décadas de 1970 e 1980, pessoas em estado de catalepsia eram dadas como mortas. A ausência momentânea dos sinais vitais, conhecida como morte aparente, levava gente viva aos túmulos. Segundo o especialista, 4% das pessoas dadas como mortas estavam, na verdade, vivas. Era um número alarmante e aterrorizante para muitos.

Eliminei, assim, a opção de lançar um cemitério tradicional, do tipo parque, cujo horário de funcionamento vai até o cair da tarde e os defuntos são enterrados a sete palmos da terra.

Planejei partir para um modelo incomum no Brasil naquela época. Decidi construir um cemitério vertical, em que os corpos não descem à sepultura, mas permanecem inumados na superfície, em gavetas enfileiradas e sobrepostas. Era uma solução moderna e ocuparia espaço territorial reduzido. Por não ser ao ar livre, o prédio do cemitério vertical poderia funcionar 24 horas ao dia e fazer sepultamentos à noite. Com recepção e vigilância dia e noite, traria maior segurança e conforto às famílias, além de impedir a corriqueira violação de jazigos dos cemitérios ao ar livre.

Inicialmente batizado de Necrópole Ecumênica Vertical Universal, o projeto estava alicerçado em comodidade, higiene, limpeza e uma completa infraestrutura de serviços. Fizemos uma planta e uma maquete do cemitério, com previsão de construção de blocos para os lóculos, além de espaços para velórios, capela ecumênica, salas de repousos para acompanhantes, floricultura, ambulatório, bar, lanchonete etc.

Os cemitérios verticais eram raros em meados da década de 1980, mas muito comuns na Europa e nos Estados Unidos. No Brasil, já havia iniciativas em Porto Alegre e Santos.

Como então criar um apelo diferente para vender os lóculos do cemitério Universal?

Inspirado no tema do livro de Perón-Autret, resolvi idealizar uma solução para as pessoas que não queriam correr o risco de serem sepultadas vivas. Desenvolvi um aparelho que batizei de "Detectovida" e passei a construir a minha estratégia de comunicação em cima desta invenção. Tratava-se de um equipamento do tamanho de um aspirador de pó, com uma sirene do tipo giroflex no topo, com luz vermelha intermitente e alarme sonoro.

Como funciona o Detectovida.

Acoplado à urna no momento do sepultamento, o DETECTOVIDA permite a entrada de ar durante todo o tempo que estiver ligado.

Qualquer movimento ou sinal de vida dado dentro da urna, dispara automaticamente um poderoso alarme, enquanto dentro da urna uma luz se acende.

Como não se sabe ao certo quanto tempo uma pessoa pode ficar em estado de Catalepsia, completamente imóvel e sem demonstrar qualquer sinal aparente de vida, o DETECTOVIDA permite também verificar o momento em que o corpo começa a entrar em decomposição, indício inquestionável de que a morte realmente ocorreu.

Assim, se após de 72 horas do sepultamento o corpo não entrou em decomposição (o que prova estar vivo), os familiares são avisados e, com autorização das autoridades competentes, a urna é aberta, submetendo-se o corpo a rigorosos exames e testes para verificar se se trata ou não de morte aparente e o que pode ser feito para a reanimação.

O DETECTOVIDA funciona alimentado por energia elétrica de 110 ou 220 volts e possui uma bateria que entra em funcionamento automaticamente no caso de falta de energia. Além de sirene intermitente e luzes que se acendem automaticamente, o sistema possui ainda um microfone eletrônico ligado diretamente ao painel da administração da necrópole.
O DETECTOVIDA será instalado somente por determinação do titular do lóculo ou de seus sucessores.

A urna mortuária fica ligada ao Detectovida através de um fio no qual estão ligados todos os interruptores que detectam algum movimento. Um tubo abastece a urna de ar e ao mesmo tempo serve para detectar a decomposição ou não do corpo ali sepultado.

Meu argumento de venda.

Criado com a ajuda de engenheiros e de alguns médicos do Hospital Presidente, o dispositivo possuía sensores que seriam colocados debaixo das mãos ou do corpo da pessoa dada como morta para monitorar seus sinais vitais após o fechamento do caixão. Após 72 horas, prazo em que o corpo entra em decomposição, seria possível desativar o sistema. Com o inchaço do corpo e a liberação de gases, um sensor instalado dentro do caixão comprovaria a morte. Entretanto, se a pessoa tivesse sido enterrada viva, qualquer movimento dispararia um alarme e instantaneamente um tubo ligado ao caixão liberaria oxigênio para evitar a morte por asfixia até o resgate da vítima.

Com esse grande trunfo tecnológico e o projeto do empreendimento finalizado, comprei um terreno na Estrada do Campo Limpo, entre a Av. Coronel Sezefredo Fagundes e a Rua Diego Leiva. Dei entrada no processo na Prefeitura de São Paulo, ciente de que, pelas vias normais, a aprovação do projeto não seria algo tão simples. No entanto, a corrupção e a malandragem tornariam a tarefa inalcançável.

Após dar entrada na papelada, o terreno foi invadido do dia para a noite e o projeto simplesmente desapareceu dos arquivos. Por incrível que pareça, o projeto do cemitério vertical fora subtraído ali mesmo na Prefeitura.

Inconformado, fiquei sem saber a quem recorrer. Pouco tempo depois, recebi um contato de um homem que tentou me extorquir. Segundo ele, eu teria de pagar 400 mil dólares para reaver o projeto. Não se tratava de um simples sumiço, e sim de um furto qualificado praticado por uma quadrilha. Dirigi-me, portanto, à delegacia policial próxima ao hospital no Tucuruvi. Contei ao delegado, meu conhecido, o que tinha acontecido e ele me garantiu que iria prender o criminoso.

Preparamos uma emboscada. Quando me ligaram novamente, eu disse que aceitaria fazer o pagamento e que já estava com o dinheiro para fazer a entrega e recuperar o projeto. Acertamos o encontro em meu escritório e informei que o meu gerente financeiro o receberia. E, no horário combinado, o homem veio ao encontro do meu funcionário, que na verdade era um policial à paisana. Ao entregar a mala de dinheiro, ele deu voz de prisão ao homem.

Foi nesta época que, em outra frente, contratei o doutor Albano Costa, o ex-chefe da Casa Civil do governador Adhemar de Barros que trabalhara pela desapropriação do nosso prédio no Cambuci em 1965. Eu o conheci por indicação do desembargador Paulo de Faria, que me garantiu que ele era muito bem relacionado e que seria a pessoa certa para me ajudar com os meus longos e intrincados processos na justiça.

Antes de contratá-lo, viajamos juntos a Brasília, pois uma das ações estava tramitando no Supremo Tribunal Federal. E eu pude ver de perto como o doutor Albano tinha mesmo fortes conexões com o poder. Além de conhecer os ministros e juízes, ele tinha facilidade para argumentar com as autoridades a meu favor.

Albano trabalharia comigo até o final de sua vida, numa espécie de compensação por ter prejudicado a IBAP quando estava no governo. Fiel e prestativo, ele trazia consigo alguns quilos nos ombros, certamente ali colocados após tomar consciência do seu papel no episódio da desapropriação de nossa sede. Logo que nos encontramos, ele se justificou:

– Sinto muito, Nelson. Eu levei o pedido de desapropriação ao governador porque me disseram que o seu negócio era picaretagem. Pelo testemunho de pessoas próximas e pelo que vi até aqui, sei que o projeto da indústria era bem-intencionado.

O mal já havia sido feito. A fábrica fora fechada, os ativos virariam sucata e o que lhe restava agora era me ajudar a minimizar os danos na esfera judicial.

Ainda havia tempo também para o doutor Albano me ajudar com a aprovação do projeto do cemitério vertical, pois ainda mantinha ótimo relacionamento com a família Adhemar de Barros. Ele pediu ao Adhemar de Barros Filho, que era secretário de obras do governo, que verificasse o andamento do processo após o episódio da tentativa de extorsão.

A resposta foi desalentadora. Doutor Albano me disse que o secretário nada poderia fazer nesse caso, pois eu tinha passado dos limites ao entregar à polícia um funcionário público. O projeto seria reprovado na Prefeitura porque tive a ousadia de denunciar um bandido à polícia!

Foi neste momento em que o Ariel tomou conhecimento do meu drama e me sugeriu tentar a aprovação do projeto em Curitiba. Ele me ofereceu ajuda pois conhecia um português chamado Oliveira, dono de um posto de gasolina ao lado da rodoviária na capital paranaense, que me ajudaria na aproximação com a Prefeitura. Como eu já estava decidido a seguir com a construção do cemitério vertical e São Paulo já não era mais uma opção para sua implantação, resolvi aceitar a assessoria do meu velho amigo.

Por ser uma cidade moderna e planejada, receptiva a inovações urbanísticas, Curitiba seria o teste perfeito para algo como um cemitério vertical.

Com a indicação do Oliveira, encontramos um terreno ao lado do Jockey Club do Paraná, no bairro do Tarumã. Pelas mãos de Wilson Carvalho, o projeto foi rapidamente aprovado na Prefeitura.

Desta forma, nos transferimos para Curitiba. Além de Marisa e do pequeno Newton, com sete anos, também nos acompanhou na mudança o Nilson, que morou conosco por um curto período e nos ajudou nos movimentos iniciais do cemitério. Antes de deixar São Paulo, arrendamos o Hospital Presidente para uma equipe de médicos por um período de cinco anos.

Foi na década de 1980 que os longos processos judiciais se encerraram. A indústria foi liquidada em 5 de fevereiro de 1982. Por orientação de Albano Costa, concordamos em abrir mão de qualquer reivindicação por perdas e danos contra a União.

Sobre a acusação de crime contra a economia popular, todos os diretores de Empreendimentos N. Fernandes foram condenados a dois anos de detenção, com sursis, além de multa de dois mil cruzeiros. Cumprimos em liberdade.

Como a nossa dívida já estava mais do que quitada com a sociedade, foi-nos concedida a reabilitação criminal, pela qual se restitui o direito aos condenados a uma ficha limpa de antecedentes criminais.

Capítulo Vinte e Oito

O Cemitério Vertical de Curitiba

O empreendimento paraense.

Com ficha limpa e recursos próprios, iniciamos a construção do Cemitério Vertical de Curitiba. O novo projeto arquitetônico, assinado novamente pelo Ganzelli, previa uma edificação em formato de estrela. A partir de uma ampla circunferência, irradiavam seis blocos com três pavimentos.

Pensamos inicialmente em deixar a parte central a céu aberto. Depois tivemos a ideia de fechá-la com uma cúpula, sob a qual teríamos um espaço ecumênico para grandes celebrações, capela e velório. Ganzelli desenhou uma bela rampa interna para acompanhar a circunferência e acessar os pavimentos superiores.

Participei intensamente da construção do cemitério. Carreguei, cortei e lixei muitas pedras de mármore. Voltava para casa todos os dias com a pele e cabelos brancos de pó. Exausto, tomava banho, deitava no sofá e ouvia um pouco de bolero num reiterado ritual de autocomiseração. A carga estava pesada demais, não apenas pelo peso do trabalho braçal, mas principalmente pela pressão dos compromissos financeiros assumidos. Pela primeira vez, não poderia contar com o fluxo de caixa das mensalidades das adesões de cédulas de propriedade. Ao pensar no futuro, eu entrava em depressão, pois nossos recursos eram escassos e não estava claro quando o investimento começaria a dar retorno.

Durante os quatro anos em que nos dedicamos à construção da nave e do primeiro bloco do cemitério vertical, fomos nos desfazendo de parte de nossos bens de São Paulo. O capital para viabilizar a rampa veio de nossas economias e do refinanciamento de nossa casa da praia de Tabatinga, que mais à frente seria definitivamente vendida. Para erguer o braço do primeiro bloco do cemitério, vendemos a nossa casa da Serra da Cantareira.

Antes da inauguração do primeiro bloco do cemitério, iniciei o recrutamento da equipe de corretores, que assumiriam a ousada tarefa de vender gavetas de um inovador e inacabado cemitério vertical. Eu imaginava que poderia vender cada gaveta a dois mil dólares. Todavia, logo percebi que a estratégia teria de ser revista. Demoramos muito para emplacar o primeiro negócio. Por ser um empreendimento diferenciado, a população via com ressalvas o investimento. Aliás, a resistência em aceitar novas propostas é uma conhecida característica do curitibano. Ademais, pouca gente estava disposta a pagar tal quantia para reservar uma das gavetas do nosso prédio para seus próprios restos mortais. Definitivamente não era uma venda fácil.

Em 1989, com baixas vendas e altas contas em material de construção, fizemos o primeiro sepultamento do Cemitério Vertical de Curitiba, à Rua Konrad Adenauer, 940. Estava oficialmente inaugurado o Cemitério Vertical de Curitiba.

Com as portas abertas e a premente necessidade de ampliar vendas, dediquei-me ao nosso plano de negócios, especialmente ao desenvolvimento de produtos e serviços e à forma como seriam divulgados. Diariamente eu me perguntava o que de fato estávamos vendendo ali. Como a minha cabeça sempre esteve voltada à venda por escala, as respostas que surgiam em meus solilóquios invariavelmente apontavam para o fato de que eu deveria formatar algo mais popular do que uma gaveta de dois mil dólares.

Defini que as ofertas de nosso cemitério não poderiam estar voltadas para a classe alta, e sim para todos. Mas deveria ser um espaço tão caprichado que qualquer um que por ali passasse, pobre ou rico, se sentisse confortável. Sendo a morte um evento que iguala a todos nós, um cemitério não poderia promover qualquer tipo de segregação. Independentemente do que seria ofertado, a proposta deveria ter como base o respeito e a dignidade às famílias, sem levar em conta o seu poder aquisitivo. Com essa premissa, fomos construindo o nosso discurso e a nossa estratégia de mercado, que estaria fundamentada na venda de planos ou pacotes.

Em 1991, lançamos o que batizei de "Direito de Sepultamento". Por um valor bem mais baixo, parcelado em 12 ou 24 vezes, adquiria-se para o titular e mais cinco pessoas da família o direito de serem sepultados por três anos nas gavetas do cemitério. Em vez de vender definitivamente, criamos uma espécie de locação temporária dos lóculos, uma vez que, em geral, a exumação dos corpos se dá após três anos de sepultamento.

As vendas aumentaram timidamente, e explodiram após o dia em que fizemos uma campanha no programa policial "Cadeia", exibido diariamente pela rede OM, em Curitiba, cujo apresentador era Luiz Carlos Alborghetti, falecido em 2009, e um dos repórteres era o Ratinho, o Carlos Massa, que se tornaria um conhecido apresentador da TV brasileira.

Vendemos 11 mil planos em apenas três meses. Fazia fila na porta do cemitério, tanto para compradores quanto para candidatos a vendedores.

Com o capital, iniciamos a toque de caixa a construção do segundo bloco do cemitério. Não queríamos correr o risco de vender mais planos do que a capacidade de sepultamento do cemitério. Fomos forçados a remodelar o nosso plano, adicionando, após a exumação ao final dos três anos, o direito a uma gaveta perpétua. Foi neste momento que tive o *insight* do compartimento que ficou guardado comigo e seria adotado mais à frente: uma gaveta menor para guarda dos ossos.

Enquanto isso, atuamos nas vendas deste plano de maior valor agregado, com as gavetas perpétuas adicionadas ao "Direito de Sepultamento". Embora um pouco mais caro, o parcelamento dos valores tornava o plano acessível a todos.

Em pouco tempo, percebi que ainda haveria espaço para incrementos. Notei que nossos corretores também vendiam planos de luto de outras empresas. Todo funeral precede o sepultamento. Por que não pensei nisso antes? É óbvio! O serviço funerário era algo que poderia ser agregado ao nosso plano. Poderíamos vender um pacote ainda mais completo.

Criamos então o nosso próprio Plano de Luto, que tinha um enorme diferencial em relação a todos os outros do mercado. Além do serviço funerário tradicional, ofereceríamos o "Direito de Sepultamento" e a gaveta perpétua. Em um único produto, teríamos o funeral, com caixão, coroas de flores, véu, velas e carro para remoção; os três anos de sepultamento em gavetas cedidas; e, após a exumação, a gaveta perpétua. Uma solução funerária completa para a população de Curitiba. E novamente arrebentamos de vender.

Com todo esse *know-how*, demos um passo tão bem sucedido quanto ousado em nossa, até então, curta trajetória. Diversificamos o portfólio em algo que não fazia parte da nossa vocação. No afã de ampliar as vendas do Plano de Luto, formatamos um seguro de assistência funeral para oferecer às grandes seguradoras instaladas no País.

Como se tratavam de empresas que atendiam todo o território nacional, tivemos de nos adequar a essa realidade. Iniciamos um trabalho hercúleo de cadastrar funerárias em diversos municípios de todas as regiões do Brasil, a ponto de estarmos preparados para prestar atendimento a qualquer chamado no País.

Ao atingirmos o número de 5.500 funerárias cadastradas, com parcerias devidamente formalizadas em contrato, criamos a Universal Serv para vender os serviços para as seguradoras. Manteríamos o ritmo das vendas dos planos completos no cemitério vertical e, com a Universal Serv, passaríamos a atuar em um nicho até então inexplorado no Brasil.

Apenas na Europa, a Porto Seguro possuía em seu portfólio esse tipo de produto, conhecido como seguro de decessos. Iniciamos então a fase de prospecção, contatando todas as seguradoras para apresentar os serviços da Universa Serv.

A Seguradora Generali do Brasil participava de uma grande concorrência em Brasília com a Porto Seguro e seu diretor se lembrou que tinha recebido uma proposta de uma empresa de Curitiba. A seguradora agendou uma reunião comigo e o diretor logo me perguntou:

– Você garante que pode prestar o atendimento em qualquer cidade do Brasil?

– Pode escolher uma cidade – propus o desafio.

O diretor escolheu aleatoriamente uma cidade do interior do Brasil. Verificamos qual era a funerária da cidade, o diretor pegou o telefone e ligou para lá. O dono da funerária atendeu e, sem pestanejar, confirmou que tinha contrato com a Universal Serv e que, portanto, estava apto a prestar atendimento em nome da nossa empresa.

Saí de lá com a parceria fechada e felizmente a Generali ganhou a concorrência. Passamos então a prestar o serviço de assistência funeral para a Generali e, com isso, outras seguradoras nos procuraram. Chegamos a ter mais 1 milhão de vidas contratadas por meio das seguradoras. Atendíamos a cerca de 300 óbitos por mês.

Com o tempo, a concorrência se acirrou, as seguradoras pressionaram por preço e ficou difícil de manter a mesma qualidade dos serviços. Retrocedemos, tiramos o time de campo. Voltamos para o nosso negócio local, agora com muito mais conhecimento e estrutura.

A experiência com as seguradoras nos deu bagagem para formatar a nossa própria assistência local. Era a hora certa para tirar da gaveta a minha grande ideia do compartimento.

Em 2001, criamos o plano definitivo do Cemitério Vertical de Curitiba. Com a melhor relação custo-benefício do mercado, lançamos a venda de ossuário com benefício funeral. Em resumo, passamos a prestar uma assistência completa que, além das providências burocráticas e operacionais, agregou funeral completo com diferencial do traslado nacional, o direito de sepultamento por três anos, a possibilidade da cremação e a guarda dos restos mortais no compartimento ossuário. Com isso, reduzimos os custos de aquisição.

O corredor do Ossuário.

Esta foi a grande revolução que provocamos no mercado: além de assegurar à família o benefício de não ter de se preocupar com rigorosamente nenhuma etapa do funeral, tiramos o foco da venda de campas ou jazigos e passamos a comercializar os ossuários, aquilo que era o rejeito dos cemitérios, geralmente colocados em locais afastados ou em valas coletivas que não eram acessíveis aos familiares. Criamos um nicho para guardar os restos mortais e agregamos valor a isso com serviços e assistência completa, do começo ao fim do processo.

Identificamos que a venda dos compartimentos em suaves parcelas era a saída para um problema que pouca gente se preocupava enquanto viva. Apesar do valor reduzido do plano, a solução viabilizou plenamente a nossa operação, pois também começamos a obter receita recorrente da manutenção permanente dos ossuários.

Nosso plano foi inovador no Brasil, e agradou em cheio as famílias curitibanas, especialmente as mais humildes, que não tinham acesso a um serviço de qualidade. Atendemos a todos, independentemente de classe social, o que representa para mim uma retumbante vitória nesta incessante busca que marcou a minha trajetória empreendedora.

Tivemos um formidável impulso de vendas que nos permitiu terminar a construção da primeira fase do cemitério, com capacidade para milhares de compartimentos. Chegamos a ter uma equipe de 200 vendedores na rua e uma frota com mais de 30 carros próprios.

Identifiquei um problema e dei a solução. Muitos outros cemitérios copiaram o modelo que criamos e implantamos. Nichos, ossuários e compartimentos são hoje comercializados em cemitérios por todo o Brasil. Firmamo-nos como uma necrópole reconhecida e respeitada pela população de Curitiba e região metropolitana.

Por mais irônico que possa parecer, o cemitério foi o grande negócio da minha vida. Os sonhos da "socialização do capital democratizado" ficaram enterrados a sete palmos e, na superfície, resistiram o cemitério vertical e o empreendedorismo em família.

Salão da cúpula.

Capítulo Vinte e Nove

Inocência e persistência

O sonhador é insistente; por vezes, inocente. Acredita nas pessoas e em projetos pelos quais se dispõe a lutar. Não desiste, tampouco vê empecilhos para realizar os seus ideais. Antes busca caminhos e soluções para viabilizar os seus sonhos.

Construí um clube e um hospital. Estive perto de realizar uma fábrica nacional de automóveis. Infelizmente deixei para trás o meu mais ambicioso sonho: o da indústria de alimentos.

Antes de esquecê-lo de vez, escrevi uma carta ao Lula, à época candidato à Presidência da República, com a intenção de perpetuar o projeto da "socialização do capital democratizado" e ver os meus sonhos nos planos de um outro alguém.

> Ao senhor Luiz Inácio Lula da Silva
> Presidente Nacional do Partido dos Trabalhadores
>
> Não sou petista e nem sou ligado a nenhum outro partido. Do mesmo modo como os senhores se lançaram às causas populares por meio do exercício nobre da política, eu me lancei aos mesmos ideais pelo exercício empresarial (...)
> Por ver semelhanças de muitos de seus ideais com princípios que eu mesmo almejo, tomei a liberdade de escrever este texto que, espero, possa ajudar suas administrações em projetos que podem dar a população o acesso às necessidades básicas como alimentação, educação, recreação, moradia e, consequentemente, melhoria no nível de vida. São princípios já conhecidos, mais na teoria do que na prática. Eu

> discuto a questão na posição de quem já a colocou em prática com relativo sucesso.
> (...)
> A SOCIALIZAÇÃO se dá na forma de reunir pessoas em sociedades populares, em que participam de direitos em todos os encargos e benefícios do empreendimento. Desta forma, incentiva-se o espírito de cooperação pelo bem comum.
> O CAPITAL pode vir na forma de dinheiro ou de trabalho, de modo que as pessoas das camadas mais carentes da população possam ter acesso aos objetivos esperados.
> Garantir a todos os participantes o direito de opinar e votar, de eleger e ser eleito, é o que torna o empreendimento DEMOCRATIZADO. Fazendo de todos os envolvidos sócios-proprietários, garante-se a alternância de direção, a mais pura forma de democracia.
> São por esses princípios que acredito ser possível uma verdadeira transformação socioeconômica no País. Pode parecer até um sonho, mas há 30 anos venho colocando em prática tais princípios.
> (...)
> As classes dominantes, aquelas que possuem o controle sobre as diretrizes econômicas do País, sempre colocam obstáculos. Não é interessante para elas que se prove que o povo unido e organizado pode realizar obras e instituir empresas sem a tutela e o apoio daqueles que esperam o lucro acima de qualquer coisa.
> Esse tipo de empreendimento realizado com sucesso é um exemplo considerado ruim pelos poderosos patrões que, com o decorrer do tempo, devem ser obrigados a socializar de forma democrática o capital de suas empresas, se não quiserem vê-las falirem diante da concorrência de empresas geradas pelos seus próprios funcionários, sem dúvida alguma o maior incentivo para o aumento de produção.

Talvez Lula nunca tenha lido essa minha carta, mas fiz a minha parte, sugerindo-lhe a ideia da indústria de alimentos:

> Pelo sistema de "socialização do capital democratizado", é possível se construir uma sociedade entre consumidores, trabalhadores rurais e governo. O consumidor compraria os títulos de propriedade para formação do capital. Os trabalhadores entrariam com a mão de obra e o governo cederia as terras (doando-as ou vendendo-as, por cotas, à sociedade constituída).
> O empreendimento viabilizaria o plantio, a colheita, o armazenamento, a industrialização e a distribuição de alimentos. Os consumidores sócios-

> -proprietários teriam os produtos a preços quase de custo (com pequena margem de lucro). Os excedentes de produção seriam vendidos no mercado, sendo o lucro revertido para a sociedade constituída.
> (...)
> Por maior que fosse o valor necessário para realização de um grande projeto agrícola como este, o seu custo seria diluído na divisão de cotas, vendidas a caráter de títulos de propriedade. Quanto maior fosse o número de pessoas sócias do empreendimento, maior seria o tamanho do mesmo e, consequentemente, maiores seriam os fatores de produtividade e alcance dos benefícios do empreendimento.
> Creio na capacidade do povo brasileiro e no regime democrático que lhe dá a possibilidade de produzir com liberdade. Creio também que meus ideais correspondem aos de seu partido. Queremos ver o nosso País produzindo sem o peso das garras de trustes, da especulação dos grandes capitais e dos interesses estrangeiros mal-intencionados. Com união e trabalho, poderemos caminhar para a nossa verdadeira independência.
>
> Atenciosamente,
> Nelson Fernandes.

Há sonhos que estão destinados a permanecerem na esfera das utopias mesmo. A história conta que nem os partidos de esquerda, quando estiveram no poder, demonstraram interesse em enfrentar os poderosos. Não vi ousadia semelhante à minha no período em que prevaleceu o regime democrático.

A IBAP fracassou não apenas pela força da campanha contrária patrocinada por grupos internacionais e pelas artimanhas de políticos e jornalistas inescrupulosos, mas também por ter nascido concomitantemente ao regime autoritário, avesso a iniciativas que distribuam renda ou autonomia ao povo. Que outro destino teria uma fábrica nacional criada em 1964, controlada pelo povo e que, entre suas estrelas, teria um automóvel chamado Democrata?

Infelizmente nenhum sócio realizou o sonho de adquirir, a preço convidativo, o primeiro carro projetado no Brasil. A despeito disso, o Democrata entrou para a história da indústria automobilística brasileira. Destruída e abandonada, a IBAP foi documentada pela imprensa; no terreno, muita sucata foi recolhida por colecionadores.

João, o vigia da fábrica, se aproveitou da situação e vendeu carrocerias aos irmãos José Luís e José Carlos Finardi, donos de um centro automotivo em São Bernardo do Campo. Os Finardi também arremataram dois protótipos do Democrata, um vermelho e outro verde metálico.

Posteriormente, o vermelho foi vendido a outros dois irmãos, o empresário Rogério e o advogado Roberson Azambuja, de Passo Fundo (RS). Após restaurado, o carro passou a frequentar exposições no Brasil, como a Carros do Brasil, evento de veículos nacionais antigos realizado em 2001 em Brasília (DF), e o 7º Encontro Paulista de Carros Antigos, que ocorreu em 2002 em Águas de Lindoia (SP).

O Democrata verde metálico foi reformado e entregue a mim pelos Finardi. Depois resolvi doá-lo, passando a integrar o acervo do Museu Nacional do Automóvel, de Brasília, com curadoria do jornalista Roberto Nasser. Em junho de 2006, o modelo foi levado para uma exposição num hotel muito bonito de Araxá (MG), como parte do evento Brazil Classics Fiat Show, patrocinado pela montadora italiana. Durante o evento, ocorreu também o lançamento da obra de Nasser, "Democrata – O carro certo no tempo errado".

Capítulo Trinta

A passagem do bastão

Enquanto construíamos o cemitério vertical em Curitiba, tratamos de zerar a nossa participação no comando das sociedades dos empreendimentos do Tucuruvi. Do Acre Clube, só nos restavam os nossos próprios títulos de sócios. Com uma diretoria competente e sócios atuantes, o clube andava com suas próprias pernas e reinou soberano por anos a fio como uma pérola no Jardim França. No final do século, no entanto, teve de enfrentar o duro desafio de sobreviver em meio à proliferação das academias de ginástica e dos condomínios-clube, residenciais com completa infraestrutura de lazer. Desta forma, o Acre Clube – assim como a grande maioria das agremiações de bairros em São Paulo – começou a perder sócios e a enfrentar dificuldades financeiras.

Bebel e eu.

Quanto ao Hospital Presidente, ainda havia um trabalho a ser feito antes de soltar as rédeas. Em 1990, terminado o prazo de arrendamento, a Marisa teve de regressar a São Paulo para reerguer o empreendimento. O hospital estava a ponto de ser fechado pela Vigilância Sanitária, tal era o grau de negligência na administração por parte dos arrendatários.

Por cerca de 10 anos, Marisa ficou entre Curitiba e São Paulo com a missão de administrar o hospital e colocar a operação de volta nos eixos. Com muita dedicação e doação, ela conseguiu salvá-lo. Em 14 de julho de 2002, entregamos a administração para um grupo de médicos, que comprou a maioria das cédulas votantes – mais precisamente 16.269 títulos – e se tornou controlador do Hospital Presidente, que permanece de pé no Tucuruvi.

Livre das amarras aos empreendimentos de São Paulo e com o processo do meu divórcio com Leda concluído, propus à Marisa que nos casássemos oficialmente. Ela se mostrou reticente inicialmente. Alegou que conhecia muitos casais que viviam felizes em concubinato e, ao se decidirem pela união oficial, tiveram o seu relacionamento deteriorado. E desconversou com o seguinte argumento: "Em time que está ganhando não se mexe, Nelson".

Passado algum tempo, de forma mais enfática, voltei com o pedido do enlace. As circunstâncias eram outras. Com o Newton já maior de idade, desta vez, ela aceitou.

Aos 71 anos, pai de três filhos e avô de três netos – Carolina, Cesar e Leonardo, filhos de Nelsinho e Regina –, citei os votos matrimoniais pela segunda vez.

Marisa e eu nos casamos em 15 de junho de 2002 no Buffet Ilha do Mehl, em Curitiba. Entre nossos padrinhos, estavam Nelsinho e Regina, Nilson e sua namorada Tania, o Angelo Marinelli – filho do saudoso casal Álvaro e Neide Marinelli –, acompanhado de sua esposa Heloísa, e ainda o nosso filho Newton, que entrou com a minha primeira neta, Carolina. De Curitiba, tivemos dois casais de padrinhos: Mirit e Alcyr Cornelsen; Diva e Armando Moura.

Na cerimônia, tive a felicidade de ver os meus netos Cesar e Leonardo, além de Palmorzinho – sobrinho de Regina e neto do coração – trazer as alianças. Foi uma bela festa para 350 pessoas. Amigos queridos vieram de São Paulo para se juntar aos novos companheiros de Curitiba.

A minha sogra, Sebastiana de Souza Cabral, a Tilinha, entrou com João Adolfo, meu cunhado. Eu entrei com a minha irmã Sonia. Acompanhada de seu pai, o Adolpho dos Santos Cabral, Marisa entrou em grande estilo, com um vestido degrade em coral, todo rebordado.

Para dar o troco pelas negativas que recebi de Marisa aos meus pedidos de casamento, no momento em que o ministro me perguntou se a aceitava como minha esposa, fiz uma pausa e, após um breve e constrangedor silêncio, eu disse "é claro que aceito" e lhe dei um beijo.

Assim celebramos a renovação de nosso compromisso. Como não precisávamos dos típicos presentes de casamento, por iniciativa da Marisa, pedimos aos convidados que revertessem a verba que estavam dispostos a gastar em doações a duas entidades beneficentes: a Pequeno Cotolengo, de Curitiba; e um asilo de Campos de Jordão.

Aos 74 anos, em plena atividade no cemitério, comecei a sentir leves dores no peito. Nada capaz de me levar sequer a uma consulta médica. O evento se repetiu por algumas vezes e, numa delas, ao perceber o meu desconforto, Marisa não pensou duas vezes e resolveu me levar ao médico. Ao ser examinado, a internação foi imediata. No cateterismo, detectaram que eu estava a uma distância de um filete de sangue para o infarto. Decidiram colocar um stent em minha artéria obstruída.

Lembrei-me do meu pai e passou pela minha cabeça que eu poderia morrer da mesma forma. Sentindo o peso da fragilidade da vida, vi que era hora de passar o bastão. Ainda na enfermaria, chamei o Newton e, com lágrimas correndo no rosto, disse a ele que, se eu não conseguisse sair daquele hospital, era meu desejo que ele cuidasse da nossa família e da empresa.

Tive alta do hospital, mas a decisão de desacelerar já estava tomada. No final daquele mesmo ano, em 18 de dezembro de 2005, a Leda faleceu, vítima de câncer. A consciência do sofrimento que causei a ela acumulou um peso extra sobre as minhas já curvadas costas.

Com o peso da idade e dos dissabores, reconheci que a minha jornada empreendedora havia realmente chegado ao fim. Abrir mão de minha caminhada e de tudo o que construí era um passo difícil, mas teria de ser dado de forma ampla e irrestrita.

Nos negócios, dei total autonomia ao Newton, que acabara de se graduar como bacharel em Arquitetura. Ele se interessava pelos assuntos da empresa e, apesar de ser o mais novo, senti que teria condições e maturidade para tocar o barco.

Disse-lhe que todas as decisões administrativas seriam de sua responsabilidade. Eu apenas acompanharia de perto, mas sem influenciar. Estaria à disposição para qualquer ajuda que se fizesse necessária.

A partir de 2006, realmente desapareci do dia a dia da empresa. Não participei mais de nenhuma reunião no cemitério. Newton assumiu a presidência e passou a imprimir o seu próprio estilo de administração. Apesar de eu não concordar com tudo o que ele fazia, dei-lhe espaço.

No papel, também desapareci. A sociedade do cemitério ficou com a Marisa, majoritária, e com meus três filhos, com participações iguais. E, para não deixar o Newton só à frente dos negócios, reservei uma porção da sociedade ao Carlos.

Carlos Alberto Camargo participara comigo desde o início do empreendimento – ele só não era mais antigo do que o pedreiro Pedro de Souza, o eterno funcionário número um do cemitério. Carlos adquiriu muita experiência na área comercial, porque caminhou ao meu lado em cada etapa. Sempre muito atento, conhecia cada detalhe da operação. Como Newton era muito ligado a ele, designei-o para cuidar da área comercial. Além disso, ele seria responsável por me manter informado sobre os rumos do empreendimento. Eu apenas analisava as decisões do meu filho, sem fazer prevalecer a minha vontade

Com o Pedro, primeiro funcionário do cemitério.

Capítulo Trinta e Um

A terapia da dança

Os meus dias em Curitiba tornaram-se únicos. Com o stent no coração e fora da rotina do Cemitério Vertical, tudo se fez novo. Repouso, televisão, música e longas refeições na companhia de amigos, netos e os meus três filhos adultos, todos eles morando em Curitiba. Receber a todos, com verdadeiros banquetes, é a especialidade da Marisa.

Em 2007, a família ganhou um novo membro: a Bebel, uma cachorrinha da raça Shih-tzu. Em pouco tempo, ficamos grandes amigos. Bebel tornou-se a minha companheira de todas as horas, como nos meus tempos de infância.

A vida caminhava tranquila, embalada por uma aprazível sensação de recomeço que não imaginava que ainda iria experimentar. Até o fatídico dia em que senti a paralisia na rua em 2009, evento que culminou com o diagnóstico de mal de Parkinson. A doença veio com força, alojou-se, comprometeu meus movimentos e me fez conhecer a bengala. Caminhar passou a ser um sacrifício e perdi a habilidade de articular a fala.

Sob um forte abalo emocional, passei a receber visitas em domicílio de fisioterapeutas e fonoaudiólogas. Exercícios, massagens e alongamentos tornaram-se as minhas atividades diárias compulsórias. Deveres que não me davam o menor prazer impuseram-se de tal forma que, apesar dos progressos, eu pensei em desistir de lutar. Senti profunda tristeza e a convicção que iria definhar em pouco tempo. Até que um dia, num ímpeto de lucidez, resolvi fazer a seguinte pergunta à minha fisioterapeuta:

– Elenice, você sabe dançar?

– Não, seu Nelson – ela respondeu – não tenho essa habilidade, infelizmente.

– Em vez de fazer os exercícios, nós poderíamos dançar? – insisti.

– Mas, seu Nelson, eu disse que não sei dançar.

– Sim, mas eu posso te ensinar. Não seria um bom exercício?

– Claro que sim, a dança é uma excelente terapia. Certamente lhe faria muito bem.

– Pois então, vamos substituir os exercícios pela dança!

Percebi que ela ficou desconfortável. Depois de pensar um pouco, respondeu:

– Preciso conversar com o meu marido e, se ele concordar, começamos na semana que vem.

Conforme combinado, Elenice consultou seu esposo, um professor de massoterapia, e, com o seu consentimento, passamos a dançar todas as quintas-feiras. Os papéis de aluno e professor alternaram-se entre nós. Por conta de nossas limitações – a minha relativa aos movimentos e a dela, ao gingado –, começamos bem devagar, com passos básicos. Dois pra lá, dois pra cá; do bolero à gafieira. Pela facilidade no aprendizado de Elenice, em dois ou três meses, chegaríamos aos floreados.

Assim os dias de fisioterapia ficaram mais leves e divertidos. Por força da dança, comecei a me recuperar. Sessenta anos após os primeiros bailes do Nelsonia, no Tucuruvi, lá estava eu dançando semanalmente para sobreviver na antessala do meu quarto em Curitiba. A atividade que me derrubara no passado me reergueu, proporcionando-me maior qualidade de vida.

A Marisa sabia que dançar por uma hora semanal seria insuficiente para coibir o avanço dos efeitos do Parkinson. Além do coquetel de remédios diários, era importante que eu me movimentasse com maior frequência. Uma saída seria complementar a minha rotina com caminhadas e exercícios ao ar livre.

Marisa frequentava aulas de ginástica em grupo no nosso condomínio, ministradas pelo *personal trainer* Maurício Silva. Por várias vezes, estimulado por ela, Maurício me convidava para participar das aulas, mas nunca aceitei. Não havia a menor chance de eu me juntar ao grupo, formado apenas por senhoras.

Diante da minha resistência, a Marisa e o Maurício prepararam uma "armadilha" para mim. Com uma viagem marcada, a fisioterapeuta teve de cancelar a minha aula semanal de dança. Coincidentemente a Marisa também iria viajar naquela semana. Tudo acertado entre eles, o Maurício me ligou no horário previamente combinado entre eles e disse que excepcionalmente me daria aula de alongamento. Eu agradeci, informei que Marisa tinha viajado, mas disse que ele não precisaria vir naquela semana. Ele complementou dizendo que já estava na portaria e que tinha vindo somente para me atender. Não tive como recusar e o recebi para a primeira aula.

Começamos com exercícios de alongamentos e algumas novas rotinas. Muito simpático, Maurício foi conquistando a minha confiança e aceitei agendar novos encontros. Em pouco tempo, Maurício e eu estávamos fazendo caminhadas na praça e exercícios na barra. Com muito gosto, graças a um excelente trabalho motivacional do Maurício e à dança ao lado de minha parceira Elenice, aposentei a bengala.

A longevidade fez-me olhar para um quadro maior da vida. Diminuiu-me – parodiando Fernando Pessoa – o peso da dolorosa saudade das coisas que nunca foram. Redefiniu-me o conceito de ser bem-sucedido. Proporcionou-me mais alegrias. Ofereceu-me significado para questões complexas.

Nem mesmo o susto que dei em minha família no final de 2016 me roubou essa nova perspectiva. Era uma semana de feriados. Além do Dia da Independência, em 7 de setembro, que caía bem no meio da semana, também tinha o feriado municipal do dia 8, de Nossa Senhora da Luz dos Pinhais. Família reunida em casa e meu coração bem enfraquecido, quase parando. Já não conseguia me equilibrar de pé. Sofri um desmaio, que, pela falta de oxigenação cardíaca, já estavam se tornando frequentes. Com um quadro agravado por uma pneumonia, tive de ser internado e passei o fim de semana em uma UTI em Curitiba. Após receber alta, Marisa me levou a uma consulta com o meu cardiologista, que me prescreveu alguns remédios. Mas os desmaios continuaram.

Numa conversa particular ao telefone, a Marisa conversou com o meu médico, que revelou a ela que o meu quadro era irreversível. Segundo ele, não havia mais o que fazer, pois o que eu precisava era de um novo coração, mas em decorrência da idade, o transplante não seria autorizado.

Marisa não se deu por satisfeita e levou os exames para um grande cardiologista de Curitiba, o Dr. Semi Haurani, que pediu que fizéssemos um exame de cintilografia cardiológica. Fui internado novamente no Hospital

Nossa Senhora das Graças e, num exame chamado eco esofágico conduzido pela equipe do Dr. Alexandre Alessi, constatou-se que a minha válvula aórtica estava comprometida.

Dr. Alessi nos recomendou que fôssemos a São Paulo para uma cirurgia de troca dessa válvula no Hospital Albert Einstein, pelas mãos do Dr. Robinson Poffo, um renomado cirurgião cardiovascular. Viajamos para fazer os exames e decidir se faria o procedimento ou não. Além do Dr. Poffo, tínhamos a intenção de consultar mais dois cirurgiões.

Já na primeira consulta com Dr. Poffo, ele detalhou com muita paciência e clareza tudo que seria feito. Mostrou-me que seria feita a troca de válvula por meio de um corte mínimo para acesso ao coração. Ao lado de meus filhos e de Marisa, eu escutei atentamente a explicação e, ao final, lhe perguntei:

– Doutor, qual a porcentagem de eu sobreviver após uma cirurgia como essa?

– Oitenta por cento – respondeu com firmeza.

– Então eu vou operar com o senhor.

Cancelei as outras consultas e fui submetido à cirurgia de troca de válvula no dia 16 de novembro. No dia 26, já estava de volta a Curitiba.

Os mergulhos sempre foram marcantes em minha vida. Estão gravadas na memória as circunstâncias e as pessoas que estavam comigo nos saltos quase ornamentais no córrego da Rua José Osvaldo, no dia do empurrão que me deram para o tradicional banho de inauguração das piscinas do Acre Clube e, após a cirurgia cardíaca, no momento da cuidadosa descida às águas nas piscinas do navio.

Em 14 de janeiro de 2017, lá estava eu novamente cercado de muita gente. Familiares e amigos acompanharam o mais vitorioso de meus banhos. Não apenas pela recuperação e pela saúde debilitada, mas porque tinha ao meu lado a minha família. No navio, a nossa turma era tão numerosa que parecia se tratar de um Cruzeiro particular. Estávamos reunidos para celebrar as bodas de casamento do Coronel Jonas Flores e Maria Helena Nemer, pais da minha nora Regina, e também os aniversários dos meus filhos Nilson e do Nelsinho, respectivamente em 15 e 18 de janeiro.

Em 2017, após mergulho com a família e amigos na piscina do navio.

Senti paz e muita felicidade ao ver dentro ou nas bordas da piscina a minha Marisa, os meus três filhos, as minhas noras e os meus netos maravilhosos, incluindo os mais novos da união entre meu filho mais novo e Richeli: o Ryan, a Isis, que nasceu em 2 de junho de 2015, e o Eros, que nasceu em 5 de julho de 2016.

A minha vida é assim, uma surpresa atrás da outra, um capítulo diferente do outro. Sinto-me realizado de ter deixado a minha marca no Acre Clube, no Hospital Presidente, na Indústria Brasileira de Automóveis Presidente e no Cemitério Vertical de Curitiba. Com exceção da IBAP, são empreendimentos que ainda estão de pé e que me enchem de orgulho. Do Tucuruvi a Curitiba, afetaram a minha vida e a de muita gente.

Mas as construções não têm maior significado do que as ricas histórias que as envolveram e das quais consigo me lembrar. A minha vida é a minha memória, os meus sonhos e a minha experiência. De tudo o que empreendi, de tudo o que planejei, jamais poderia sonhar com uma utopia tão grande quanto a construção de tamanha riqueza quanto aquela que me cercava no dia do mergulho na piscina do navio.

Com minha Marisa.

Posfácio

Sobre o amor incondicional

Marisa Cabral Fernandes

Não é fácil falar sobre a pessoa com quem convivo por 50 anos.

Muitos dos momentos encontrados aqui nesse livro, vivi intensamente junto do Nelson. Acompanhei seus sofrimentos e também suas alegrias quando, por exemplo, conseguia concretizar aquilo que imaginava, que criava.

Acompanhei todos os estudos que fez, todas as noites que passou acordado escrevendo planos de como resolver determinadas situações que lhe foram colocadas pela vida.

Não foi fácil para ele sofrer toda aquela campanha contra a IBAP na qual passou momentos terríveis. Por melhor que ele fizesse, era desmoralizado pelo rádio, jornais e revistas. Eu acompanhava e sabia o quão forte era a sua ideia, a vontade de fazer e concretizar tudo aquilo que havia planejado.

Nelson poderia parecer um sonhador, mas na verdade, tudo aquilo que ele planejou e realizou, foi fruto de estudos e pesquisas.

E olha que, antigamente, sem a internet, pesquisar não era algo fácil. Você tinha que buscar o apoio de amigos e pessoas próximas, em bibliotecas e jornais, era muito difícil. Mas ele pesquisava, ia em busca daquilo que queria.

Nelson sempre foi uma pessoa muito leal a todas as pessoas de sua convivência. Ele sempre defendeu todo mundo, tanto que às vezes eu o chamei de "defensor dos pobres e oprimidos". Porque para ele ninguém estava errado, todo mundo estava certo, por isso sempre achava que tinha uma razão por ter feito o que fez.

Foi um privilégio, em minha vida, ter convivido e ainda hoje conviver com ele. São poucas as pessoas que tiveram a oportunidade de ter ao seu lado um companheiro tão fiel, atencioso, trabalhador e batalhador. Ele sempre pensou no país, não fez nada para ficar rico, pelo contrário, fazia as coisas para o bem da população.

Em todos os seus empreendimentos feitos, Nelson pensou no povo, desde sua recreação, saúde e lazer. E também pensou nas pessoas quando desenvolveu o automóvel, sempre um sonho brasileiro. Hoje é mais fácil comprar um carro, mas na época em que lançou a indústria, ainda era muito difícil. Eram poucos os que tinham poder econômico para comprar um carro. Ele pensou nisso tudo e fez a indústria. Não fez mais, porque não deixaram.

Os meus seis netos representam hoje, na minha vida, algo muito importante, a minha alegria, os meus momentos de lazer.

Na vida tudo vai mudando, as coisas vão se alternando, os valores vão se modificando. Para mim, a melhor coisa que pode existir é eu estar perto dos meus netos. Como eles me fazem bem! E ao Nelson também!. Ele gosta quando os netos estão em casa, quando vem visitá-lo, é um momento de muita alegria, muita satisfação.

O Nelson foi um filho maravilhoso. Ele adorava a Dona Perpétua, sua mãezinha. Infelizmente não conheci o Seu Luciano, seu pai. Só posso dizer sobre aquilo que vi, feito ele com aquela mãezinha toda pequeninha. Era um carinho todo especial.

Conviver com ele foi uma maravilha. Poucas mulheres têm um marido como o que tive e tenho ao meu lado. Atencioso, sempre solícito, sempre querendo me agradar. Ele não media esforços para isso. Claro que como todo casal, tivemos alguns momentos para resolver nossos problemas, mas foram poucos.

Os meus amigos sempre disseram que parecemos dois namorados, e isso foi durante a vida inteira. As minhas amigas não se conformavam, porque a gente estava sempre se acariciando, sempre juntinhos. Era uma coisa espontânea, muito tranquila. As minhas norinhas diziam: "vocês namoram mais do que nós, que somos jovens". Mas esse sempre foi o nosso lema, sempre foi a nossa vida.

Só tenho a agradecer tudo o que passei com o Nelson, o filho maravilhoso que me deu, meus enteados, os quais quero como filhos, minhas noras, enfim somos uma família feliz, onde a âncora é o Nelson.

Caderno de imagens

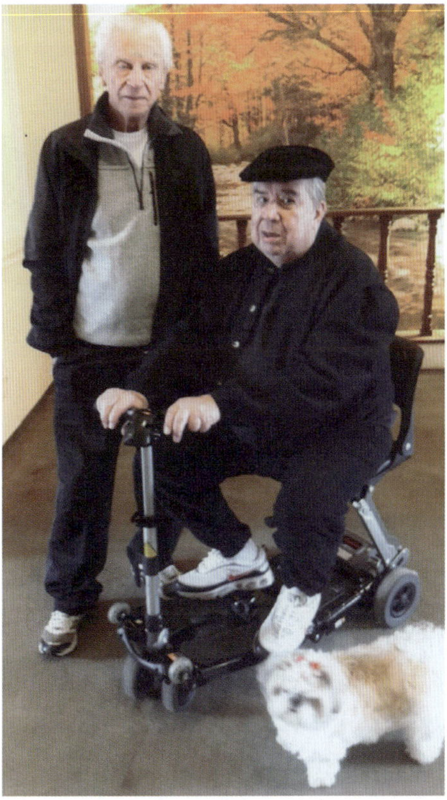

Com o amigo Paulo Walter Saldanha.

Com os netos e a Bebel.

Com o filho Newton e os netos Eros e Isis.

Da esquerda para a direita sentados, Nelson, Nilson, Tania, Richelli e Newton. Em pé na primeira fila, Marisa, Helô, Silvia, Giovana, Mariana, Cléia, Eliana, Regina, Carol, Suely e Paulinho. Na segunda fila, Soninha, Sebastião, Gustavo, Maria Clara, Léo Karina, Nelsinho e Carlos. Terceira fila, João Adolfo, Palmorzinho e Cesar.

Com Marisa.

Com os netos Cesar, Carol e Leonardo.

Leonardo, Marisa, Nelson, Nilson, Isis, Tânia, Newton, Richelle, Regina, Carolina, Eros, Nelsinho e Cesar.

Com Marisa.

No Museu do Amanhã, da esquerda para direita. Agachada, Soninha, sentado Nelson. Em pé na primeira fila Tania, Marisa, Richelli, Regina, Newton e Anderson. Atrás Nilson, João Adolfo, Palmorzinho e Nelsinho. No carrinho Eros.